教育研究丛书

大学转型：
以制度建设为中心

UNIVERSITY TRANSFORMATION：
CENTERING ON
SYSTEM CONSTRUCTION

马廷奇 / 著

社会科学文献出版社
SOCIAL SCIENCES ACADEMIC PRESS (CHINA)

图书在版编目（CIP）数据

大学转型：以制度建设为中心/马廷奇著． －北京：社会科
学文献出版社，2007.11
（教育研究丛书）
ISBN 978 - 7 - 80230 - 883 - 1

Ⅰ．大…　Ⅱ．马…　Ⅲ．高等学校 - 学校管理 - 研究 -
中国　Ⅳ．G649.2

中国版本图书馆 CIP 数据核字（2007）第 165253 号

序

    现代大学制度建设之所以成为近年来我国高等教育领域的研究热点，是与我国高等教育发展面临的困境以及对建设高水平大学的期待密切相关的。20世纪90年代以来，国际化、市场化、大众化等高等教育的办学理念深刻地影响着我国高等教育的改革与发展，高等教育管理体制改革与结构调整，使我国高校的学科综合化程度及整体办学实力明显增强，高等教育规模迅速扩展；建设若干所世界一流大学战略规划的实施，极大地推动了我国高等教育的发展。但我们也要清醒地认识到，我国高等教育的国际竞争力还比较弱，大学产生原创性成果及自主科技创新的能力还十分有限，高等教育发展过程中一系列深层次矛盾依然没有得到有效解决。这些问题促使人们开始不断反思："阻碍我国高等教育改革与发展的障碍到底是什么？"由此，以往一个在实践中长期被忽视、被行政治理结构压抑的因素逐渐浮现出来，成为人们探讨大学自治和学术自由理念、改革政府公共管理方式以及提高大学学术创造性时越来越多被提及的话语，这就是现代大学的制度建设。多年的实践证明，我国高等教育之所以实现了快速发展，其根本原因是通过管理体制和制度的创新，解放了大学的学术生产力；一些问题之所以长期困扰高等教育的发展，其根本原因也在于与大学学术性功能发挥相适应的管理体制和运行机制改革尚未真正实现突破。因此，高等教育体制与制度的改革在宏观层面取得初步成效后，大学制度创新的重点应该由宏观层面向微观层面转变，通过创设有利于大学发展的外部环境，调整大学内部组织结构与运行机制，建立现代大学制度，解决长期制约和影响大学发展的制度性障碍。

由于历史和文化传统的原因，我国的大学长期运行于行政权力主导的环境中，整个高等教育系统在某种意义上成为政府高度统一管理的"一"所"大学"，大学系统缺乏相对独立性，大学毫无办学自主权。在这种体制下，制度之于大学的发展几乎没有任何可以发挥作用的空间，也就不存在各具特色的现代大学制度建设。可以说，我国大学内部管理体制以及权力结构不是基于学术发展的目的而自发形成的，而是由行政性的体制及其运行机制所赋予的。长期以来，大学在很大程度上成为政府的附属机构或政府职能在大学组织中的延伸，大学组织内部设置了与政府职能类似的行政机构，行政权力的泛化和强化导致大学组织内部权力的结构性失衡，学术性功能受阻。因此，我国要建设世界一流大学，全面提升大学的整体办学实力和国际竞争力，当务之急是对大学有一个准确的定性和定位，还大学本来应有的学术组织特性。从这个意义上来讲，建立现代大学制度就是把大学作为学术组织来建设。

本书是在马廷奇的博士论文基础上修改而成的。他之所以选择这一研究课题，是与我国当时提出建设世界一流大学，以及学术界正在进行的"什么是世界一流大学"、"如何建设世界一流大学"的讨论分不开的。在这样的背景下，人们不约而同地注意到了西方国家著名大学办学实践的经验和教训，也更加关注西方国家大学制度层面的问题。那么，什么是现代大学制度？中国为什么要建设现代大学制度？如何建设？怎样运行？制度建设如何体现现代大学的组织特性？我国大学制度与西方大学制度有哪些共性和区别？等等，都需要深入探讨与研究。2001 年，我申请的"高等教育办学理念与我国建设现代大学制度研究"获批全国教育科学"十五"规划国家一般课题，马廷奇作为课题组成员参与了本课题的一系列讨论，并有意从大学组织的视角研究现代大学制度的建设问题。他从关注自近代以来我国大学制度的变迁及其根源入手，试图运用组织分析与制度分析的框架，揭示社会转型期我国大学制度环境与内部制度之间的关系，剖析大学组织内部权力结构失衡的表现及其在运行机制上存在的问题，阐述在新的制度环境下大学制度变革的模式和相关政策取向。这一设想得到了课题组的肯定，我也鼓励他将之作为博士论文选题开展研究。

尽管学术界对现代大学制度内涵的理解还不尽一致，但对于大学制度一般包括制度环境和大学自身制度两个层面已基本达成共识，前者涉及大学与政府和社会的关系，后者涉及大学内部的各种关系，主要是指大学内部管理体制、权力结构及其运行机制等方面，两者是相互联系、相互促进的制度统一体。因此，这一课题的研究也着重从这两个层面展开，并力求把握制度环境的变化与大学内部制度之间的关系。制度环境建设的核心是完善大学办学自主权，使大学真正成为"自主决策"、"自主办学"的法人实体，并通过引入竞争激励机制，强化大学的主体地位和竞争意识。具体到大学内部制度而言，作者认为，学术机构或学者群体在大学中的地位正逐步得到加强，但总体上来说，学术权力在大学管理、决策和资源分配中的作用还十分有限，行政权力控制大学的格局依然没有根本改变。现在的关键问题是，一方面要正确定位学术权力和行政权力各自发挥作用的范围和功能领域，建立二者之间的相互制衡机制；另一方面要着眼于学者群体或学术权力有效发挥作用的体制与机制创新。通过上述两个方面的分析研究，作者提出了一些重要的研究结论：在社会转型期，我国大学的制度创新对大学发展的影响主要体现为生存路径的变化，大学的发展不仅取决于政府和社会为大学提供的资源和制度空间，而且越来越取决于大学自身制度整合办学资源以及把握发展机遇能力；而这一变化又是以大学主体地位的逐步实现为基本前提，以学术力量的回归，治理结构的重建，以及不同利益群体的冲突为基本特征，以大学基于自身发展和多元利益驱动为主的自主制度创新为基本走向。

当前，我国高等教育正处于注重提高质量和学术创新力为主题的深化改革时期，随着政府逐步为大学"松绑"，大学必将走向自主发展的"前台"，只有通过适时的制度创新，才能适应越来越不确定的生存和发展环境，促进自身持续健康发展。当然，大学办学实践没有现成的、固定不变的模式，只有根据自身的文化传统和独特的发展定位与任务，才能走出一条有特色的制度创新之路。所以，现代大学制度建设是一个面向未来的、开放性的研究课题。伴随着高等教育的发展以及世界一流大学建设实践的不断深入，大学制度还需要不断创新，大学制度的理论与实践还需要持续深化研究。

在马廷奇的论文即将付梓出版之际，作为导师，我感到非常高兴。希望他在学术研究的道路上越走越宽，不断取得新的研究成果。

是为序。

华中科技大学教育科学研究院教授　张应强
2007 年 6 月

摘　要

　　建设世界一流大学是我国大学发展的既定目标。这一方面取决于政府和社会为大学发展提供的资源和制度空间，另一方面取决于大学自身制度整合资源和把握发展机遇的能力。但在我国宏观的高等教育体制改革取得阶段性成果之后，面对知识经济、学科发展、高等教育大众化但又资源短缺的机遇和困境，大学的发展却长期得不到自身制度改革的呼应，大学内部制度短缺和创新滞后已严重制约着大学的发展。因此，相对于以往强调大学发展的要素改善法，以改变大学组织制度僵化和低效运作状况为突破口，无疑是促进大学发展的着力点。本书以个体的大学组织作为制度分析的基本单元，结合中西方大学发展的历史和现状，重点对大学的组织制度、运行机制、制度创新机制等相关问题进行研究。

　　本书对大学内部制度的分析是以外部环境的变革为背景展开的。大学内部制度改革与外部环境变革的互动机制，始终是进行大学制度分析的基本视点。笔者认为，大学本质上是一个学术性的组织。在发展过程中，尽管大学的外部联系和内部结构已变得日趋复杂，但大学以"高深知识"为操作材料的学术性主旨并没有发生根本改变，大学的知识品性决定了大学组织所特有的制度特征。实际上，现代大学越来越处于外部干预和内部行政权力的控制之中，致使大学学术权力和学术功能发挥受阻。因此，大学制度创新就在于不断突破阻碍学术创新的制度障碍，激发大学的学术活力。本书的立论基础是将大学定位于学术性组织，建立现代大学制度就是把大学当作学术性组织来建设。

现代社会发展对大学作用的强调以及大学发展对外部资源的依赖，使政府干预和控制大学办学活动成为可能。大学发展的学术逻辑决定了大学组织本质上属于自主的机构；中国大学组织的制度化历程也表明，大学自主是学术发展的必要条件，大学的发展关键是形成自主办学的外部环境。特别是 20 世纪 80 年代以来，随着政府逐步为大学"松绑"，中国大学组织的主体地位开始凸显，大学自主制度创新的机制开始形成。但由于计划体制"惯性"，以及社会保障机制不健全，单位制度依然是制约中国大学发展的症结所在。

考察大学的结构形态与生存状态可以发现，现代大学的规模日趋扩大，有组织的活动越来越多，科层体制逐步成为现代大学组织管理的一个典型特征。但科层体制作为一种组织管理方式在大学组织活动中表现出正功能的同时，也在大学的基层学术组织以及学术人员的自主活动领域中表现出自身所特有的负功能，即存在着科层体制的"失灵"问题。在此基础上，本书着重分析了我国大学组织内部畸形的科层体制：一方面学术权力不彰、行政权力泛化，另一方面又缺乏西方大学行政管理的高效率。本研究将此归结为制度环境根源，因为制度环境通过它所塑造的大学内部制度影响大学组织的运作效率。我国大学要走出科层体制以及学术创新乏力之困境，首先必须从变革大学的制度环境开始，构建政府宏观调控、多元主体参与、大学自我发展、自我约束的大学发展机制。

基于上述研究结论，本书对我国大学制度创新的价值取向以及相关政策选择进行了探讨。笔者认为，大学制度创新更多的是与实现大学的核心任务、彰显大学的学术权力联系在一起，理应坚持"以学术为本"、"以教师为本"的价值取向。鉴于我国大学组织内部长期存在的行政权力主导化以及错综复杂的利益主体格局，决定了大学制度变革只能以渐进的方式而不宜采取"休克式疗法"。同时，大学主体地位的凸显及其具体的任务环境的形成，大学制度改革必然从政府主导转向政府有效推动、大学自主创新为主的方式，任何强制推行的制度变革模式都可能因为不符合不同大学的具体情况而使制度实践的效果大打折扣。

Abstract

To build the world's first-class universities is a set objective of our country's university development, which depends on the resources and system space offered by the government and society as well as the university's own comprehensive resources and the capacity to grasp the development opportunity. In the face of demands of knowledge economy, discipline development, and higher education massification but the opportunity and predicaments in short of resources, the university still can't get and echo itself with a corresponding system. The university's system shortage and the backward innovation have seriously restrained it from developing, though phased achievements have been made in its macroscopic system reform. So, compared with the methods in the past which emphasized improving key elements in the university's development, to change its rigid organization and its poorly efficient operation is undoubtedly the impetus for its development. The individual university organizations are used as the elementary cell of system analysis in this research, and the relevant problems such as organization system, system operating mechanism and system innovation mechanism are mainly studied, with the history and the current situations of Sino-Western universities' development.

Besides, this research is carried out on the basis of the changes in the external environment. So the interactions between the university's internal system and external environment are the basic viewpoint throughout this article. In my view, university is essentially an academic organization. Though the university's external connections and its inside structures are becoming increasingly complicated in the course of development, its academic purport that "advanced knowledge" is the operating material remains unchanged. The university's knowledge conduct determines its system characteristics. But the modern university organizations are under more and more interference of different external forces and the control of the inside administrative rights, which have restrained the academic powers and functions from full plays. The purpose of the system innovation lies in constantly breaking the system obstacles that hinder the academic innovation to stimulate the university's academic vitality. The argument foundation in this research is that the university is an academic organization, so to set up the modern university system is to build the universities as an academic organization.

Modern social development's emphasis on the university functions and the university's dependence on external resources can both lead to the government's interference and administrative control while the academic logic of the university development determines that it is an independent one in essence. The institutional course of the Chinese university organizations indicates that academy independence can be necessary condition of university development The key to the university development is to form the external environment of running a school on its own. Especially since 1980s, as the government lightened restrictions on universities progressively, the theme position of the university organization has begun to protrude; the mechanism of the university's independent system innovation has begun to take shape. Because of the "inertia" of Chinese university's planning system as well as the imperfection of the social security mechanism, unit system is still the cruxes restraining our country's universities from developing.

With the university's enlargement and more and more organized activities, the bureaucratic system is increasingly becoming a typical characteristic of organizational management in modern universities when examining its structure and pattern of survival. While bureaucratic system in the university organizational management embodies the positive functions, its negative functions are also implied in both the university's basic academic organization and the individual fields, namely the ineffectiveness of bureaucratic system. Based on this, the deformed phenomena in the university's administrative system are expounded in this article. They are: unclear academic rights, suffused administrative rights phenomena, lack of highly efficient administrative management like the Western universities. These phenomena are attributed to system environment in this article, for different system environments will influence the operation efficiency of university organization by shaping the university's internal systems. In order to shake off the bureaucratic system and the lack of academic innovation, China's universities shall alter their systems and constitute a self-development and self-constraint mechanism with the government's macro-control and multiple participants.

From the above conclusion, value orientation of system reform and the feasible policy choices are further probed in this article. In my view, the university's system innovation should be deeply connected with the key task of a university and with protruding the academic rights, and must insist on such value orientation as "based on academy" and "based on teachers". In the view of the fact that administrative rights play a leading role in a university and the complicated pattern of various interest subjects, the university's system reform shall be carried out in a gradual manner instead of with the "shock therapy". Besides, considering the prominence of the subject position of universities and their specific situations, the reform shall be carried out in the way of self-innovation on the part of universities along with the promotion of the government, rather than in the way dominated by the government which was previously adopted. Any forcible implementation of the system reform will probably impair the effects of the reform because of inconformity with the specific situations of universities.

目 录

CONTENTS

引　论

　　西方学界十分重视制度之于社会发展作用的分析，特别是被称之为经济史学"革命"的新制度经济学的兴起，使制度这个"沉睡"于经济发展过程中的内生变量逐渐引起人们理论探究和实践构建的热情。近年来，制度也逐渐成为我国社会学、政治学、经济学等学科领域的热门研究话题。当然，这是与我国社会转型时期的社会发展以及由此而生的社会生活多元化、利益主体多元化的发展格局相适应的。与其他领域相比，高等教育领域对制度问题的关注相对较晚，这与我国高等教育体制改革步伐相对迟缓有关。因为在计划经济体制下，一切高等教育机构（包括大学）都在国家或政府的外控体制下运行，国家作为大学的举办者，同时又是管理者和办学者直接插手大学内部管理，整个高等教育系统就是国家统一管理的"一"所"大学"，国家的政策左右着大学的发展，制度之于大学的发展几乎没有任何可以发挥作用的空间。随着我国社会转型以及市场经济体制的逐步确立，大学生存与发展的外部环境发生了变化：政府拨款不再是大学经费来源的唯一渠道；经济发展的区域化格局使大学不再置身事外；高等教育大众化使大学面临着越来越繁重的入学压力。这些都客观上要求改变大学僵硬的制度体系，使大学成为自身利益追求的主体。因此，从 20 世纪 80 年代开始，以大学办学自主权为核心的高等教育管理体制改革成为大学制度创新的主要内容。时至今日，政府已逐渐为大学"松绑"，大学也由此获得了越来越多的办学自主权力，但同时影响大学发展的另一个重要问题逐渐凸显，这就是大学自身的制度建设。如果说办学自主权是大学发展的必要条件的话，那么制度建设就是大学得以健康发展的保证。中西方大学的发展史表明，大学的发展一方面取决于政府和社会为大学发展提供的资源和制度空间；另一方面取决于大学自身制度整合办学资源以及把握发展机遇的能力。因此，在我国宏观的大学制度改革取得阶段性成果之后，还要不失时机地着手大学内部微观制度的"再造"。本章在论述大学发展与制度相关性的基础上，着重阐述我国大学制度创新的重点由外及内转移的合理性，并勾勒出本课题研究的基本理路。

一　论题意义与研究目标

（一）大学发展与制度创新

对同一事物可以从不同的角度解读，角度不同，解读出的味道和特色自然有别。大学发展之制度分析的着眼点亦即它的视阈，在于制度创新使大学组织行为的改变，在于制度创新之于大学发展因素新的整合机制的形成。从制度入手解读大学发展，探讨大学发展和制度创新之间的内在关联，固然有其理论上的缘由，但主要还是大学发展的实践要求使然。

现代大学制度起源于西方，我国于近代"舶来"这一制度模式，并结合我国国情进行了创造性的探索和实践。但由于"学在官府"延续的官僚传统，以及在"文化大革命"时期片面强调办学的政治功能和意识形态作用，又使我国大学制度长期以来偏离了现代大学的学术性轨道。改革开放以来，尤其是近10多年来我国进行的高等教育管理体制改革在解决大学发展所存在问题的过程中，大学把握自身发展的能力逐步提高，政府对大学的管理和行政方式趋向多元化。但从根本上来说，改革的实用性大于长远性，行政性大于自主性，大学发展中所存在的一些关键问题迄今未能有效解决，大学组织的运作效率不高和学术创新能力有限等依然是困扰大学发展的难题。由此我们不能不反思：大学发展的经验和教训是什么？依旧制约大学发展的因素又是什么？这样，以往一个在实践中长期被忽视的、被行政治理结构压抑的因素逐渐浮现出来，成为人们探讨重塑大学自治和学术自由理念、改革政府调控和行政方式以及提高大学学术创造性时越来越多被提及的话语，这就是现代大学的制度建设。从某种意义上来说，我国大学发展正处于转型时期，这主要体现在大学自身作为办学主体地位的逐渐增强，政府作为大学直接管理者的作用逐渐减弱，同时也表现在转型时期大学新旧制度安排之间的矛盾冲突。这种冲突既可以是政府和大学之间、大学与社会之间、大学内部不同利益和权力主体之间的，也可以是不同制度改革方式之间，以及不同改革阶段因初始条件或外部条件的限制而产生的已有制度与改革理性目标之间的冲突。人们期望通过大学制度的改革与建设，规范大学的组织行为，弥补政府为大学"松绑"后留下的制度缺失与空白，增强大学"自主发展、自我约束、自我决策"的能力。

当制度成为公共话语中日益增多的对象时，再回过头来审视，我们发现，中国高等教育改革伊始，就是首先从制度创新开始的，并且高等教育的发展一直有赖于制度的创新。从实践意义上来讲，高等教育改革的目标就是提高大学的办学活力，建立与社会发展相适应的管理体制与运行机制，以实现大学发展和社会发展的"双赢"；之所以必须进行改革，是因为传统的高等教育制度严重束缚了大学的发展。当前我国大学之所以发展迅猛，其根本原因就是大学的管理制度发生了根本性变革；一些问题之所以长期困扰着大学发展，其根本原因也在于与大学新的功能和角色定位相关的各项制度建设尚未真正到位。西方现代大学的发展同样与制度密切相关。从一定意义上说，一部大学史就是一部大学制度创新史，大学发展的每一次质的飞跃和突破性进展，无不以大学制度结构的局部或整体性变革为前提。现代大学的滥觞及其在全球范围内的迅速扩展，最直接的推动力就是大学制度结构的变迁。① 因此，现在是关心制度的时候了，无论是从世界各国大学发展的经验，还是从我国大学发展所面临的责任和困境来说，大学制度创新都成为刻不容缓的任务。

第一，西方大学发展史表明，大学的发展有赖于大学制度的不断创新。现代大学制度演变的历史中有许多实例表明，当现存制度结构对新问题的适应不成功时，就需要打破原有的制度安排以增强对新问题的适应能力。大学的发展从根本上说也就是形成一种能容纳持续变迁的问题与要求的制度结构。因为大学发展的

---

① 田正平、李江源：《教育制度变迁与中国教育现代化进程》［J］，《华东师范大学学报》（教育科学版）2002 年第 3 期，第 39~51 页。

每一次制度变革都是围绕一个（或数个）目标进行的，变革后产生的新制度反映或代表这个目标，以它的实现作为大学存在的目标或根据。中世纪大学、德国近代大学、美国研究型大学等大学发展史上具有标志性意义的大学的创立，无不是适应了社会环境变化的要求，同时也标志着新型大学制度的形成。从大学内部组织制度上来说，近代德国大学形成了以科研和教学结合的实验室制度，以及以研究高深课题为中心的研讨班制度，这两种制度形式顺应了 17 世纪以来科学革命造成的知识分化的发展趋势及工业发展对人才培养提出的要求。但当大科学时代到来的时候，德国大学因单纯依赖讲座教授对系和研究机构的终身控制而陷入困境，尤其是随着 20 世纪 60～70 年代高等教育的大发展，"大学试图坚持旧时的结构和古典的传统，因而发现道路艰难，高等教育的大众化使大学发现自己处在一片尴尬的混乱之中"①。所以，高等教育系统和大学内部组织制度的功能分化成为改革的必然选择。同样，20 世纪 80 年代以后，英国的"学院"传统和导师制模式使大学面临着前所未有的压力和"人才流失"的困境；美国大学借鉴了德国大学学术组织制度和英国大学学院模式的传统，建立了较为灵活的院系建制，并在组织上实行专业学院和文理学院分开的制度，可以说是"英国式的自由学院加上德国式大学的一个混合组织"②。也正是美国研究型大学基于自身实际情况的制度创新，奠定了美国高等教育在 20 世纪的辉煌成就。

　　可见，大学发展中所面临的新问题是制度创新的主要动力。

────────────

① 〔美〕伯顿·克拉克：《探究的场所——现代大学的科研和研究生教育》[M]，王承绪译，杭州，浙江教育出版社，2001，第 9 页。

② 孟宪承：《现代大学的思想和组织》，载于杨东平编《大学精神》[M]，上海，文汇出版社，2003，第 79 页。

概括来说，这类"问题"大致可分为两类：一类指向大学与社会其他子系统关系的矛盾，可称为大学的外部问题；一类指向大学组织内部自身的矛盾，可称为大学的内部矛盾。一般而言，政府主要为解决外部问题而进行制度创新，大学主要为解决内部问题而进行制度创新。[①] 当前，"国际化"、"知识经济"、"大众化"等诸如此类的新名词标志着我国大学所置身的社会环境已经发生了根本性变化，从而也引发了大学组织内部的一系列矛盾和问题，如学术目标与社会目标的矛盾、教学与科研的矛盾、教育理念与市场理念的矛盾、精英化与大众化的矛盾，以及行政权力与学术权力的矛盾，等等。显而易见，中国大学发展面临的挑战是双重的：一方面既要通过政策调整和体制变革应对社会转型和经济发展所带来的大量复杂的问题；另一方面又要回应高等教育国际化对中国大学传统学术标准和管理模式的冲击。当然，这些挑战主要属于大学组织外部，与此同时，大学所面临的最大问题来源于大学内部长期以来所形成的僵化体制和计划体制"惯性"。有人形象地将大学称之为"计划经济时代的最后一座堡垒"，这是大学难以有效适应社会需求及学术创新乏力的主要原因。从根本上来说，"制度的发展和创新首先与制度本身的局限性联系在一起"[②]，大学制度的局限性表现在与变化的环境的不适应以及与学术性目标的日益偏离，大学要想实现像经济领域一样的大发展，就必须对传统的大学制度进行重大的、突破性的变革。

第二，建设世界一流大学，实现我国大学的跨越式发展，同

---

① 张彦玲、叶文梓：《论教育制度创新》［J］，《教育发展研究》2001 年第 5 期，第 9 ~ 13 页。

② 鲁鹏：《制度与发展的关系研究》［M］，北京，人民出版社，2002，第 13 页。

样离不开大学制度创新。在我国高等教育发展史上，曾有过建立现代大学制度的短暂尝试和长期"中断"。而今建立现代大学制度之所以成为当下迫在眉睫的话题，是因为时代发展对大学提出了客观要求。正如潘懋元先生所言："开展大学制度研究，促进大学制度现代化，是我国现代大学完成其使命的需要。"① 当前，我国建设世界一流大学的战略已经启动，但这一目标的实现除了有赖于社会政治、经济的良性发展之外，建立现代大学制度本应是题中应有之义。世界一流大学是在国际范围内相比较的概念，中国建设世界一流大学，就是要通过若干年的建设和发展，使中国大学具有与世界一流大学相抗衡的实力，这是参与以科学技术和人才为核心的综合国力竞争的重要组成部分。鉴于我国大学与世界一流大学的差距，关键是要实现大学的跨越式发展。这其中当然离不开以政府为主的人力、物力以及资金等方面的投入，但最根本的还是制度建设。中外大学发展史证明：制度创新，大学就能走向繁荣；制度陈旧，大学发展就难免滞后。"从某种意义上说，大学跨越式发展的核心是大学制度的跨越式发展，建设世界一流大学的实质是建设世界一流大学制度。"② 因此，哪里制度一流，哪里就有世界一流大学，这是大学发展的一条基本规律。

比照发达国家对大学的投入状况，期盼我国政府加大对大学财政投入的心情是可以理解的。但资金投入只是大学发展的必要条件，而不是充分条件，如果资金、人才的配置和使用问题以及

---

① 潘懋元：《走向社会中心的大学需要建设现代制度》[J]，《现代大学教育》2001 年第 1 期，第 29～30 页。
② 熊庆年：《制度创新与世界一流大学建设》[J]，《清华大学教育研究》2003 年第 3 期，第 37～41 页。

学术创新的机制问题不解决，建设世界一流大学就不可能成功。作为一种人为事物，大学是一个具有精神内核与物质外壳的综合体，要使大学的物质层面的因素发挥作用，就必须给大学注入精神内核和灵魂，包括大学的办学理念和运作机制的创新，因为"只有把相关投入与建构理念、完善机制密切结合，这些投入才能发挥应有的作用和效益。换言之，即便投入有所不足，如果有科学的办学理念和良好的运作机制，也能形成发展的势头和氛围"[①]。对此，北京大学张维迎教授的观点很有见地："国际竞争的核心不是资金和人才的竞争，资金和人才是可以国际流动的；也不是技术的竞争，而是制度的竞争。从中国长远来看，应该学习的是制度改造。"[②] 但长期以来，面对着知识经济、学科建设、大众化的社会需求以及资源短缺的困境，中国大学发展却又得不到与之相关的制度呼应，反而陷入了大学发展的制度桎梏，原有僵化的制度安排成为大学进一步发展的障碍。从这个意义上说，离开了制度创新，中国大学的发展以及建设世界一流大学的目标就很难有突破性的进展。因此，相对于过去强调大学发展的资金、人员、设备等要素改善法，以改变现有制度的低效率运作对大学发展的"制动"状况，无疑是找到了促进大学发展的着力点。

（二）由外及内：中国大学制度改革重点的转向

新制度经济学在分析制度时把制度区分为"制度环境"与

---

① 蓝劲松：《办学理念与运作机制：世界一流大学建设的关键》［J］，《高等教育研究》2001 年第 5 期，第 17～20，29 页。

② 专家访谈：《为中国一流大学号脉》［J］，《中国高等教育评估》2000 年第 3 期，第 22、36 页。

"制度安排"。"制度环境"是一系列用来建立生产、交换与分配基础的基本的政治、社会和法律基础规则；"制度安排"是约束特定行为模式和关系的一套行为规则，是支配人们相互之间可能合作与竞争方式的一种安排。① 对于大学制度，邬大光教授从宏观和微观两个层面进行了界定：宏观的大学制度涉及大学与外部系统的关系，包括大学的管理体制、投资体制和办学体制等；微观的大学制度是指一所大学内部的组织结构和运行机制，包括组织结构的分层、内部权力体系的构成等。张应强教授将大学制度区分为制度环境和大学自身制度两个方面，同样是基于宏观和微观两个层面的区分。

在本书中，把大学制度分为外部制度和内部制度两个层面，同时，为了叙述方便，也为了与目前流行的制度研究的语境相一致，书中有时也采用大学制度环境与内部制度的划分。外部制度主要涉及政府、社会、市场与大学之间的关系，是指一系列用于维持大学与外部关系的规范、法律规则和运行机制。内部制度主要涉及大学内部的管理体制、运行机制以及组织行为的规范体系。从二者的关系来看，外部制度决定着内部制度改革的性质、目标、范围、进程等，但内部制度改革也反作用于外部制度，要求外部制度为内部制度的改革和运行创造适宜的环境和氛围。一般来说，当制度环境相对稳定时，直接影响大学组织行为的是大学的内部制度安排，或者说内部制度安排是分析大学组织行为的内生变量。考虑到本书的研究侧重点，在不作特殊说明时，本书所言的大学制度主要是指大学内部制度。

---

① 〔美〕R. 科斯、A. 阿尔钦、D. 诺斯等：《财产权利与制度变迁——产权学派与新制度学派译文集》[M]，陈昕主编，上海，上海三联书店、上海人民出版社，1994，第 270 页。

从我国大学制度改革的实际进程来看，改革是首先从外部制度的改革开始的。最初只是一些有识之士小心地呼吁"给大学一点自主权"，1985年《中共中央关于改革教育体制的决定》中提出"要改变政府对高等学校统得过多的管理体制，在国家统一的教育方针和计划指导下，扩大高等学校办学自主权"，正式确认了大学应有自主办学的权力，同时也揭开了大学外部制度改革的序幕。1992年国务院颁布了《中国教育改革与发展纲要》，明确规定"要逐步建立政府宏观管理，学校面向社会自主办学的体制"，从而进一步规范了政府与大学的关系：政府宏观管理，大学是自主办学的法人实体。随后，政府又通过"共建、调整、合作、合并"等方式对高等教育管理体制进行了卓有成效的探索，并通过《教育法》和《高等教育法》对大学管理体制和办学自主权进行了明确的法律界定。当前，高等教育管理新体制基本形成。① 可见，我国大学外部制度改革的实质是要从根本上解决政府对大学的管理方式、落实大学办学自主权问题。但值得指出的是，政府管理方式的转变并不是政府一厢情愿的单向行为，如果得不到大学内部制度改革的呼应，大学外部制度的改革只能是表面性的。实际上，"在权力主导制度变迁的条件下，微观主体的制度需求能否转化为现实的制度安排，依赖其能否从权力中心获得制度创新的特许权，或者能否凭借其讨价还价能力突破进入壁垒，因而自下而上的制度变革同样面临着障碍"②。因此，随着外部制度改革的推进，大学获得了越来越多的自主权力，但在责、权、利关系模糊不清的情况下，大学自身很难有自

---

① 汪大勇：《高等教育管理新体制基本形成》［N］，2000年11月7日《光明日报》。

② 杨瑞龙：《面对制度之轨》［M］，北京，中国发展出版社，2000，第24页。

主的制度创新的动机，再加上我国大学长期形成的依赖于政府制度供给的思维方式，在很大程度上限制了大学"自我发展、自我约束、自我创新"机制的形成，行政限制与实践要求大学自主发展之间的矛盾依然十分突出。

从更深层意义上来说，随着我国行政管理体制改革的推进以及市场机制的逐步形成，我国大学已具有许多"野生型"组织的特征，大学生存环境面临的不确定性逐渐增加，这在客观上强化了大学理应成为制度创新和运行的主体，独立自主地选择自己的生存和发展之道。如果仍旧维持传统的政府行政控制的集权管理模式，大学就不可能在"野生型"的组织环境中将外部潜在的利益转化为大学实际的办学资源。现在的关键问题是在大学外部制度改革取得阶段性成果之后，内部制度改革却相对迟缓，体现为大学内外部制度的严重失衡。近年来，虽然也进行了像"办学自主"、"教授治校"等一些带有根本性的大学内部制度变革，但在大学内部行政"惯性"依然强大的"娘胎"里，这些措施被窒息一切的"稳定性"和实践中的"正当性"给扼杀了。简单的现象说明了深刻的道理：中国正在重建中的大学内部制度是不规范和不成熟的。当前，我国大学已不可能再依赖外控制度模式促进大学的发展，大学的自主发展成为适应环境变化的必然选择，与此相适应，我国大学制度改革也必须从外部转向内部。也就是说，我国大学在宏观的大学制度改革取得成果之后，还要不失时机地着手内部微观大学制度的"再造"，建立既适应环境需求又符合大学学术本性的现代大学制度。

大学的生命力源于大学的学术活力，建立现代大学制度必须真正体现大学学术组织的特性，克服僵化的制度约束，重现大学的学术生机。在西方发达国家，尽管存在着欧洲的"研究所制"或"讲座制"和美国的"学系制"或"系科制"两种不同的组织制度模式，并且这两种模式根据社会发展和环境的变革经历了多次调整，但并没有改变大学教学科研活动的学术性组织特征，大学作为学术机构的基本特性并没有发生根本改变。安德森在比较了现代大学和中世纪大学的诸多特征之后指出："现代大学，即使其机构已经扩大并变得更加复杂，但在结构上与中世纪大学相比并没有发生根本性变化。"① 长期以来，中国大学在行政管制下逐渐偏离"以学术为中心"的制度轨道，科层的等级、臃肿的机构、一切遵循等级和秩序，大学就像一个"生产车间"，其组织结构在常规性的"生产"中变得机械和僵硬。近年来，大学的市场化、企业化、产业化的观念又开始流行，但这是否意味着必须"消解"传统大学的制度安排而对大学进行企业化改造呢？大学还是否应保留作为学术性组织的独特结构，或者是否能简单地以效率和效益等工具性指标来标志大学的基本特征呢？组织理论认为，任何一个组织，它的存在总是与组织所承担的特定使命密切相关。正是因为某种强烈的使命和功能定位，才赋予与其功能相适应的制度结构。学术性功能定位以及与之相应的制度安排，正是大学从中世纪至今历经800多年仍绵延不绝的关键所在。正因为西方所创立的大学制度深深扎根于发展知识、培养人才，以及追求科学与发展学术的统一性之中，因此才有全球大学发展所要求的制度框架的普遍性。在此意义上，西方大学制度蕴涵着促进大学发展"共有"的制度文明，是我们构建和改革

---

① 眭依凡：《关于大学组织特性的理性思考》［J］，《高等教育研究》2000年第4期，第49～52页。

中国大学制度的重要依据和参考坐标。但我国大学发展"后发"特性决定了大学制度的改革绝不是一个十分顺利的过程，特别是大学要走出"科层制"的痼疾，形成既讲求效率又符合学术组织特性的大学制度，是我国在建设世界一流大学的过程中必须面对的现实难题。

（三）大学制度的研究目标

人们研究制度创新时主要讨论三个问题：制度创新的主体是谁？制度创新的机制是什么？制度安排如何保障组织的效率？当然，还可能涉及组织环境、权力结构、组织文化、管理体制，等等。本书以单个的大学组织作为制度分析的基本单元，主要侧重从以下三个维度研究大学的制度创新问题：其一，大学制度主体的转换；其二，大学制度创新的机制；其三，大学学术创新的制度保障。

之所以从上述三个方面来研究大学制度问题，是因为大学在本质上是学术性组织，既有一般社会组织所具有的共同特点，又具有大学组织所独有的个性特征。一般而论，良好的组织是一个建立在相对稳定的制度基础之上的系统，有一套规范的职权结构、运行机制以及规范组织行为的激励约束机制。组织性质不同，相应的保障组织、运作的制度明显有别。"有组织的无序状态"、"自治的学者团体"，等等，都是对大学组织制度的经典描述。但在我国计划体制下，大学与政府高度"同构"，大学成为政府的隶属机构，大学的办学活动和组织行为，不是出于自身的利益和学术取向，而主要是为完成政府的"计划任务"，并在政府给定的范围内行事。大学"主要考虑的是如何按照政府的政策和管理条例办学，基本上不存在学校需要独立地思考学校如何办的问题"①，因此，也就从根本上失去了自主制度创新的动力。在这种体制下，行政的标准代替了学术标准，行政命令代替了学术自律，完成政府"计划"成了大学组织活动的唯一动机。这种体制虽经多次变革，但往往是行政性大于学术性，形式性大于实质性，缺乏以大学核心任务为重点，以构建学术性组织为目标的制度创新。本书所研究的大学制度创新就是针对中国大学传统的弊病而言的，目的是实现大学制度主体由政府向大学自身的回归，构建大学自主状态下"自主发展、自主创新"的激励机制和约束机制，并通过相应的组织变革、权力调整，实现解放学术生产力、提高学术创新能力的大学组织目标。

在更为广泛的背景下，本书之所以选择大学内部制度作为研究对象，是大学组织生存环境的变革提出的要求。大学内部制度改革不仅涉及大学中行政组织和学术组织之间的关系，以及大学内部权力和利益的分配，而且也涉及大学制度环境提供的改革空间或约束激励机制。从实践意义上讲，大学外部制度改革的目的本身就是调动大学组织的办学活力和创造潜能，而内部制度的改革本身也牵涉到对制度环境的改造问题。因此，大学内部制度改革具有牵一发而动全身的理论和实践魅力。回顾中国大学改革的历程，大学制度环境改革经过循环往复和曲折回旋，使人们越来越认识到，没有大学内部制度的变革作支撑，宏观制度的改革就难以持久，甚至根本无法进行。为此，在反思中国大学组织制度化历程及与西方国家大学内部制度进行横向比较的基础上，本书重点关注两个问题：第一，在外部环境变革以及在办学自主权逐

---

① 刘献君、赵炬明、陈敏：《院校研究：高等学校改革与发展的必然要求》[J]，《高等教育研究》2002 年第 2 期，第 54～58 页。

渐回归的情况下，中国大学需要什么样的内部制度安排；第二，在传统的行政体制惯性以及行政权力依然主导大学发展的背景下，中国大学需要什么样的制度创新政策。围绕上述"三个维度"和"两个问题"扩展开来，具体对以下论题进行深入研究和论证：①大学组织的本性与大学制度创新的实质；②对中国大学制度化历程的反思；③大学发展的制度困境；④制度环境与优效大学组织建设；⑤大学制度创新的政策选择。

　　笔者期望，通过综合运用比较分析、历史借鉴、规范分析和实际问题分析的研究方法，联系中国大学内部制度的现状——问题及其成因、已有改革举措等，结合大学作为学术性组织的发展逻辑，以及大学制度改革新特点及未来走向，前瞻性地提出中国大学制度创新的基本路径。其中，大学制度主体的转换、大学治理结构的转型、组织结构的调整、行政组织和学术组织的协调与互动是"路径"的主要构件。制度创新不仅是一个操作性和实践性比较强的领域，同时又是一个理论研究的热门话题，特别是经济学、社会学关于制度的研究成果为本书提供了必要的理论和方法支撑。本书着重以我国社会转型和高等教育大发展为背景，参照世界一流大学制度的合理性成分，试图分析中国大学发展的制度困境及其改进路径，并在探索中国大学在新的制度环境下制度创新的动力和机制的基础上，提出中国大学制度可行的创新模式。

二　由组织视角研究大学制度的可行性

　　当我们分析大学制度时，首先遇到的问题是大学的发展受政治、经济、文化等外部因素的制约，大学制度改革必须理顺大学与外部因素之间的关系，使大学真正成为依法办学的法人实体。

但大学作为以从事高深知识的传授、发现、应用为中心的学术性组织，具有自身发展的逻辑，具有不为外力所动的制度稳定性，发展知识应该是制度变革的根本依归。正如伯顿·克拉克所言："当我们从内部去研究行动和政策的形成时，我们就不能冒昧地说'社会'或'社会力量'决定高等教育……有必要进入有组织的高等教育的'黑箱'内部去，从内向外弄清高等教育系统与外部系统的关系。"① 这虽然是就整个高等教育系统来说的，但我们分析大学制度也同样可以遵循相似的逻辑，深入到大学组织内部研究组织结构、行为规范等大学制度安排是如何影响大学发展的。因为本书研究的主旨是学术组织视角中的大学制度创新，所以有必要首先对论题所涉及的组织与大学组织、制度与大学制度等关键概念进行辨析。本书研究的落脚点在于大学制度创新，所以还必须对从组织的视角研究大学制度变革的可行性予以阐释。

（一）组织与制度的关联

制度是一个见仁见智的概念，不同的学科对制度的理解各异，"事实上，对制度的定义需要整整一门'制度分析基础'课程作为定义的展开"②。在经济学中，制度学派的开山大师凡勃伦认为："制度实质上就是个人或社会对有关某些关系或某些作用的一般思想习惯"，"今天的制度，也就是当前公认的某种生活方式"③。在这里，制度被强调为一种习惯或一种习俗。与凡

---

① 〔美〕伯顿·克拉克：《高等教育新论——多学科的研究》［M］，王承绪、徐辉、郑继伟等译，杭州，浙江教育出版社，2001，第 105～106 页。
② 汪丁丁：《知识经济的制度背景——"知识经济批判"》［J］，《战略与管理》2000 年第 2 期，第 66～76 页。
③ 〔美〕凡勃伦：《有闲阶级论》［M］，蔡受百译，北京，商务印书馆，1964，第 139～140 页。

勃伦相比，康芒斯对制度的思考更进一步，他认为，"制度是集体行动控制个人的一系列行为准则和标准"①，即制度就是社会一定范围内每个人必须遵守的行为准则或规范。制度经济学派虽然开创了制度研究之先河，但真正对制度进行广泛深入研究是从新制度经济学开始的，特别是经济史学对制度的研究作出了巨大贡献。舒尔茨把制度定义为社会中个人遵守的一套行为规则，这些规则涉及社会、政治及经济行为。V. W. 拉坦在其《诱致性制度变迁理论》中也将制度定义为一套行为规则，它们被用于支配特定的行为模式和相互关系。② 由此可见，"制度"的概念歧义众多，含混不清。使制度概念清晰化、具体化的是诺斯教授，他在其经典著作《制度、制度变迁与经济绩效》中把制度定义为："制度是一个社会的游戏规则，更规范地说，它是为决定人们相互作用而人为设定的一些制约。"③ 他认为，制度是通过向人们提供一个日常生活的结构来减少不确定性的。制度是人们发生相互关系的指南，确定和限制了人们的选择集合，既包括正式规则（如由人们设定的规则），又包括非正式规则（如习俗和行为准则）。迪韦尔热在《政治社会学》中将制度定义为："制度是作为一个实体活动的结构严密、协调一致的社会互动作用整体，它理所当然地主要是在这个范围内设立的模式。"吉登斯的结构化理论认为："制度是社会中的互动系统，它们能长时间地延续并能在空间上进行人员分配。"伯尔曼在《法律与革命》中

① 〔美〕康芒斯：《制度经济学》[M]，于树生译，北京，商务印书馆，1997，第81页。
② 卢现祥：《西方新制度经济学》[M]，北京，中国发展出版社，1996，第17页。
③ 〔美〕道格拉斯·C.诺斯：《制度、制度变迁与经济绩效》[M]，刘守英译，上海，上海三联书店，1994，第3页。

对制度的规定是："制度一词是指为执行特定的社会任务而做的结构化的安排。"①

尽管对制度的理解似乎"公说公有理、婆说婆有理"，显得莫衷一是，但上述定义中还是反映了某些带有普遍性的东西。其中以诺斯为代表的相当一部分学者都把制度当作某种规则。因而，有理由认为，"规则"是人们较为普遍使用的关于制度的规定。新制度经济学认为，制度提供的一系列规则由正式规则和非正式规则以及实施机制三部分构成。在一般意义上讲，制度主要体现出以下两个方面的特点。第一是习惯性。无论是正式规则还是非正式规则都具有习惯性的特点，是历史的一种积淀，都是最初被某些人发现某种规则有利可图，以后被坚持下来，接着被更多的人所接受，最后成为一种习惯，成为历史沉淀物被保留下来。第二是规制性。只要是制度，都告诉人们能干什么、不能干什么，给人们的行为划定了边界。也正是制度具有这样的特点，才能够使其具有确定性、稳定性，从而才能为人们的活动提供稳定的行为预期。

制度作为行为规则，必须有其所依托的主体，这个主体既可以是个人，也可以是组织。只有将制度作为一定主体的行为规则，才能与其他影响发展的因素一起，纳入促进主体发展的分析视野之中。新制度经济学派在研究制度时也都将组织作为分析的基本单元，并由此将制度和组织区分开来，"制度是社会游戏的规则，组织就是社会玩游戏的角色"②；并进一步阐明了二者的联系：制度是"基本规则"，这一规则不仅创造了一系列机会，

---

① 鲁鹏：《制度与发展的关系研究》［M］，第 10 页。
② 卢现祥：《西方新制度经济学》［M］，第 19 页。

也形成了约束；组织是在既定约束下为了捕捉这些机会以实现一定的目的而创立的。组织的存在和演进受到制度的根本影响，反过来，组织的变革也影响制度。诺斯认为："组织包括政治团体、经济团体、社会团体和教育团体。它们都是为达到目标而受某些目的共同约束的个人团体。"德国制度经济学者柯武刚和史漫飞认为："经济组织需要通过契约与不属于组织的人们进行自愿合作；政治组织因政治意愿而建立，后来就可以强迫别人与它交往。"①　可见，不同性质的组织，其规则是不同的，但无论何种性质的组织，无不是基于自愿的或强制性的规则和契约而形成的、具有一定目标的行动团体。正是因为有了一定的制度安排或行为规范，才使分散的利益主体具有明确的行动路径。但在实际研究中，制度经济学派都将有效率的经济组织作为分析的对象，也正是在组织不断地追求其目标的过程中，对构成制度框架的规则、准则和实施的组合进行边际调整，才有了制度的变迁。也就是说，组织就是为了自身利益最大化推动制度变迁的发生，离开了组织，就没有了制度变迁的发动者，"制度和组织连续、交互作用是制度变迁的关键所在"②。

在管理学界，管理是被置于"组织"的背景下进行研究的，而组织又是管理学家作为研究的对象提出来的。哈罗德·孔茨认为："管理就是设计和保持一种良好环境，使人在群体里高效率地完成既定目标。"③　芮明杰认为："管理是对组织的资源进行有

①　罗明忠：《组织与制度变迁》[J]，《南方经济》2002 年第 7 期，第 20~22页。
②　张宇燕：《经济发展与制度选择——对制度的经济分析》[M]，北京，中国人民大学出版社，1992，第 111 页。
③　〔美〕哈罗德·孔茨、海茵茨·韦里克：《管理学》[M]，郝国华等译，北京，经济科学出版社，1993，第 9 页。

效整合以达成既定目标与责任的动态创造性活动。"① 也就是说，管理活动主要是通过相应的规则和程序在一定组织框架内进行的，因此这也在很大程度上印证了制度经济学派所说的制度和组织之间的内在联系。尽管关于组织的概念不胜枚举，但在较为普遍的意义上，"组织是人们为了一定目标的实现而进行合理的组织与协调，并具有一个相对可识别的边界的社会实体"②。这里的组织活动的协调，组织边界的维持都需要通过管理来进行，这就需要有办法、有措施、有机制，简言之，就是要有相应的制度安排。可见，制度和管理是密切联系在一起的。同时，制度和管理又是在组织内发生的，或者说，制度是组织的一个重要的维系要素，也是组织得以存在和发展的基础，它关系到组织效能的实现程度、组织发展的本质方向。任何组织都是在一定的结构安排、权力系统下运行的，有"正式的有意识形成的职务结构或职位结构"③。同时，这种构架不是固定不变的，而是随着组织战略、组织环境的改变，组织形态、组织制度，以及保障组织有效运行的实施机制都要进行相应的改革。"传统的组织要改造成现代的组织，就必须明确组织的目标、权力结构和决策机制；明确组织的动力结构，即激励机制；明确组织内部的信息沟通机制，这三个方面是现代组织的柱石"④，也是传统组织向现代组织转变过程中制度创新的基本内涵。

从上述多学科视野的分析中可知，组织与制度密不可分。一

① 芮明杰：《管理学——现代的观点》［M］，上海，上海人民出版社，1999，第 5 页。
② 钱平凡：《组织转型》［M］，杭州，浙江人民出版社，1999，第 66 页。
③ ［美］哈罗德·孔茨、海茵茨·韦里克：《管理学》［M］，第 316 页。
④ 罗珉：《组织管理学》［M］，成都，西南财经大学出版社，2003，第 12 页。

方面，"现代组织要生存和运作，就必须有制度化的安排，是制度的安排使各种行为变得规范和稳定"①，现代组织要实现迅速发展和持续扩张，越来越取决于其自身制度化的程度，制度的变革会影响组织形式的改变；另一方面，组织是制度发挥作用的基本单元和载体，即制度通过组织来体现，组织结构的变动也需要组织的制度作出相应的改革。

（二）从组织的视角研究大学制度的可行性

大学组织与大学制度分别是组织与制度的下属概念，上述关于组织与制度之间的关联同样适用于对大学组织与大学制度的分析。大学组织既具有一般组织的共性特征，又具有学术性组织所特有的个性。大学组织的特殊性不仅体现在组织目标、组织活动、组织主体的特殊性上，而且体现在大学组织所特有的"制度逻辑"上。在一定意义上说，大学的制度逻辑正是大学组织目标、组织活动和组织主体之特殊性的反映。正如格斯特所言："制度逻辑提供了不同行业操作稳定性和连续性的框架，并将不同的组织区分开来"，并且"这些逻辑也随时间变化而变化"②。大学的制度逻辑构成了大学以追求知识为目标的"组织原则"，并且随着知识操作形式的渐趋复杂化，大学的制度逻辑也会发生相应的变化。同样，大学制度除具有其他制度形式都具有的"制度"的共性之外，又有自身的独特性，这是由大学制度的主体——大学组织的特殊性决定的。因此，研究大学制度创新不能脱离对制度依托的主体——大学组织之特性的关注，脱离了对大

---

① 〔美〕W. 理查德·格斯特：《组织理论》［M］，黄洋、李霞、申薇等译，北京，华夏出版社，2002，第 128 页。
② 〔美〕W. 理查德·格斯特：《组织理论》［M］，第 206 页。

学组织特性的认知，大学制度改革绝对是一种无所依循的、无明确目的的行为，容易陷入"政府本位"或"市场本位"的大学制度认识论和实践论的怪圈。

当然，本书所言及的大学制度不是传统教育学中所说的"体制"，而是比体制内涵更为宽泛的概念。根据上述对制度的理解，大学制度是指维持大学组织生存和运作的一系列组织行为规则和运行机制的总称。根据系统理论，任何一个系统都由所属的子系统构成，同时这个系统又是构成更为庞大系统的一部分。以个体的大学组织为中心，其与政府、市场、社会以及其他大学组织之间的关系构成大学的外部环境。大学组织外部行为规范和运行机制构成大学的外部制度；大学组织内部又由不同的利益主体和组织"细胞"构成，其行为规范和运行机制构成大学的内部制度。可见，现代大学制度是一个多层面的、复杂的制度体系。大学制度的复杂性是由大学组织的复杂性以及大学与社会环境日益广泛的联系所决定的。大学发展到今天，已从中世纪"僧侣的村庄"、工业化时代"知识分子的城镇"，到今天"多元化巨型大学"的复杂系统。相应的，维持大学有效运行的制度体系也经历了从简单到复杂的演进过程。

从组织的视角研究大学内部制度，可能涉及多方面的问题，而本书主要是从大学的组织结构所涉及的相关因素入手进行分析。组织结构是组织理论的核心概念，它是一个组织内各构成部分之间所确立的关系形式。因为任何组织的活动都需要一定的分工，并根据这些分工设置相应的职位，然后由不同的人去担任，担任这些职位的人员之间相互协作和配合，共同完成组织的目标。明茨伯格在对组织进行深入研究后认为："组织结构可以简单地定义为组织将其活动分解为不同的任务以及这些任务之间协调方式的总和。"① 而这些分工、协调必须通过相应的规则、实施机制，也即本书所说的制度来进行。组织学理论认为，任何组织结构都表现为三个核心要素：复杂性、规范性、集权与分权性。② 复杂性是指一个组织中的差异性（Differentiation），它包括横向差异性和纵向差异性，前者是一个组织成员之间受教育和培训的程度、专业方向和技能，以及工作的性质和任务等方面的差异程度，并由此产生的组织内部部门与部门之间或单位与单位之间的差异；后者是指组织结构中纵向垂直管理的层级数及其基层之间的差异程度。规范性是指组织中各项工作的标准化程度（Degree of Standardization）。集权和分权是指组织中的决策权集中在组织结构中的哪一点上的程度和差异，高度集权意指决策权集中在高级管理层，低度集权意指决策权分散在组织的各管理层，乃至低层的个体。具体到大学组织而言，从这三方面展开研究可以涵盖大学内部制度的基本方面：复杂性主要表现为横向的专业分工、学科界限和院系建制以及纵向的行政科层体制，与大学的教学科研组织制度、院系建制、行政体制等内部制度密切相连；规范性就是指导和限制大学组织成员（主要是教师、科研人员和行政人员）行为和活动的方针政策、规章制度、工作程序、工作过程的标准化程度等，这些内容又涉及大学内部的岗位制度、教师选聘与晋升制度、分配制度以及大学内部运行机制等；集权与分权是指在大学中的决策权力的集中和分散程度的差异性，涉及行政权力与学术权力、学术决策与行政决策的关系等

① Mintzberg, Henry. *The Structuring of Organization* ［M］. New Jersey: Prentice Hall, 1979. 2.

② 杨洪兰等：《现代组织学》［M］，上海，复旦大学出版社，1997，第 32～50 页。

内容。可见，大学组织与大学制度密切相关，有些理论家就是把组织本身当作制度来研究的，这是本书从组织视角研究大学制度的基本依据。

从组织视角研究大学制度创新也是由于制度和组织的不可分离性决定的，尤其是大学组织传统上是相对自主的社会单元，任何制度创新都与大学组织行为的改变联系在一起。新制度经济学较为成熟的关于制度创新的看法是："①一种特定组织行为的变化；②这一组织与其环境之间的相互关系变化；③在一种组织的环境中支配行为与相互关系的规则的变化。"[①] 根据上述理解，我们也可以将本书所研究的大学制度创新概括为以下三个方面。第一，大学组织行为制度的创新。大学的学术性特征决定了教学科研制度是大学的核心制度，其制度结构及其运行机制决定着大学组织的行为特征。随着社会的发展以及外界对大学干预程度的增强，大学制度可能会变得僵化，制度创新就在于通过大学行为规则的变化，释放大学的学术活力。第二，大学与外部环境关系的制度创新。表现在大学制度层面，主要包括大学管理体制和大学治理结构、社会参与办学机制以及中介组织建设等方面，这些制度形式的改革和创新是大学发展的关键。第三，支配大学组织行为与相互关系的规则创新。主要体现为落实大学办学的自主权，以及大学自我发展、自我约束的自律机制。其中，学术管理制度是这一层面制度创新的核心，尤其是如何构建行政权力和学术权力既分工又协作的制度体系是制度创新的重点。

---

① 〔美〕R. 科斯、A. 阿尔钦、D. 诺斯等：《财产权利与制度变迁——产权学派与新制度学派译文集》［M］，第329页。

三　研究思路与方法

（一）现有大学制度研究的基本理路

1. 大学制度的相关研究

"制度创新"是近年来我国社会科学文献中使用频率较高的一个关键词，而随着高等教育改革逐渐向纵深推进，大学制度改革与创新也逐渐引起国内学者越来越多的关注。文献检索发现，在 1999 年以前，关于现代大学制度的研究成果还非常少见，但1999 年至今，现代大学制度建设已成为国内高等教育理论以及实践工作者共同感兴趣的热门话题，直接以"大学制度"为标志的研究论文不下百篇。那么，为什么这一时期特别关注这一问题呢？实际上，这与我国高等教育改革与发展的大背景，以及大学建设的目标要求密切相关。1998 年，在北京大学百年校庆大会上，江泽民主席代表中国政府提出要建设若干所世界一流大学的目标，随后教育部推出"985 工程"，使建设世界一流大学成为不少高校的自觉行动和战略追求。那么，当今世界一流大学之所以成为"世界一流"的因素到底是什么？由此，人们就特别关注世界一流大学的办学经验和教训，尤其是关注这些大学制度层面的问题。实践中大学制度问题业已成为影响我国高等教育改革与发展的核心问题，尤其是政府与大学的关系问题、大学办学自主权问题、大学内部的组织管理与学术创新问题成为影响大学进一步改革与发展的根本性问题。近年来，虽然在这些方面已经进行了局部或整体性的改革，但实践效果并不理想。这时，不少学者不约而同地将目光投向了改革与实践较为成功的经济领域。

中国大学和企业曾经面临着相似的发展际遇和发展困境，建立现代大学制度在很大程度上得益于建立"现代企业制度"的启示，来源于现代企业制度概念的延伸。因为在西方大学的办学实践以及研究文献中，没有现代大学制度这个概念，而只有"学术制度"这样的概念。① 有学者明确提出："我国经济体制改革的目标是建立社会主义市场经济体制。建立与社会主义市场经济体制相适应的现代大学制度，则是我国高等学校内部管理体制改革的目标。"②

从我国大学制度实际的改革进程来看，在改革初期选择的是供给型的制度变迁，其典型特征是权力中心凭借行政命令或法律规范在一个金字塔的行政系统中自上而下地规划、组织和实施制度创新。但这种制度变迁方式在向市场经济过渡的过程中必然存在着政府追求自身和社会效益最大化的动机与办学主体利益多元化之间的矛盾和冲突。随着大学办学权力的下移，以政府供给型的大学制度变迁必然向"中间扩散型"（即存在着介于个体的自愿牟利行为和完全由权力中心控制之间的制度创新行为，实现这一集体行动的主体便是组织。就大学制度创新来说，大学组织在制度创新中起着越来越重要的作用，甚至发挥主导作用）或大学自主型的制度变迁方式转变。正如有学者所言："1985 年以来，我国高等教育体制改革主要集中在宏观方面，思路基本明确，而且已取得了重大进展，现在应当适时地把我国高等教育体制改革的重点转移到微观方面，其根本的出路就是建立有中国特

① 张斌贤：《现代大学制度的建立与完善》［J］，《国家教育行政学院学报》2005 年第 11 期，第 32～39 页。

② 毕宪顺：《建立现代大学制度：高校管理体制改革的目标》［J］，《山东师范大学学报》（人文社会科学版）2003 年第 4 期，第 128～131 页。

色的现代大学制度。"①

　　对现代大学制度的内涵，尽管学者们的认识不尽一致，但在现代大学制度包括两个层面，即在大学外部制度和内部制度的理解上基本达成了共识。张应强教授认为："世界一流大学是一种制度文明的产物，这种制度文明包括制度环境和现代大学自身制度两个方面。"② 邬大光教授则将这两个层面分别进行了宏观和微观的大学制度界定：宏观的大学制度是指一个国家或地区的高等教育系统，包括大学的管理体制、投资体制和办学体制等；微观的大学制度是指一所大学内部的组织结构和运行机制，包括组织结构的分层、内部权力体系的构成等。③ 还有学者将现代大学制度分为广义和狭义两种。广义的现代大学制度是指高等教育系统，大学的举办者、管理者、办学者权责清楚，政事分开，与社会主义市场经济体制相适应，符合高等教育规律的大学管理制度；狭义的现代大学制度是指大学（办学者）面向社会，依法自主办学，实行民主管理，与社会主义市场经济体制相适应，符合高等教育规律的大学管理制度。④ 这里的广义现代大学制度和狭义现代大学制度同样是基于前述两个层面的大学制度来划分的。如果用比较精练的语言来界定这个概念，笔者同意张斌贤教授的总结性观点。张斌贤教授认为："现代大学制度主要是一种

① 王冀生：《建立有中国特色的现代大学制度——攻坚阶段我国高等教育体制改革的重点》[J]，《高教探索》2000 年第 1 期，第 11～15 页。

② 张应强：《制度创新与我国建设世界一流大学》[J]，《科技导报》2001 年第 11 期，第 3～6 页。

③ 邬大光：《现代大学制度的根基》[J]，《现代大学教育》2001 年第 1 期，第 30～32 页。

④ 毕宪顺：《建立现代大学制度：高校管理体制改革的目标》[J]，《山东师范大学学报》（人文社会科学版）2003 年第 4 期，第 128～131 页。

处理大学与外部（确切地说是大学与政府和社会）同时也包括学校内部各种关系的一种规范体系。它不是单一的规范或单一的制度，而是一个体系。"①

但从可查到的文献来看，我国学者较多地关注大学外部制度的构建，主要涉及大学与政府、社会、市场等外部系统的关系，以及落实办学自主权等方面，这实际上是与我国宏观层面的大学管理体制改革进程相适应的。同时，有些研究成果也反映了理论界对以政府主导的大学外部制度改革实践的反思。虽然现有研究成果也涉及大学内部制度的构建，但往往只是浅层次的分析，还缺乏比较具有创建性的研究成果。有学者认为，大学制度包括组织机构、决策机制、激励机制、资源配置机制、工作机制和制度创新机制，② 这是关于大学的内部制度内涵比较具体的说明。但在国内学界关于如何建设现代大学内部制度，还缺乏比较系统化的理论研究成果。近年来，许多大学虽然进行了譬如院系建制，以及人事制度、分配制度、教学科研制度、职员制度的改革与试点，积累了丰富的实践和理论成果，但由于没有真正动摇大学存在的"工具性"根基，或者说不是依据大学组织的学术本性来构建现代大学制度，致使这些研究和探索在很大程度上又变成了大学发展的"紧箍咒"。我国大学组织有极强的"同型制度化"传统（这不仅表现为不同大学之间组织结构趋同，而且表现为大学组织结构与政府组织有着明显的趋同），致使在大学制度在变革过程中不免受到行政组织和行政权力的控制和约束。这一

---

① 张斌贤：《现代大学制度的建立与完善》［J］，《国家教育行政学院学报》2005 年第 11 期，第 32～39 页。

② 潘懋元：《走向社会中心的大学需要建设现代制度》［J］，《现代大学教育》2001 年第 1 期，第 29～30 页。

方面表现在政府在落实大学办学自主权问题上一直存在反复，另一方面表现为大学组织内部行政权力主导化的倾向也比较突出。因此，对于大学内部如何进行权力和利益的分配，特别是如何进行学术组织和学术制度的重建，一直没有形成完整的思路。有些学者则敏锐地抓住了中国建立现代大学制度的关键所在，提出"把大学当做学术组织来建设"①，"夯实大学制度的根基——大学自治和学术自由"② 等时代性命题。因为欲破除大学的"计划制度"弊病，建立现代大学制度，就必须在明确大学组织特性的基础上重建大学治理结构，规范大学运行机制，并使其积淀为制度层面。只有这样，才能促进以学术为目标的大学的发展。

　　事实上，中国大学的管理模式和治理结构，以及大学内部的组织制度和运行机制一方面深受计划体制的影响，另一方面又受中国传统的社会结构和文化观念的影响，同时也受西方大学某些传统的影响。这些都是推进中国大学制度改革不能回避的复杂因素，尤其是不能不对中国大学行政权力进行必要的调整。然而，实际上，弱化大学行政权力仍然受到行政权力主导化的阻力，由此构成了中国大学制度改革的不少困境和误区。目前，不少研究仍停留于就事论事阶段，注重形式主义，忽视大学制度研究的价值取向，忽视围绕大学的核心任务构建大学制度，仅仅把大学制度改革置于资源的重新配置的低层面上，这些都在一定程度上导致大学制度研究视野和研究思路的局限性。实质上，"大学组

　① 张应强：《制度创新与我国建设世界一流大学》［J］，《科技导报》2001 年第 11 期，第 3～6 页。
　② 眭大光：《现代大学制度的根基》［J］，《现代大学教育》2001 年第 1 期，第 30～32 页。

织是社会的学术与文化组织，现代大学制度建设应体现大学组织的文化特性，充分体现和保障大学的文化精神才是现代大学制度建设应有之取向"①。或者说，大学制度改革必须体现大学组织本来应有的学术特性和文化精神，并以大学的核心活动和任务为中心，调整利益格局和权力分配，改革组织制度和运行机制。

2. 从组织视角研究大学制度之现状

西方虽然没有现代大学制度的概念表述，但关于大学组织制度的研究却十分流行。19 世纪末 20 世纪初，西方工业革命推动了西方社会的理性化进程，组织成为社会的基本单位，并逐渐成为政治学、管理学、社会学、商业管理和公共管理等学科的研究焦点，从而使以组织为专门研究对象的组织学迅速兴起。20 世纪 50 ~ 70 年代关于组织及组织模式的研究明显地运用到高等教育的研究之中，主要探讨大学组织结构、运行机制，以及由此体现的制度安排如何与大学组织特性相适应，以有效地实现大学组织目标的问题②。20 世纪 70 年代，组织研究又兴起了制度研究的热潮，在此影响下，关于高等教育组织制度的研究呈现出极为活跃的局面，并且这种趋势一直延续至今。《高等教育系统》、《高等教育新论》、《学术权力》、《大学运行模式》等就是这方面的代表作。另外，西方其他一些关于研究大学的著作，如克拉克·科尔的《大学的功用》、德里克·博克的《走出象牙塔》、阿什比的《科技发达时代的大学教育》等也都涉及大学组织制

---

① 张应强、高桂娟：《论现代大学制度建设的文化取向》［J］，《高等教育研究》2002 年第 6 期，第 28 ~ 33 页。

② M. Christopher Brown. *ASHE Reader on Organization and Governance in Higher Education* ［M］. Lexington，Mass：Ginn Custom Pub. 1984. Introduction. xiii.

度的相关问题和内容。综观这些研究著作，大致可分为两类：一类是研究整个高等教育系统组织与管理问题的，如《高等教育系统》、《学术权力》等著作，其中也涉及大学内部的组织制度安排和运作问题；另一类是专门论述大学内部组织与管理问题的，如《大学的运行模式》是这方面的代表作。伯顿·克拉克对大学组织特性的研究作出了重要贡献，他认为：大学是围绕学科和行政单位组成的"矩阵型"组织，其基本组织单位是从学科出发并围绕学科发展起来的集工作、信念、权力等各种形态于一体的综合机构；知识是人们赖以开展工作的基本材料；教学和研究是制作和操作这些材料的基本活动；这些任务分成相互联系而又独立自主的专业，控制权较为分散；整个组织的目标必然是模糊的，可以起到使基层不同操作部门目标合法化的作用。① 罗伯特·伯恩鲍姆所著的《大学运行模式》在综合了美国许多学者关于学院和大学研究思想的基础上，围绕"松散结合"的大学组织特点，论述了学会组织模式、官僚组织模式、政党组织模式、无政府组织模式及控制组织模式等大学组织独特的运行机理。其他学者也从不同角度和层面对大学的组织制度和运行机制进行了比较具有针对性的分析和描述。威廉·考利从科学管理的角度研究大学，提出科层组织对于增强大学的功能、抵抗内外威胁是必要的；约翰·克森将大学与政府、企业的管理进行比较，阐明了它们在目的、原理、价值观念等方面的重大差异；迈克尔·科恩把大学描绘成"有组织的无序状态"，大学管理并非严格按照科层或民主非此即彼的逻辑；托尼·比彻研究了特定的知

---

① 〔美〕伯顿·克拉克：《高等教育系统——学术组织的跨国研究》〔M〕，王承绪、徐辉、殷企平等译，杭州，杭州大学出版社，1994，第11～26页。

识群所组成的学科文化之间的差异及其对大学组织的影响；彼得·布劳则指出了科层化与学术组织的矛盾，大学教师间不存在彼此监督的层级关系。[①] 上述各种观点从不同侧面反映了大学组织的特性和管理规律，值得构建中国大学内部制度时参考和借鉴。

在我国，针对大学组织内部制度的理论研究与实践研究刚刚开始，特别是专门论述这方面的理论著作尚不多见，只是近几年随着大学自主办学地位的凸显，关于大学内部制度的研究才成为热点，尤其是院校研究的兴起，为这方面的研究增添了许多新的亮点。综合而论，这些研究都涉及大学内部组织制度、制度演变、中外大学制度的对比分析，为本书的研究奠定了必要的基础。但从总体上来说，这些研究要么偏重大学制度某一方面的研究，但缺乏对大学组织制度的系统分析，尤其是对大学内部制度创新的机制缺乏深入探讨；要么没有以大学组织存在的学术性为依据构建大学制度。在其他关于比较高等教育研究、大学组织结构的研究、大学制度的创新研究等方面的研究成果中，又多注重宏观层面或静态的描述，对立足于大学组织层面，以及在大学组织与环境的互动中研究制度创新的成果相对较少。本书力争弥补这方面的不足，以单个的大学组织作为制度分析的基本单元，集中探讨大学制度创新环境、创新机理，以及大学组织管理体制与运行机制等内容。

近年来，探讨"大学精神"、"大学理念"、"学术气质"的著作和论文开始大量涌现，如肖海涛博士的《大学的理念》、韩

---

① 吴志功：《现代大学组织结构设计》[M]，北京，北京师范大学出版社，1998，第 7~12 页。

延明教授的《大学理念探析》、阎光才博士的《识读大学：组织文化的视角》，等等，其主要目的是借西方大学生存和发展理念来塑造中国大学本来就虚弱而又被压抑的精神气质。但现代大学制度之于中国是"舶来品"，是近代强国意识寄托于大学的产物，西方大学所倡导的学术自由和大学自治理念始终没有在中国文化土壤中扎根。可以说，中国大学拿来了西方大学制度的"骨架"而没有吸收西方大学的"血脉"，加上中国长期的"计划制度"，致使中国大学一直被缠绕于科层体制的网络之中。这也是当前大学转型时期探讨大学精神、理念、气质的基本动因。可以说，中国大学制度改革与创新一直处在学习西方与受中国传统制度掣肘的两难之中。实际上，借鉴国外大学制度的经验不是简单的"拿来"或对自己传统的"抛弃"，特别是"在日益复杂和科层化的环境中如何保持大学传统的制度模式，将是所要面临的挑战"[①]。

综观现有从组织视角研究大学理念和制度的文献，问题主要集中在以下四个方面。①以往的研究或过多关注操作层面的问题，缺少对深层价值问题的关照，或专注于对大学发展的价值问题的分析与阐述，缺少对大学制度实践层面的构建与批判。实际上，大学理念分析与制度实践是不可分割的两个方面，大学制度的构建若离开了价值观的规约与指导，操作层面的研究就会丢失意义根据，理性的分析与价值观的阐释若离开了对实践问题的思考，研究也就成为"纸上谈兵"。②研究大多是单向度的，或者简单地将西方大学制度附设于中国大学之中，而缺少对西方大学

---

① 〔美〕菲利普·G. 阿特巴赫：《高等教育的发展模式》［J］，蒋凯译，《现代大学教育》2001 年第 1 期，第 58 ~ 64 页。

制度的反思与超越。③"超时空"的倾向比较严重，缺少中国大学制度的"问题意识"和"时代定位意识"。④缺少对中国大学组织特性的具体分析，特别是中国大学在超强的外控体制与大学组织内部行政权力泛化状态下，对如何进行大学制度创新以及制度创新的机制和动力的研究较为欠缺。

（二）本研究的基本思路和方法

1. 研究基本思路

组织是追求某种特定目标的、有着不同利益参与者的、具有一定结构和规范的社会单元。理查德·斯格特从不同视角界定了三种组织概念：理性系统的、自然系统的、开放系统的。① 理性系统的组织是意图寻求具体目标、结构形式化程度较高的社会结构集合体。但在行为主义者看来，组织参与者并不是完全按照固有的规范和结构行动，参与者更多地被看做受自身的利益驱使行动；目标变得更为分散、复杂，不易集体认同，权力被看做发端于非正式的来源，而不是对正式职位的占据。自然系统的组织概念则强调组织是一个集合体，参与者寻求多种目标和利益，从参与者之间形成的非正式结构的视角，比从正式结构的视角理解组织，可以发现更为丰富和精确的组织内涵。以上两种组织视角都将组织看作封闭的体系，同环境割裂开来且由具有稳定的、容易认同的参与者构成。但事实上，组织是开放的，组织要生存下去，必须与环境进行物质、能量、信息的交换，单个组织只是更大关系体系中的组成部分。因此，可以得出关于开放系统观点的组织的定义：组织是参与者之间不断变化的关系相互联系、相互

---

① 〔美〕W. 理查德·斯格特：《组织理论》（第4版）〔M〕，第22~26页。

依赖的活动体系；该体系植根于运行的环境之中，既依赖于与环境之间的交换，同时又由环境所构建。

在斯格特看来，以上组织的三种定义不是强调并存着三种不同性质的组织结构，更不是三种组织发展形态的依次更替，而是强调分析现实存在的组织三种不同视角和不同侧面。其实，任何社会组织都有一个从简单到复杂、从相对封闭到相对开放的发展过程。就大学组织来说，从组织的三种视角来分析，可以更好地理解大学组织存在和发展的全貌，以及大学制度如何与大学组织变革相适应的问题。理性系统的视角强调大学的科层化管理，自然系统的视角更多地强调松散联合的大学组织的制度特点，大学从"象牙塔"到"多元化巨型大学"的开放系统演变，大学制度也由单一的学术管理向多元主体参与管理的体制演变。鉴于前述大学制度的复杂性，本书将结合斯格特所言组织的三种视角，在理清大学组织特性和大学制度创新实质的基础上，从以下三个变量因素分析大学制度的创新。

（1）组织结构。大学的组织结构能从整体上反映大学制度构建的特征，因为组织结构的形成是参与者关系的模式化和规范化，并表现为组织的制度层面。但组织结构在多数情况下是人为设计的结果，体现出人们实现大学理念的理想组织方式。人们期望通过集权和分权的合理配比、组织层次的科学划分、专业化的组织分工来实现大学学术和教育目标的最大化。但实际上，由于大学组织的活动日益复杂以及"社会化"程度日益提高，大学组织结构及相应的制度安排日渐背离这一宗旨。而本书的研究就是在日益复杂的社会环境中，通过构建既适应环境要求、又符合大学本性的组织制度，重塑大学的学术精神。

（2）实施机制。从根本上来说，组织结构只是静态的、表面的形式，任何一所大学都可以通过完整的组织结构图来表示大学内部分工及工作流程体系。现代大学围绕知识的传递、探究和应用，已日益衍生出不同的学科、专业和行政性机构等复杂而又庞大的内部组织体系。但组织制度要真正有效运作，还必须有赖于一整套实施机制。实施机制包括实施的主体（组织或个人）、实施的手段、实施的程序等，具体包含对大学组织成员的约束、激励机制，以及大学组织内部行政权力、学术权力的合理表达与运作机制。人们判断一个大学的制度是否有效，除了看这个大学的正式和非正式的制度是否完善以外，制度的实施机制也较为关键，离开了实施机制，任何组织制度及组织规则都形同虚设。

（3）组织环境。在现代社会，没有一个组织可以在脱离大环境的条件下，能被全面地理解。组织环境的变革必然带来大学制度环境的改变，从而导致大学内部行为规范及相应制度的调整。现代大学已处于受社会大环境中多重力作用的"旋涡"之中，作为协调大学与环境之间关系的行为规范必然体现在大学内部制度的安排上。同时，大学生存环境的急剧变革导致办学资源的不确定性因素逐渐增加，这就需要通过一系列内部制度的创新，有效把握大学发展的可能机遇和潜在资源。现代社会的发展已将中国大学推向自主发展、自主竞争的"前台"，政府供给型的大学制度改革必将被大学自主型的制度创新所代替。

具体地说，本书运用组织学的有关理论，在理清大学组织学术性本质的基础上，探讨现代大学制度创新的规律，并通过考察中国大学组织制度化的演进历程，揭示中国大学组织由于行政权力泛化而导致学术性缺失的制度病因。然后，从组织视角对制度环境与优效大学组织之间的关系进行论证，并结合中国大学所特有的制度环境探讨中国大学转型时期制度创新的价值取向和可行的政策选择。

2. 研究方法：组织分析、历史分析与比较分析的方法

本书研究的问题决定了研究方法主要是以比较分析法和社会学关于组织分析的研究范式。现代大学发源于西方，西方大学在长期的演变过程中，形成了比较深厚的学术传统和较为合理的制度模式。而中国大学长期以来形成的自上而下的行政化管理模式，往往以丧失自身的学术独立性为代价，与西方大学组织自主、自立的制度模式形成鲜明对照。比较分析的目的在于廓清中国大学发展中存在的制度性障碍，并试图从异域或历史的视角借鉴解决问题之道。与中国自上而下的大学行政化管理模式相对应，长期以来关于大学研究的范式也是自上而下的，缺乏从大学组织本身的视角研究大学，中国社会转型引发社会组织基于自身利益的行为取向以及大学自主性的增强，标志着从组织的视角分析研究大学的必要性与合理性。具体而言，本书主要运用以下几种方法来研究大学制度及其创新。

（1）组织分析法。组织分析的方法就是从组织的视角对组织进行客观描述及剖析的方法，旨在通过分析组织的目标、结构、活动和功能，总结和归纳组织运行的特点和规律，以指导组织更加有效地实现其目标。将组织学的分析方法带入高等教育研究的是伯顿·克拉克，他在《高等教育新论》、《高等教育系统》中明确提出了"组织的观点"，即"从内部对高等教育系统进行分析的观点"，"它要求分析者从主角的角度去观察情况，从内向外弄清高等教育系统与外部环境的种种关系。运用得当时，从组织的角度研究高等教育系统可以成为较为公正客观地评价该系统的一种方式"①。因此，组织分析的方法对于本书至关重要。因为中国大学制度创新的根本目的是为了保障大学组织的健康发展，回归大学组织的学术本性。运用组织分析的方法，对中国大学组织进行细致入微的解剖，能够触及大学组织与外部环境的关系，以及大学内部的责权关系、分工与协作、集权与分权等一系列深层问题，从而可以廓清大学组织学术性运作低效的制度性根源，并找到大学走出发展的"制度桎梏"的途径。

（2）历史分析法。考察中西方大学制度的发展和变迁过程，历史的方法是最基本的方法。"谁都在谈论大学……但我们只有在不同时代、不同地点的具体环境里才能弄懂大学的这些任务究竟是什么"，"一个人如果不理解过去不同时代和地点存在过的不同的大学概念，他就不能真正理解大学"②。但历史的方法并不是一味地堆积史实材料，而是以解决现实问题为目的，带着现实世界提出的种种追问，通过历史考察，努力探寻可资借鉴的遗产。"如果理解过去有助于我们理解现在，且过去和现在都为我们提供某些未来的指导，也就意味着承认存在规律性的东西和可重复的现象。"③ 考察大学制度变迁的目的就在于发现某些规律，从而为我国构建现代大学制度提供历史中可以借鉴的资源。

（3）比较分析法。本书的研究采取纵向比较和横向比较相结合的方法，纵向的比较通过对中外大学制度历史的形态和现实

---

① 〔美〕伯顿·克拉克：《高等教育新论——多学科的研究》[M]，第 105 页。

② 〔美〕伯顿·克拉克：《高等教育新论——多学科的研究》[M]，第 24、49 页。

③ 〔美〕伯顿·克拉克：《高等教育新论——多学科的研究》[M]，第 123 页。

的状况进行对比论证，弄清现代大学内部制度存在的问题和"病因"所在；建设世界一流大学是我国大学发展的既定目标，而通过与现时期西方一流大学制度的横向对比，可以发现中国大学制度运行的现实逻辑，以及我国大学与世界一流大学的制度差距。当然，运用比较分析的方法，关键是要坚持中国大学的"主体意识"和"问题意识"。

第一章
大学组织与大学制度的
学术逻辑

研究大学制度必须从大学组织的本性谈起，否则，大学制度的构建就无从依循，就无法从纷繁复杂的大学组织活动现象中真正把握大学制度的本质。大学发展到今天，已经成为外部联系和内部组织结构十分复杂的系统，尽管如此，大学组织的学术本性并没有质的改变，大学组织的本性构成了大学制度构建的内在逻辑。本章目的就在于理清大学及大学制度的本质，从而也为本书后几章论述的展开作必要的理论铺垫。

一 学术性：大学组织生存与发展的边界

从大学的历史发展看，大学是与时俱进的社会组织，无论是从规模、形态，还是从功能来看，中世纪大学都不可能与现代大学同日而语。但大学历久弥新、始终薪火相传，大学之所以始终为大学的原因何在呢？与大学产生的源头比照，尽管大学的许多方面已发生了深刻变化，但大学之所以存在的原因——研究

"高深学问"的学术宗旨没变，"追求科学和学术的工作永远属于大学"①，"学术"一直是大学发展从古至今的"中心"概念。正是大学的学术性维持了大学组织存在的基本边界。大学虽历经世事沧桑，但其依然是靠智慧而生存的组织，其内在的特征依然如故。

任何组织都属于社会的组织，是社会大系统中的一个基本单元。也就是说，现代社会的组织一方面受环境的影响，依赖于与环境进行物质、能量、信息交换，环境构成组织生存的基本条件；另一方面，任何社会组织都是一个相对独立的单元，组织必须维持与其周围环境之间的边界才能生存，如果没有可辨的边界，则不存在我们所理解的组织。组织理论通常用组织的行动者的特征、他们之间的关系特征以及他们的活动特征来界定组织的边界。② 尽管大学受外部因素的干预从来没有像现在这样大，同时，大学为求得生存也不断地采取适应性行为，但大学之所以始终为大学，就在于维持了之所以为大学的学术性组织边界。

（一）大学组织活动的主题没有改变

任何社会组织都是围绕某种目的、为完成某种任务而建立的，"组织是一种追求自己目标的社会单元"③。也就是说，现代社会的组织都是建立在人类团体的意志之上的，同时，组织也为人们从事相关活动提供了框架。众所周知，中世纪大学最初属于

---

① 〔美〕亚伯拉罕·弗莱克斯纳：《现代大学论——美英德大学研究》［M］，徐辉、陈晓菲译，杭州，浙江教育出版社，2001，第 22 页。
② 〔美〕W. 理查德·斯格特：《组织理论》（第 4 版）［M］，第 170 页。
③ 朱国云：《组织理论：历史与流派》［M］，南京，南京大学出版社，1997，第 248 页。

知识分子的行会，是仿照工商业行会而建立的为保护学者进行自由研讨知识的学术团体。这是大学产生的原始动因。其后，中世纪大学的世俗化也适应了当时城市化发展对律师、医生等各类知识型人才的需求。大学发展的事实证明，大学产生的这一最初动机随着人类社会的发展，由于符合了政府和社会的需求而不断得到了强化。因为"每一个较大规模的现代社会，无论它的政治、经济或宗教制度是什么类型的，都需要建立一个机构来传递深奥的知识，分析、批判现存的知识，并探索新的学问领域。换言之，凡是需要人们进行理智分析、鉴别、阐述或关注的地方，那里就会有大学"①。可见，大学从产生之日起一直就是知识性的机构，是研究和探讨"高深学问"的地方。蔡元培先生认为："大学者，研究高深学问者也。"布鲁贝克也指出："高等教育研究高深的学问"、"教育阶梯的顶层所关注的是深奥的学问"。②这里的"高深"、"深奥"主要包涵两层意思：一是相对于中等、初等教育而言的，主要是指程度的不同；二是这些学问在教育的上层是如此突出，因而它具有与一般知识不同的性质，即这些学问或者处于已知和未知之间的交界处，或者虽然已知，但由于它过于深奥，常人的才智难以把握。正是"高深知识"的这两个基本特点，大学不仅要讲授和传递知识，而且要"分析和批判现存知识"，"探索新的知识领域"。大学发展史表明，大学发展始终是围绕传递知识和发展知识、其结构和规模不断复杂和扩展的过程。尽管在大学发展过程中，不同国家的大学办学模式各异，但"我们都会注意到学者和科学家主要关心四件事情：保

① 〔美〕约翰·S. 布鲁贝克：《高等教育哲学》〔M〕，王承绪、郑继伟、张维平等译，杭州，浙江教育出版社，2001，第12页。
② 〔美〕约翰·S. 布鲁贝克：《高等教育哲学》〔M〕，第13页。

存知识和观念、解释知识和观念、追求真理、训练学生以'继承事业'"①。当然，现代大学的活动领域日渐增多，特别是不断增长的外界压力及大学自身发展对利益的追逐，都使大学不断涉足新的社会活动领域，然而传递和发展知识这一大学活动的主题没有改变。

现代大学发展到今天，已不再是"学者的行会"或"知识分子的城镇"，而成为"一座充满无穷变化的城市"。其中，不同群体的活动目标、性质各异，甚至不同目标、不同群体之间存在着冲突和斗争。从大学组织内部的部门设置来看，有学术部门、事务部门和管理部门；从不同活动群体的性质来看，可分为教学科研人员群体、行政人员群体及后勤服务人员群体；从整个大学的组织特性来看，大学已不是传统意义上的非营利组织，在一定意义上已经具有准营利组织和功利组织的许多特征。那么，现代大学是否已经泯灭了古典大学的组织特性？大学组织与经济组织、行政组织的根本区别何在？大学如何在多种影响力量的冲突中体现自身发展的逻辑？对此，伯顿·克拉克用组织的方法，对高等教育系统进行了跨国研究。他认为，高等教育组织之所以不同于企业组织、政府组织和许多非营利组织，是由知识作为特殊的操作材料所决定的。正是由于以知识为操作材料，使高等教育组织与其他组织区别开来，"知识材料，尤其是高深的知识材料，处于任何高等教育系统的目的和实质的核心。不仅历史上如此，不同的社会也同样如此"②。现代大学之所以表现为异质性

---

① 〔美〕亚伯拉罕·弗莱克斯纳：《现代大学论——美英德大学研究》[M]，第4页。

② 〔美〕伯顿·克拉克：《高等教育系统——学术组织的跨国研究》[M]，第12页。

结构和活动类型的多样性的存在，一方面是由于知识操作形式的不同而引起的，特别是研究型大学的教学、科研、社会服务等知识操作活动有日渐分离的趋势，它们有分别属于自身的活动领域和活动方式；另一方面，随着大学规模的扩大、结构变得更为复杂，以及大学与外界日益广泛的社会联系，行政管理作为一种特殊的职能使大学活动程式化和整体化方面的作用更加突出。对此，伯顿·克拉克曾提醒道："高等教育的任务是以知识为中心的，正因为那令人眼花缭乱的高深学科及其自体生殖和自治的倾向，高等教育才变得独一无二——不从它本身的规律去探索就无法了解它。"① 这就是说，大学的主要任务是继承和发展知识、创造和传播知识，不论是实施教学、培养人才，还是从事科学研究、社会服务，都与知识活动相联系。尽管现代大学组织中的活动已难以数计，但以高深知识为操作内容的核心活动没有发生根本改变，改变的只是高深知识的操作技术和操作规则。现代大学组织区别于其他林林总总的社会组织，关键在于其基于知识操作的学术性，大学从根本上来说仍然是一个治学和科研部门，"它以人力资本和知识资本积累为根本目的进行组织定位，使其活动构成不是社会化的'一般劳动'，而是具有探索性、艰巨性、长期性、创造性以及既有个体性又有群体性特征的极为复杂的科学劳动、智力劳动"②。这就决定了大学的主题是学术活动，行政管理是为教学、科研服务的，行政活动以服务于学术活动的功能定位确立自身合法存在的理由。现代大学已经成为众多社会属性

---

① 〔美〕伯顿·克拉克：《高等教育系统——学术组织的跨国研究》［M］，第313 页。

② 眭依凡：《大学组织特性的理性思考》［J］，《高等教育研究》2000 年第 4 期，第 49～52 页。

的统一体，这是由大学发展中的矛盾和社会的适应性所决定的，同时也反映了大学进步与发展的必然要求。但在众多的属性中，既有本质属性，又有非本质属性。其中，学术性反映了大学的根本性质，失去了这种属性，大学就不成其为大学。

（二）大学组织活动的主体没有改变

大学教育作为教育的较高层次，是人类社会发展到一定历史阶段出现的特殊活动形式。大学作为一种社会组织，是由多元主体为了共同进行知识的生产和传递而建立起来的特殊的社会关系。如前所述，大学活动大致可分为两类：一类是行政管理活动；另一类是学术活动。所以，大学活动的主体就是大学行政活动主体和学术活动主体的结合。① 这两类主体共存于大学组织体内，区别在于两者的活动方式和活动对象各不相同，各自遵循不同的行事规则和程序，但两者的最终使命是一致的。行政活动在维持大学的发展中不可或缺，但相对于学术活动来说，它只是"手段"，即服务于大学学术活动的手段。学术活动是大学的天职，教师在学术活动中处于中心地位，因此，从最根本意义上讲，教师是大学活动的最终主体。"在非常实际的意义上说，教职员整体就是大学本身——是它最主要的生产要素，是它荣誉的源泉；教师们是这种机构的特有合伙人。"② 从大学的源头来看，中世纪大学属于"学者的行会"，这种行会有两种形式：一种是以波洛尼亚大学模式为基础的"学生行会"；另一种是以巴黎大

① 赵文华：《试论高等教育系统学术活动主体》［J］，《江苏高教》2000 年第 6
期，第 7～10 页。
② 〔美〕克拉克·科尔：《大学的功用》［M］，陈学飞等译，南昌，江西教育出
版社，1993，第 12 页。

学模式为基础的"教师行会"。前者的"转瞬即逝"反映了大学作为学术性组织、教师作为其主体的历史合理性。人类早期的大学组织结构非常简单，人员比较少，而且组成成分也比较单纯，在很大程度上，教师与管理人员、甚至与学生之间的角色分化不明显，或者根本上就是一体的。现代大学，从某种意义上说，仍可以被认为是由教师和学生为主体的"行会"团体，只不过这种行会比当初的行会复杂了许多。① 现代大学这种社会系统之所以如此复杂，是因为它具有越来越多的目标、功能、任务和使命。同时，为了实现这些目标、功能、任务和使命，越来越多的人员出现在这里，并且根据任务的组合和分工的限制，参与人员的结构和成分也呈现出复杂的状态。特别是"多元化巨型大学是一个缺乏一致性的机构。它不是一个社群，而是若干个社群——本科生社群和研究生社群，人文主义者社群、社会科学家社群与自然科学家社群，专业学院社群，一切非学术人员社群，管理者社群等。多元化大学的界限很模糊，它延伸开来，牵涉到历届校友、议员、农场主、实业家——而他们又与这些内部的一个或多个社群相关联"②。尽管如此，大学依然是以学术活动为中心的学术性组织，依然主要体现为以教师为主体的学术性活动；大学教师作为人类优秀文化的承载者和高深学问的传播者，仍然处于大学学术事务的中心。

大学表面上看来是学者的团体，传递、发展和应用知识是其共同的行动目标。从历史上看，组织行会的目的是为了自决，是为了抵制当局和外部势力对大学内部事务的干预。但从大学组织

---

① 杜作润、高烽煜：《大学论》［M］，成都，四川教育出版社，2001，第175页。

② 〔美〕克拉克·科尔：《大学的功用》［M］，第71页。

内部来看，大学又体现为高度分裂的专业化组织形态。"这些学科和专业各自拥有自己的思想体系、研究方式和确定自己工作方向的历史传统"，都有各自所属的相对独立的研究范围和世袭领地。因此，"学术系统与其说是从一种观点看世界的专业人员紧密结合起来的群体，不如说是许多类型专业人员的松散结合"①。学者或教师分属于不同的学科和专业，他们的学术生命扎根于各学科和专业的发展之中，对学科和专业的忠诚超过了对所在大学或学院的忠诚。这种分科、分权的组织特性决定了对大学组织管理制度无法做出整体的"最佳"选择，而必须给予各个学科和专业的教师或学者相对的自由环境和独立决策学科范围事务的权力。正如科尔所评，"现在知识划分得如此专细，管理的距离是如此之远，以至于教师们在智力和制度上越来越成为'孤独的人群'"②，这在一定程度上反映了教师活动分割而治的基本特点。因此，现代大学松散结合的平坦模式一直占主导地位，而不是类似于其他组织类型具有清晰指挥链的责任金字塔结构。正如默菲特等人谈到为什么集权和分权时指出："凡是那些不要求或不涉及局部的首创性和责任心的工作应当以集权化方式去做（或做出决定），这样能更有效、更经济地完成工作……凡是那些要求做出局部的需要关系特别密切的决定，并且若集中地做将会妨碍和限制创造性，不利于发挥局部有效的领导和责任心的工作，就应当分权，并在局部层次上加以贯彻。"③ 与企业等其他社会组

---

① 〔美〕伯顿·克拉克：《高等教育系统——学术组织的跨国研究》[M]，第17、40页。
② 〔美〕克拉克·科尔：《大学的功用》[M]，第72页。
③ 〔美〕E.马克·汉森：《教育管理与组织行为》[M]，冯大鸣等译，上海，上海教育出版社，1993，第32页。

织相比，大学组织内部的控制权相对分散，大学组织活动的有效运行，主要依靠起源于底层的学术管理，在"生产点"上以知识密集的技术为特点的组织环境迫使决策权倾向于留在操作层面。因此，如果在大学组织内部，以恪守既定程序来强化一致性，必然会使个体以及基层学术组织以丧失其首创精神为代价。也就是说，大学的学术活动是以分散的基层组织中的教师为主体进行的，教师是实现大学目标的决定性前提。尽管现代大学已经成为一个日益复杂化的组织实体，其组织运行有赖于行政管理、后勤服务等一系列保障机制的支撑。但从本质上来讲，行政和学术是手段和目的的关系，行政人员和学术人员是服务与被服务的关系。

大学的特性在于其学术性，大学所从事的活动主要属于学术性活动，教师之于大学的主体性地位是由教师与大学中其他人员相比所具有的学术能力所决定的，因为教师"最清楚高深学问的内容，因此他们最有资格决定应该开设哪些科目以及如何讲授。此外，教师还应该决定谁最有资格学习高深学问（招生），谁已经掌握了知识（考试）并应该获得学位（毕业要求）。更显而易见的是，教师比其他人更清楚地知道谁最有资格成为教授。更重要的是，他们必须是他们的学术自由是否受到侵犯的公证人"①。也就是说，教师所具有的学术能力最有资格成为大学活动主体，任何对大学教师主体性的漠视或压制都将导致大学本性的扭曲，这在中外大学发展历史中屡见不鲜。从历史的角度看，大学职能的发展是与大学教师的职责、学术能力的发展联系在一起的。也可以说，大学职能的每一次发展都要求教师主体性能力的发展，大学教师的主体性是历史性与实践性的统一。大学诞生

---

① 〔美〕约翰·S. 布鲁贝克：《高等教育哲学》［M］，第32页。

之初单一的教学职能只要求教师的教学能力，现在更多的是强调教师的教学、科研乃至社会服务等综合能力和素质，大学职能的多样性是与对教师主体能力的复合性要求相一致的。因此，在某种意义来说，是教师和学者组成了大学，教师的水平就代表了一所大学的学术声誉，大学的发展方向是与教师的质量相一致的。在许多声称"拥有"大学的人当中，大学教师常常认为他们自己就是大学。教学和研究是高等教育最重要的使命，而这些使命正掌握在教师的手中。"没有教授，就不成其为大学"①。

（三）大学组织活动的制度根基没有改变

任何一个组织都是围绕某个中心活动而组织起来的有机体，而制度就是规范组织活动运行、对人们的行为起制衡作用的"规则体系"。组织性质的不同主要表现为活动内容的差异，体现出其自身核心活动的规律和内在逻辑要求。大学组织之所以不同于政府组织和经济组织，其根本就在于大学学术性活动的规律和逻辑。从本质上讲，大学的"规律和逻辑"就是大学自治和学术自由，大学制度（包括外部制度和内部制度）就是构建在这种逻辑和规律基础之上的。因此，大学自治与学术自由体现为大学组织得以持续存在及其制度构建的根基。不管是大学发展史上的柏林大学、牛津大学、巴黎大学还是现今有声望的美国"常春藤大学"，无不是得益于这种以自治与自由为根基的大学制度。正如有学者所指出的那样："把这些传统大学地位之显赫全部归因于它们自治的传统固然有些牵强或失之偏颇，但我们透

---

① 〔美〕亨利·罗索夫斯基：《美国校园文化——学生·教授·管理》［M］，谢宗仙、周灵芝、马宝兰译，济南，山东人民出版社，1996，第5页。

过历史的层层密障还是可以辨认出其中存在的某些关联。可以肯定地说，没有八百多年的近乎遗世独立的固执，就不可能有今天的牛津、剑桥；同样，如果没有 1829 年的达特茅斯案的裁定，也不可能有现在的达特茅斯学院，甚至是否存在‘常春藤联盟’都很难说。曾经拥有数所著名中世纪传统大学的意大利在大学被全部纳入国家同一规划范围之后，又有哪一所大学能至今风采依然？在法国、德国，今日大学的情形也与意大利相仿。"① 当今世界不同国家的大学呈现出各不相同的发展样态，这种差异主要导源于大学制度的各具特色。尽管世界各国的大学有着共同的历史渊源，但大学决不是一成不变的机构。一方面，随着社会和大学自身的发展，大学制度也要发生相应的变革；另一方面，大学制度又深深扎根于各自所处国家的文化传统之中。根据新制度经济学关于制度变迁的"路径依赖"理论，各国大学制度的演进都要受到历史传统和所处环境的制约。但大学毕竟有着本质上相通的东西，也就是大学制度的根基是一样的，即凡是坚持大学自治与学术自由这一根基的，大学就能成功，凡是破坏这一根基的大学无不受到历史的惩罚。德国 19 世纪初柏林大学的辉煌得益于自治与自由基础之上的大学制度，而又"由于在纳粹时期自主权的破坏和教授的大批流亡而遭到重创，从此永远地失去了它在科学上的卓越地位"②。现在国内不少学者有感于现代企业制度的成功实践，呼吁建立现代大学制度。当然，在建构现代大学制度时，现代企业制度之于有不少可资比附和借鉴之处，但二者毕竟分属于两个不同的活动领域，如果忽视了大学制度构建的根

---

① 阎光才：《大学的自治传统》[J]，《读书》2000 年第 10 期，第 66～70 页。

② 〔美〕菲利普·G. 阿特巴赫：《比较高等教育：知识、大学与发展》[M]，人民教育出版社教育室译，北京，人民教育出版社，2001，第 3 页。

基，那么建立现代大学制度只能是空谈。反过来说，建立现代大学制度的最终目的应该是为了促进大学自治与学术自由的实现。

一般而论，大学一经产生，就隐含着与之相应的大学制度，现代大学起源于中世纪的"学者行会"，学者们（教师或学生）通过自己管理自己的方式，在既分裂又分权的时代确立了以大学自治为根基的一系列制度安排。大学发展的实践表明，一个有效的制度安排能对大学活动的进行提供有效的激励和监督，充分整合现有资源以实现组织目标和各相关主体的利益最大化。但任何制度的有效性都是相对的，一旦引入时间因素以及和具体的实践结合起来，制度就不存在一成不变的最优状态。问题在于在大学制度变化的过程中是否偏离了大学组织赖以生存的根基，是否还在坚持大学自治与学术自由的制度基点。

从理论上讲，大学自治与学术自由是两个相互联系而又相互区别的概念，反映在大学制度构建上，宏观层面的大学制度更多地反映大学与政府和社会之间的关系，而基于大学是一个"按自身规律发展的独立的有机体"，大学自治必然是构建现代大学制度注定必须秉承的理念；大学作为学科生态系统，其内部制度的构建则必须继承学术自由的历史和传统。实际上，20 世纪以前，大学制度改革进展比较缓慢，20 世纪以后大学制度开始发生裂变，尤其是第二次世界大战以后，大众化高等教育的推进以及大学与市场的矛盾逐渐凸显，进一步冲击着建立在大学自治和学术自由基础上的大学制度，并出现了大学制度合法性危机的话题。① 可见，大学制度的创新迫在眉睫，但无论大学制度怎样创新，它的

---

① 邬大光：《现代大学制度的根基》［J］，《现代大学教育》2001 年第 1 期，第 30～32 页。

根基不能改变，所改变的只是大学的组织形式和具体的制度安排。当然，现代大学自治与学术自由已不是建立在传统的高等教育认识论哲学基础上的自治和自由理念，而是综合了大学既是一个传统的学术机构、又是一个现代社会组织之双重特性，既满足大学学术独立、又满足大学适应社会的需要。可以说，现代大学早已不是中世纪那种"象牙塔"式的精神生活中心，而成为整个现代社会发展的基石和"轴心机构"，成为社会大系统中的一个复杂的子系统。实际上，绝对的大学自治和学术自由不仅现在没有，过去也不曾有过。在任何历史时期，大学都要受到外部社会环境的制约，尤其是受资源条件的限制。但大学作为具有自身特性的有机体，自治和自由仍然是其不变的根基，现代大学制度必然是建立在自治和自由基础上的制度，这是大学完成其使命及自身发展的需要。"在20世纪后期对教育体制的重新建构中，自我管理的学校是效率更高和效益更好的学校，这种管理使国家的教育管理机构相对变小，在中央确定的方针和经费的原则下，学校得到授权管理他们自己的事务。"① 日本临时教育审议会在《关于教育改革的第三次审议报告》中指出："大学作为一个独立的组织体和经营体，有权自行决定有关教育、科研政策，在自由的学术空气和严格的自我评价基础上发挥创造性。"的确，拥有一定的自主、自治权力是各大学形成自己的特色，避免面目相似、整齐划一的前提条件。而惟其如此，大学才能较少地受到外界非正常的直接干预，充分发挥自己的优势，寻求更广阔的发展空间。

---

① 〔英〕托尼·布什：《当代西方教育管理模式》［M］，强海燕主译，南京，南京师范大学出版社，1998，第7页。

二　大学组织制度变革的知识论分析

本书所理解的"制度"是指规范、约束、协调教育领域中人们行为和关系的一套规则、习惯、信念或统一程序。这一制度概念具有一定的抽象性，把它形式化、具体化便形成了另一个概念，即制度安排，就某个组织而言，表现为具体的组织制度。组织结构是组织制度的重要组成部分，它是组织为了有效调整和组合内部各组成部分的关系而采取的某种外在形式，它具有框定、约束和激励组织内部人员行为的功能。因此，组织结构也属于一种具体的制度安排，构成现代大学制度的核心内容，建立现代大学制度必须从大学的组织结构变革开始。正如伯顿·克拉克所言："根本的变化意味着结构的变化，在任务和权力非常分散的系统里尤其如此。一旦结构发生变化，人员和任务的正式安排也会随之得到修正；发号施令者，接受指令者以及指令的内容也会随之改变。许多自上而下的改革过早夭折的一个重大原因是这些改革没有触动从事实际操作的低层结构。"[①] 也就是说，通过资源和权力的重新配置以实现组织目标的最优化是大学组织变革的目的，也是与建立现代大学制度的目标相一致的。

大学是学术性组织，其学术性工作结构是围绕特殊的"理智材料"——高深知识组织起来的。任何组织以及相应的制度安排都是围绕特定的任务和工作运行的，而任务和工作是由工作

---

① 〔美〕伯顿·克拉克：《高等教育系统——学术组织的跨国研究》［M］，第262～263页。

材料决定的。大学之所以不同于企业组织和政府部门就在于它是控制高深知识和方法的社会机构。从历史的角度来看，大学作为一个知识的场所，经历了从对自身所贮存的社会知识体系进行整理、传递与丰富，到不断融入整个人类知识体系并进行传播与创新的发展过程，大学的工作和任务结构，也即大学的组织结构形式在这一发展过程的不同阶段表现出不同的特点。因此，欧洲中世纪大学产生初期，大学是一个国际性的机构，但在民族国家发展的过程中，大学日益成为民族国家的机构。不过，在大学民族化的同时，人类知识进步的内在力量也推动着世界的大学走向同质化。[①] 因此，从知识的发展以及知识在大学中存在状态之视角可以清晰地认识大学组织制度变迁的概貌；同时，大学的知识品性也决定了大学组织所特有的制度特征。当然，知识的发展及其表现形式的学科在大学中的形式化、制度化不只是知识自身演化的结果，而是知识发展以及社会发展对大学需求的内外部力量共同推动的结果。

（一）基于知识操作的大学组织制度的变迁

随着教育历史的发展，大学由最初的单纯知识传授型组织演变为知识传授与知识发展的统一体，然后又发展为融知识传授、发现、应用于一体的综合性机构。可见，大学的结构形式存在着向多种知识操作功能一体化发展的态势。也就是说，大学职能的演变就是基于知识操作形式多样化的发展过程，"在教授和教师的许多特殊活动中，我们可以找到共同的内容就是知识操作，只

---

① 罗燕：《创建世界一流大学的机制分析——兼论清华之路》[J]，《清华大学教育研究》2002年第6期，第28～35页。

是发现、保存、提炼、传授和应用知识的工作组合形式有所不同
罢了"①，而这种知识操作活动的结构化造就了大学独特的组织
制度，正是基于知识操作形式和相应操作规则的不断变化，构成
大学组织规模日益庞大、结构愈益复杂化的根本动力。正如有人
在总结中世纪大学的发展时说："如果要使智力活动的契机不被
消散，那么在取得学术成就之后，必须迅速做出制度上的反应。
缺乏固定的组织，在开始时也许为自由探究提供机会，但是经久
不息和有控制的发展只有通过制度上的构架才能得到。"② 根据
系统理论，任何组织结构的变革都是内外部环境共同作用的结
果，大学组织结构的变化一方面取决于知识发展的内在逻辑，另
一方面取决于社会发展对大学知识操作形式不断提出的新要求。

1. 现代大学组织制度的两次大变革

西方大学起源于中世纪，当时的大学既是学者聚众讲学的地
方，又是学者从事研究之场所。尽管中世纪大学，特别是巴黎大
学，在学校管理方面与现代大学有许多相似之处，但"与当代
大学的很多方面相比是不大相同的"。"在中世纪科学研究并不
属于大学的一种职能，课程高度系统化而且限制也十分严格。虽
然通过'三艺'和'四艺'，对早期大学文科应设置哪些课程，
在某些方面是明确的，但课程的核心还是神学、法学和医学这些
传统的专业学科。"③ 从学术组织来看，中世纪大学实行学院制，
即分成神学、法学和医学等三个专业学院以及一个实施普通教育

---

① 〔美〕伯顿·克拉克：《高等教育系统——学术组织的跨国研究》［M］，
　　第 11～12 页。
② 〔美〕伯顿·克拉克：《高等教育系统——学术组织的跨国研究》［M］，第 4
　　页。
③ 〔美〕菲利普·G. 阿特巴赫：《比较高等教育》［M］，符娟明、陈树清译，
　　北京，文化教育出版社，1985，第 26 页。

的文学院。院务工作主要是课程安排和分派教学任务，主持论辩会，办理考试和授予学位。① 可见，无论是从大学管理还是组织机构的设置来看，科研活动都尚未体制化。中世纪以后，一直"到18世纪末为止，大学向来是从事专业和行政管理方面的教育，在某些情况下是培养政治上最优秀的人才。大学教师通常是有学问的人，而其中只有极少数人从事我们现在所称的学术研究，如法律、哲学、神学、古典语言、文学和科学领域中的学术研究。自然科学还没有构成大学课程的一个重要部分，医学院在某种程度上则是例外。由于少部分科学当时和医学实践有关，医学院的教授只是偶然从事科学研究，即使他们进行研究，也并不把它看做是正式的任务或'职责'的一部分；他们或任何其他人也不把大学看做是研究的机构"②。也就是说，在19世纪以前，大学在发展知识方面所起的作用主要体现在古典知识领域和所开设的课程方面，那些不在大学课程之中的学科只能在校外得到发展。或者说，大学对其他学科所起的作用往往是间接的或微不足道的，在当时自然科学还没有成为学校课程一部分的情况下，没有这些知识也同样可以得到学位。因此，直到18世纪末，西方传统大学只能直接为有限的古典学科或知识的发展提供环境，"从普通教育与专业教育的观点来看，大学里都不可能造成一种可以使科学活动扩大的良好状况"，在当时，"更有利于科学获得自主性的环境是在大学之外"③。这就是在18世纪末大学

① 〔德〕弗·鲍尔生：《德国教育史》[M]，滕大春、滕大生译，北京，人民教育出版社，1986，第14～15页。
② 朱国仁：《高等学校发展知识职能的产生与演变》[J]，《清华大学教育研究》1998年第3期，第5～11页。
③ 〔美〕约瑟夫·本-戴维：《科学家在社会中的角色》[M]，赵佳苓译，成都，四川人民出版社，1988，第106页。

之外的各种学术机构或组织迅速兴起，而大学仍旧保持传统学科教学组织形态的主要原因。诚如阿特巴赫指出的那样，17~18世纪，除去某些例外，可以称之为欧洲高等教育的黑暗时代。虽然在这个时期大学仍然存在，但它们的作用相当有限——培养少数尖子和保存传统的与现存的文化。从这个意义上说，大学的发展规模也并不大，科学研究也不在学校工作之列，几乎没有几个教授可以称得上是富有创造性的知识分子。在大学之外发明层出不穷的历史时期，大学并没有直接被卷入重要的知识发展的进程之中。① 高等教育史学者一般将这一时期的西方大学称之为传统大学。

真正使大学开始现代转向的第一次变革是发端于19世纪德国大学的改革，其标志是1810年普鲁士大学改革的中心人物洪堡创办的柏林大学。尽管18世纪德国的哈勒大学和哥廷根大学已有现代科学研究进入大学的迹象，比如，哈勒大学的哲学研讨班，哥廷根大学有丰富而精良的物质设备，建立了科学实验室、天文观测室、解剖室、植物园、文博馆和医院，"但就其整体结构而论，它们仍然只是高等学校，因为教学仍然是教授的主要任务。学生方面也如此，其主要任务是吸收教授在课堂上讲授的知识"②。也就是说，发展知识还没有成为大学的正式职能。1810年柏林大学的建立，才真正开始了西方传统大学向现代大学的转变，并逐步实现了大学制度在现代意义上的创新。洪堡明确提出"教学与研究统一"的办学原则，尊重自由的科学研究，并将科学研究确立为大学教学之外的另一种职能，从而改变了以往大学

---

① 〔美〕菲利普·G. 阿特巴赫：《比较高等教育》［M］，第28页。
② 〔德〕弗·鲍尔生：《德国教育史》［M］，第125页。

以教学为单一任务的组织制度格局。柏林大学除继承并发展了哈勒大学和哥廷根大学的研讨班的形式，还建立了研究所。不少研讨班从最初的一种教学形式发展成为普通的教学与研究机构，实现了教学与研究的真正结合，并在神学、法学、哲学、医学等学部相继设立了各种研讨班和研究所。研讨班和研究所这种组织形式在大学中出现，使发展知识的职能实体化、制度化了。继柏林大学之后，这一制度模式得到了德国国内其他大学的普遍认同。正是在这种模式的影响下，"在 1825～1870 年间，德国大学里出现了专业研究工作的角色和研究实验室的社会结构"[①]。大学所建立的实验室，逐步成为大学内部科学研究的中心，其中在当时影响较大的有李比希在吉森大学领导的化学实验室、弥勒在柏林大学领导的生理实验室、莱比锡大学路德维希领导的生理实验室和冯特领导的心理实验室等。因此，柏林大学及其模仿者在学术组织制度上的创新，确立了科学研究在大学中的中心地位，并奠定了德国大学在整个 19 世纪世界大学发展史上的卓越地位。德国大学改革的成功随之成为美、英、法、日等国大学改革与发展的样板，尽管各国大学在模仿柏林大学的实践中所经历的过程和结果不尽一致，但有一点是明确的，即大学都趋向于建立起教学与科研职能交叉融合的矩阵组织结构。

第二次变革发生在美国研究型大学的建立时期。19 世纪德国大学模式对世界其他国家大学的组织制度变革产生了极为广泛的影响，而这种模式对外输出的最好例证就是美国，其标志是 1876 年霍普金斯大学的创立。霍普金斯大学是模仿德国柏林大学体制建立的，其第一任校长吉尔曼在就职演说中宣称："大学

---

① 〔美〕约瑟夫·本－戴维：《科学家在社会中的角色》[M]，第 239 页。

的目标是最自由地促进有益知识的发展，鼓励研究和提高学者的水平。"以此为办学理念，霍普金斯大学在成立初期就包含了后来美国研究型大学几乎所有的学术组织制度要素，如研讨班、实验室、学术出版制度、学术团体制度等，还首创了研究生院制度。可以说，霍普金斯大学的创立开始了美国高等教育的"学院时代"向"大学时代"的转变，其以研究为中心的学术组织制度，尤其是研究生培养的组织制度体系不仅促进了哈佛大学、哥伦比亚大学、耶鲁大学等一批传统大学向研究型大学的转型，而且也为芝加哥大学、克拉克大学、斯坦福大学等新型的研究型大学的建立树立了榜样。值得注意的是，德国大学制度并没有被美国大学全部照搬，德国大学模式所蕴涵的"纯学术"的精神气质与美国民族所固有的实用主义传统，以及 19 世纪中后期美国工农业发展对实用技术的需求相融合，形成了美国研究型大学的制度特色。正如阿特巴赫所言："美国大学对德国大学模式所进行的改造，是适合美国当地情况的。原先在德国可能被认为不适合于作为学科内容的课程，却欣然地被作为美国大学的课程，工程、应用农业以及尔后出现的教育学科，都在大学里开设了。虽然德国大学强调基础研究，但美国大学却常常包括应用研究。"[①]

新的知识观引入大学以及大学服务社会职能的确立导致了美国大学组织制度的变更。

首先，改造专业学院，增设研究生院。美国大学的专业学院在 19 世纪末由于得到州政府的资助最先在州立大学设立，以后随着科学技术的发展而迅速在研究型大学兴起，并经过改造逐步提高到研究生院层次，在此基础上，各大学相继建立了研究生院

---

① 〔美〕菲利普·G. 阿特巴赫：《比较高等教育》[M]，第 32 页。

制度。研究生院从实质上是基于德国大学研究生教育制度的创新，它主要依托院、系组织结构，其教师和学生是与院系的教师和学生重合的，这就使得研究生教育摆脱了德国大学狭窄的实验室和某一教授研究领域的局限。

其次，设置学系结构。系作为大学的组织形式于19世纪上半叶在美国大学中已经出现，但只是处于古典学院的边缘地位。随着学科发展的日益分化以及大量技术性学科在大学出现，美国大学在19世纪末普遍实施了选修课制度，为了课程的实施和更有效的组织管理，学系的组织形式在大学中最终确立。相对于德国大学的讲座制，美国大学学系所涵盖的知识领域要更为宽泛一些，一个学系一般就是一个一级学科；学系的教师除担任教学任务外，还组织大大小小的研究小组，使"研究与教学统一"的原则在美国大学呈现出新的组织结构特色。尤其值得注意的是，随着20世纪知识向纵深方向发展和更为复杂的学术分工，美国大学学系的结构开始出现内部的自我分化和向学院的转化。

再次，建立研究机构与社会服务机构。在美国高等教育的"学院时代"，大学的研究机构主要是偏重于教学目的的学科实验室。19世纪末20世纪初，以工农业发展的实际需求为动力，大学内部开始设立大量实验室、对外推广部等应用研究机构，如"康乃尔大学实验站"和麻省理工学院的"应用化学研究实验室"等都是最早建立的研究性社会服务机构。事实上，研究组织本来是从德国发源的，但研究所（中心）在欧洲大学的发展却受到日益僵化的大学学术体制的阻碍，而美国大学灵活的院系组织制度以及对社会实际问题研究工作的重视，促进了大学内部应用研究机构的发展。这类研究组织往往是大学与工业界合作创办或政府出资在大学中创立，有些尖子大学的研究组织的规模远远超出了对培养学生的需要，而且从开始就有与教学完全不同的操作和管理模式。①

2. 正在发生的第三次变革

20世纪以来，科学技术以及社会经济发展对大学的新需求不断增多。同时，大学在推动社会进步方面的作用，无论是在深度还是在广度上都与传统大学不可同日而语，尤其是以全球信息化推动的当代知识经济的发展，使19世纪确立的大学发展知识的职能不断得以强化。因此，如何使大学组织架构能适应科技迅速发展的需要，已成为大学管理制度创新的重要课题。

其一，大学的科研和教学的联系日益减弱，传统的"科研—教学—学习"联结体日益表现出分裂的趋势。这是由学科前沿的知识和可以教的、整理好的知识之间不断增长的断裂决定的，并且大学组织内部实际存在着教学与科研活动在资源分配和人员组织等方面的矛盾和冲突。正如约瑟夫·本-戴维在他关于发达国家高等教育的经典研究中指出的论点："科研和教学远不是自然的匹配，只有在特殊的条件下，它们才能够组织在一个单一的框架之内。"②二者在现代大学组织中不断加强的分离趋势导致大学科研与教学的"漂移"：一方面科研活动从正常的大学教学场所移至科研中心、实验室和研究所中进行，而且"重要的是，科研激增，扩散到大学的疆域之外，成为民用政府机构、军事单位和非营利部门以及工业的一项共同的活动，在结构上与大学分离"③；另一

---

① 〔美〕约瑟夫·本-戴维：《科学家在社会中的角色》［M］，第283页。
② 载〔美〕伯顿·克拉克：《探究的场所——现代大学的科研和研究生教育》［M］，第3页。
③ 〔美〕伯顿·克拉克：《探究的场所——现代大学的科研和研究生教育》［M］，第222页。

方面，在大学组织内部表现出大学教学科研活动日益分层化的特征，并且越往上层，科研活动的专门化倾向越突出。虽然世界各国分层化的方式有别，但教学与科研的统一却日益在大学教育的较高层次的人才（硕士、博士）培养中体现。

其二，大学的研究范围不断开拓，研究动因已由纯学术导向转向社会或政府需求导向。第二次世界大战以后，美国大学的服务范围几乎扩展到社会政治、经济的各个方面，大学内聚集着大量的专职研究人员和专业实验室，几乎从事任何可以获得经费的科研项目。尤其是 20 世纪 80 年代以来，美国国会注重通过立法促进研究型大学与企业的联合，增加工业企业对大学的经费投入。这种由政府及法律推动的"联合"促成一种新的组织形式——"大学—工业合作研究中心"在大学组织内部的诞生。据统计，从 20 世纪 80 年代中期开始，在美国研究型大学中建立了 500 多个以大学为基础的工业合作研发中心。其中，1997 年，美国自然科学基金资助在大学建立了 15 个工程研究中心，24 个科学与技术中心，12 个杰出科学与技术研究中心，25 个材料科学与工程研究中心，53 个大学—工业合作研究中心。[①] 从总体上来说，当今大学从事的研究包括基础研究、应用研究与开发研究各个层次，课题涉及人类知识的方方面面，因此大学组织制度不再是自上而下的、行政链条式的封闭体系，而日益体现为从基层面向社会的开放系统。

其三，随着现代科学技术的发展，产生了大量综合学科和边缘学科，许多重大理论问题与实际问题需要多学科的专家共同研

---

① 马万华：《从伯克利到北大清华——中美公立研究型大学建设与运行》［M］，北京，教育科学出版社，2004，第 64 页。

究。传统的大学组织制度，不管是讲座制还是学系制，往往是通过知识领域的分科实现专门化，并将相似（或同类）的研究力量汇聚在一起，这种组织形式对完成单科的教学和科研任务是成功的，但却不利于学科融合和跨学科性科学研究。当前各国大学普遍的做法是改革学系制，建立独立于学系或在隶属关系上平行于学系的研究室（所、中心），这些以教授为核心的基层学术组织，学科带头人拥有充分的权力，他们能够把握学科前沿的发展趋势，并能作出符合发展趋势的调整。如麻省理工学院有 6 个学院（School 或 College），含有 22 个学系（Department），3 个学部（Division），4 个计划（Program）。"学部"和"计划"是新兴的跨学科教学和研究单位。此外，还有以从事科学研究为主的形形色色的单位 200 余个，其中跨学院、跨学科的组织 60 个。斯坦福大学则有 122 个这样的单位，包括四种类型：研究实验室、与工业界合作的研究机构、政府研究机构、独立研究机构。① 法国《高等教育方向法》目标之一就是为了"推动各学科之间的功能性联系"，建议取消原来的院系建制，成立新的大学基础机构——教学与研究单位（URES）。② 日本东京大学 1949年就成立了独立于传统的学院和学系之外、由学校直接管理的"生产技术研究所"。至今，生产技术研究所下设 5 个研究部、4个研究中心以及 2 个捐赠研究部门和 2 个客座研究部门。研究所实行实验室制度，共包含 84 个专门分支，以解决综合领域的问题为宗旨，以面向实际应用的科学研究为主要任务。而 1987 年

---

① 教育部咨询研究项目课题组：《学科组织创新——高等学校院系等学科结构的改革研究》［M］，杭州，浙江大学出版社，2001，第 23～26 页。

② 邢克超：《战后法国教育研究》［M］，南昌，江西教育出版社，1993，第185～187 页。

成立的"东京大学高科技研究中心"则以瞄准科技发展的前沿研究为宗旨，在科学研究和博士生培养上体现出高度的跨学科性和综合性。①

3. 几点结论

（1）大学组织制度的变革是内外部力量共同驱动的进程。大学转型期，大学组织制度的变革主要靠外部力量的驱动，这种力量主要包括社会需求的驱动、政府直接或间接的干预。一般来说，往往由外力推动大学职能的拓展，进而促进大学组织制度的不断变革。19世纪的德国大学改革是在丧权辱国、国家濒临灭亡之际由专制政府所实施的诸多社会改革的一环，如果没有政治改革作先导，单纯的大学改革是难以成功的；即使美国研究型大学的形成"还主要是靠环境的力量，而不是靠有意识地设计"②。但大学组织制度经常性的变革更多的是来源于大学自身及其基层组织的适应性调整和改革，因为大学职能的实现关键在于基层组织结构的合理性，知识品性决定了大学及其基层组织具有主动进行组织制度变革的内在动力。现代大学产生至今已经演变成纵横交错的多重矩阵结构，纵向有校、院、系之分，横向有实验室、研究所、中心之别，这在很大程度上是由社会或政府需求与知识发展的逻辑合力作用的结果。

（2）知识的专门化以及由此推动的学科分化与融合，形成了众多的边缘学科和新兴学科，这就必然要求大学组织制度进行相应的变革。这一点可以从当前各国大学组织结构的"扁平化"发展趋势中得到证明。扁平化组织结构减少了中间管理层次，便

① 孔寒冰、邹碧金、王沛民：《日本东京大学理工科的学术组织与创新》[J]，《西安交通大学学报》（社会科学版）2002年第1期，第93~96页。
② 〔美〕克拉克·科尔：《大学的功用》[M]，第74页。

于直接进行管理和信息传达。同时，这种制度形式赋予基层学术组织（学系或研究所、中心）更多的学术自决权，有利于灵活、创造性地开展跨系、跨学科的科学研究。大学的发展史表明，大学组织制度永远没有最优的形式，企图用一成不变的制度模式满足大学发展的动态需求，往往是难以奏效的。因此，大学组织制度的改革必须适应学科的发展既分化又融合的趋势，以更好地实现大学之学术功能。世界一流大学的学术组织形式不仅是多样化的，而且科研组织占据优势，如果说传统的院系模式适合于完成教学任务的话，那么现代大学普遍设立的专业研究实验室、研究所（中心）则更适应于开展专门化的科研活动。

（3）内部组织机构分化基础上的整合。美国大学在过去相当长的一段时间内，其内部组织变革以较为粗放的扩充为主，根据外部市场的需要和迅速发展的社会需求，以积累的方式设立了大量的学系和研究机构，从而造成内部组织和结构越来越庞杂。但当科学技术呈高度综合化态势，狭窄的机构划分越来越不适应横断学科的发展时，大学内部的机构整合或学科之间的渗透则成为大学改革的一个主要趋势。或者说，当外部投入减少，大学所要做的自然是加强内部组织整合，力求形成较为精干和有特色的内部组织制度体系，以便保持内部良好的运转状态和形成有效抵制外部冲击的反应机制。大学发展史表明，"高等教育发展到一定阶段之后所面临的一个基本任务，就是由相对粗放的内部扩充转为有选择的、较为精细的内部建构"①，这几乎是各国大学发展的普遍规律。

---

① 教育部咨询研究项目课题组：《学科组织创新——高等学校院系等学科结构的改革研究》[M]，第279页。

（二）大学组织结构的制度属性

组织结构是制度安排的结果，大学组织结构是大学制度的重要组成部分，同时，不同的组织结构表现为不同的制度特征。大学作为社会正式的实体性组织机构，具有学术性组织所特有的制度属性，这种特殊性是由大学组织结构的特殊性所决定的。或者说，大学的组织结构或存在状态，其本身就蕴涵着特有的制度特征。

1. 有序与无序：大学组织的存在状态

任何组织都表现为结构性的存在，这种结构体现为某一事物的"序"。所谓序是指构成组织的要素以一定的排列组合方式联结起来，形成组织特定的结构。在组织的发展中，组织性质不同，组织的序及其变化也不同。组织的有序与无序是组织的一种普遍的矛盾现象，一般来说有两种情况。其一是组织管理水平的标志。有序是指组织中各个部分、各种要素齐心合力、协调配合。相反，由于组织系统中各个部分、各种因素配合得不好，相互掣肘，从而造成组织系统混乱而无序，甚至走向瓦解。但任何一个实际上存在的组织都是有序和无序的辩证统一，二者相互依存，并在一定条件下相互转化，这是组织不断向前发展的动力。其二是组织表现为异质性的结构，有序与无序表现为组织存在的状态。有很多类型的组织并非人们所想象的那样，有统一而清晰的目标，技术路线明确，程序规范，单纯以有序作为统帅组织运行的唯一标准，相反，无序本身就是实现组织功能所必需，是组织存在的一种实际状态，是组织性质的真实反映。许多组织理论学家对这类组织进行过不少精彩的描述，科恩、马奇、奥尔森等把这类组织称之为"有组织的无政府状态"，韦克把这类组织称之为"松散耦合的系统",不同的学科、专业虽然"无序"但却"有序",虽然"有序"但又"松散"。这些经典描述为我们分析大学组织的存在状态提供了独特的视角,在他们的理论视野下,大学组织具有不同于其他科层组织的典型特征:组织内部的无序甚于有序,人员、机构间的联系松散而不密切。[①]

科恩、马奇和奥尔森认为,目标的模糊性、行动技术的不确定性及参与者的流动性等三个特殊性质决定了教育组织的无序状态。[②] 这三个特性在大学组织中同样有所体现。大学组织内部日益专门化的学术分工和系所建制,使大学基层部门之间表现为更多的分离与断裂,教学和科研任务按专业和系所来划分,教授及其他学术人员被分属于不同的专业领域;并且不同的学科和专业各自拥有自己的思想体系、研究方式和确定未来工作方向的历史传统,表现出各自内在的深奥性和自主性,各自遵循不同的发展逻辑和操作标准,以至于任何统一的学术评价标准和规划性的一体设计都是徒劳的。"由于目标是如此广泛含糊,以致大学或高等教育系统不可能实现目标——或不可能实现不了目标。任何人都不可能对目标实现的程度进行评估。甚至任何人都不可能知道哪一项或全部得到说明的目标是否为系统中的重要群体所接受,如果被接受的话,它们各自的优先程度如何。"[③] 因此,整体组织所宣称的"目标"不是单一组织的"目的",这种目标必须具有模糊性的特点,以便把范围更大的具体操作部门包括在内。也

---

① 阎光才:《识读大学:组织文化的视角》 [M],北京,教育科学出版社,2002,第 61 页。

② 〔美〕E. 马克·汉森:《教育管理与组织行为》 [M],第 172～173 页。

③ 〔美〕伯顿·克拉克:《高等教育系统——学术组织的跨国研究》 [M],第 19 页。

就是说，大学组织整体的目标模糊性是由单个组织在大学组织内部的相对独立性决定的，这种相对独立性组成了松散结合的大学组织系统，同时也构成了大学不同于其他组织的松散结合的结构特征。确切地说，大学组织的不同部门都有它们各自的特点、作用和分界线，这些部门尽管是结合在一起的，但彼此间的依存关系既弱又少，如果强行把不同性质、不同操作方式的部门"扭合"在一起，只会抑制大学组织的创新活力。

传统的组织结构观点更强调角色的层级关系、集权、规章制度以及控制的幅度，而教育组织尤其是大学组织则强调从各子系统需要保持不同程度的自由和决定处理权的视角来看结构。卡尔·威克认为，与传统的组织结构相比，松散结合系统具有自身的潜在功能：①反应的灵活性，就是在不需要整体变革的情况下，组织的一些部门能够极富创新意识，迅速适应环境的变化，而另一些部门则保持原状；②敏感的感应机制保障，即松散结合系统包含着许多可受外部控制的半独立的成分；③局部适应的可能性，即在原则上它为松散结合系统提供了巨大的改革和革新的潜力；④松散结合系统的某一部分出现故障时，不会影响到组织的其他部分；⑤为行为者提供了自我决定的余地，这就会对他们的自我效能感产生积极的影响；⑥减少协调的费用和开支。①

威克的分析不乏创建之处，但他过分强调了松散结合组织的优点，而对其负面影响分析不够。组织结构松散，可能导致协调整合的困难，以及内部资源分配的冲突，从而会影响资源的利用效率。实际上，任何一个松散无序的组织也都倾向于建立规范化

①　刘雅春：《学校组织中的协调与教育效果》[J]，《外国教育研究》1996年第3期，第18～21页。

的运行和实施程序。正如托尼·布什所言："松散模式基本上可以说是一种分析和描述的理论，而不是一种规范性的理论。它要求反映组织管理现实的真实性，而并非建议组织应在无政府状态下开展工作。"① 大学毕竟是一个规范化的组织，大学往往希望学生及教学人员根据标准的规则和程序采取行动，无论是教学人员还是行政人员都应明确各自的工作范围。因此，大学组织实际上是有序前提下的"无序"，即"有组织的无序状态"。这里的"有组织"一方面是指从大学整体层面或从行政管理的角度而言的，它要求组织的整体效率和相对规范化的组织秩序，而大量的基层学术性组织却相对独立、自我运行，相对于大学整体层面或行政秩序而言，多少表现出混乱和无序；另一方面，大学是异质性的组织结构，既有学术组织，又有行政组织和后勤服务组织。由此，围绕知识体系和学术业务形成的学术结构与围绕资源管理和行政事务形成的行政结构构成大学组织结构的两个维度。学术组织之间倾向于松散状态，这恰恰给学术自由提供了制度性保障；而行政组织则要求明确的等级制度和责权范围，以保证组织运行的有序和高效率。从这个意义上说，"有组织"主要是指事务性部门，"无序状态"主要是指学术性部门，大学既不是单一的科层组织，又不是单纯的社团组织，而是两类组织形成的统一体。

　　由此可见，在大学组织中存在学术管理和行政管理两种管理体系，而且大学的迅速发展已很难维系传统大学学术管理的中心地位，在现代大学中由这两种管理制度模式导致的紧张局面和冲突日渐突出。究其实质，就是忽视了大学组织"松散结合"及

---

　　① 〔英〕托尼·布什：《当代西方教育管理模式》[M]，第193页。

"有组织的无序状态"的制度属性。大学是学科和事业单位组成的交叉矩阵，而大学管理及其变革往往只着眼于学科所属组织的行政属性，漠视大量基层组织所属学科发展的学术性特征。实际上，基层学术组织所属学科的知识发展逻辑，并非任何精致设计和行政化管理所能奏效的。现代知识的发展使学科在分化基础上的融合趋势明显，这也必然要求对大学组织制度进行调整，现代大学的"学院"和"学群"制就是这种趋势的反映。但值得注意的是，这种建制是建立在拥有相似或相近的专业化学科群和研究人员强烈的情感需求基础上的，因为每一所大学的学科之间发展水平是不平衡的，大学组织制度的变革必须适应学科发展的现实需求，变革步骤也只能是局部性的和突破性的，任何企图以行政命令推动大学组织的整体性变革只能导致事与愿违的结局。

2. 集权与分权：大学组织制度运行的逻辑

基于本书的视角考虑，这里的集权与分权主要是指大学组织内部的集权和分权，而不是指大学宏观管理体制视野中的集权和分权。组织内部的集权和分权与组织的层次、结构、任务和目标密切相关，任何组织的结构都是围绕工作和任务进行纵向层次和横向部门划分的，并赋予相应的职、责、权的组织体系。从权力发挥作用的机制来讲，任何权力并不是单独存在的，它必须依附于一定的组织或个体才能发挥相应的效能。也就是说，权力本身不是生产力（或学术生产力），但权力和组织的其他要素结合在一起，便成为组织生存和发展的动力。具体到大学组织而言，按权力的性质划分，可分为学术权力和行政权力；从权力的内容划分，可分为教学科研任务的决定权、发展方向的选择权、资源分配权以及人事的调配权，等等。从大学组织层次着眼，应该根据不同层次组织的职能定位和分工赋予其相应的权力。一般而言，大学组织层次的简洁划分就是大学—学院（学部）—系（研究所或讲座等）三级结构，权力分布于不同层次的状态决定了大学集权和分权的程度。国外有专家认为，管理学中的"等级原则"在大学不完全适用，因为大学"加工"的对象是人而不是物，教师所从事的教学科研工作是创造性极强的主体性活动，相对于政府组织的科层化管理以及企业的职能制而言，大学更具有基层分权化的特点。正如米德荷斯特和伊顿所言，现代大学虽然"变得更具有企业经营的特点……毫无疑问，这种企业性经营和竞争具有短期的效果。但从长远来看，这种效果是很令人怀疑的，特别是损失了整个高等教育体制的学院性和学术性，也削弱了大学管理中的共享专业责任和主人翁感"[1]。

实际上，分权和集权是相对而言的，集权和分权各有利弊，集权的劣势往往就是分权的优势所在。一个组织是集权还是分权，取决于组织特点、组织环境、组织规模、信息及控制技术等因素，尤其是与组织的性质密切相关。大学是知识性的组织，从横向来看，大学组织发展的特点是知识日益被分裂成许多专门化的学科领域，这种知识分布状况使大学组织内部"隔行如隔山"的现象日益严重，一个领域的专家可能对另一个领域的专家所从事的工作一无所知，相互之间很难提意见、下指示、作评价。"学者们的最大相同之处就表现在他们都一心一意地钻研学问。但是他们的最小共同之处是那种对他们来说都是共同的知识，因为他们所研究的领域都是专门化的，互相独立的。"[2] 现实中没有门门学科都精通的校长或院长，并且随着学科种类和专门研究

---

① 〔英〕托尼·布什：《当代西方教育管理模式》［M］，第 82 页。
② 〔美〕伯顿·克拉克：《高等教育新论——多学科的研究》［M］，第 107 页。

领域的增多，校长或院长的"无知"程度会不断加深，这就要求给予基层学术组织独立决策学术性事务的权力和机会。

以韦伯为代表的科层组织理论从施加者的角度出发，认为权力在组织内部能否发挥作用关键在于权力是否与组织的正式职位相关联，也就是说，传统管理理论强调的决策权是基于职位的决策权。虽然在大学组织内部，这种基于职位的决策权是客观存在的，但有两个方面的因素削弱了正式职权的影响：一是大学中不同的学科专业的分工意味着大学必须把管理教学科研活动的具体事务的权力授予给基层组织或个人，因为基层组织可能对来自外界的反应和需求更为敏感，分权决策可避免时间的延误以及学校层次上的不确定性；二是有许多客观的因素限制了大学整体层次的管理者监督下属的能力，比如，教育与基础理论研究的非营利性及其效益的潜在性、活动主体的自主性等，这些都不可能转化为具体的监督基层组织或个人的量化指标。因此，仅仅依靠正式职权下的服从不可能使下属的积极性持久。伯顿·克拉克认为，高等教育系统"不是因为权力过度分散和宏观失控而使整个系统陷入四分五裂的境地，就是因为过度强调秩序和组织的统一而导致权力的垄断，二者必居其一。不过，如果能够进行选择的话，前者的危害性比较小；后者的危害性则要大得多，因为它会大大地减少结构的灵活性，而这种灵活性却是长远发展所必不可少的"①。这虽然是就整个高等教育系统而言的，但大学组织内部同样遵循相似的逻辑，因为大学的活力有赖于大学基层组织的灵活性，大学内部的集权只会抑制源于基层的学术创新。

---

① 〔美〕伯顿·克拉克：《高等教育系统——学术组织的跨国研究》〔M〕，第306页。

　　传统的组织理论仅仅把决策看做是最高领导层的行为。其实，在组织中，不仅最高管理层要进行决策，组织的所有层次，包括作业人员都要进行决策，只不过是不同层次的决策内容的范围和性质不同而已。大学是以知识操作为主要活动的组织，并且这种以知识操作为主要内容的活动主要集中在基层组织进行。随着大学规模的扩大以及大学学术分工的愈益细化，在大学管理中，专家的学术判断力发挥着越来越重要的作用。一般来说，谁拥有专业知识谁就具有该专业领域的决策权，知识和知识主体构成权力的基础，表现在大学组织内部，知识和权力更具有天然的匹配关系。哈耶克是最早认识到知识及其分工对组织有效决策具有重要意义的思想家。他认为，决策要迅速适应特定的时间和地点环境，"最终的决策必须要由那些熟悉这些具体情况，直接了解有关变化，并知道资源可迅速满足他们需要的人来作出。我们不能指望这个问题通过事先把全部知识传输给一个全能的中央委员会并由它发出指令这种途径来解决。我们必须通过权力分散化的方法来解决这个问题"①。也就是说，在环境不确定的情况下，与特定时间、地点相关的决策知识是无法转移的，只能采取分权的方法进行分散决策。金森和迈克林进一步发展了哈耶克的思想，他们认为，问题不在于知识能否被转移，而是以多大的代价转移。当组织内部知识与权力不匹配时，有两种基本的方法可促进二者的结合：一种是将知识传递给有决策权的人；另一种是把决策权传递给拥有相关知识的人。② 就大学而言，专业知识实现

---

① 〔美〕科斯、哈科、斯蒂格利茨等：《契约经济学》［M］，李风圣主译，北京，经济科学出版社，1999，第 311 页。

② 程德俊、陶向南：《知识的分布与组织结构的变革》［J］，《南开管理评论》2001 年第 3 期，第 28～32 页。

即时转移的成本较高，或者说根本不可能实现。实际上，任何一个大学高层决策者不可能拥有所有学科领域的知识，所以学术领域事务的"越俎代庖"式的集权化决策是不明智的，而只有把决策权传递给拥有相关专业知识的学者、专家，实施分权化决策，才能保证大学决策的科学性和高效性。

三　大学制度创新的本质：激发学术活力

（一）大学制度的功能与局限性

根据上述理论，可以对制度与大学发展的关系有一个大致的了解。那么，大学制度促进大学发展的机制何在呢？实际上，制度可以有效地调节大学内部的组织行为，控制不同部门、不同群体的冲突，加强相互之间的合作，规范大学组织的整体运行秩序，从而影响大学发展。同时，任何组织都是以人为主体的社会单元，大学制度的功能就是规范和调节"大学人"（主要指教师和行政人员）的活动，并把其行为控制在符合大学组织学术性逻辑的运行框架之内，从而有效地促进大学的发展。

1. 维持功能

大学制度的维持功能是大学生存与发展的保障。大学组织是社会大系统中的一个子系统。一方面大学组织是一个开放的系统，不断地与外界环境进行物质、信息、能量的交换；另一方面大学又有自己特定的组织目标、组织任务，并以此区别于其他社会组织。因此，在大学组织与社会环境的互动中，只有建立有效的制度，才能抵制和排除外界干扰，合理把握外界环境对大学组织的需求，从而为教学科研活动的有序运行提供"安全"保证，因为大学正常的教学和科研秩序、生活秩序必须靠一整套具体的制度安排来提供。譬如大学目标的实施，院系结构的调整，资源的分配，人员的聘任，尤其是大学组织与外部环境之间、大学组织内部不同群体之间、部门与部门之间矛盾冲突的协调，都要靠有效的制度来支撑。也就是说，制度能将大学组织内部的任务、人员、资源等要素有机地联结成一个有序、高效运行的整体。大学制度维持着大学组织的生存和活动边界，如果没有这种维持作用，就难以抵制外来干扰，就无法维系大学组织内部各子系统之间的有机整合，难免使整个大学组织陷入无序、混乱状态，大学也就不能成其为大学了。

大学制度的维持作用还在于能够维护大学之所以为大学的特色，在于维护大学组织存在的根基，特别是在大学面临越来越不确定的生存环境的情况下，这种维持作用更显得意义重大。20世纪70年代，英国高等教育专家阿什比教授就说："今天大学肩上繁重的社会任务，使历史已久的大学原有的组织形式和大学领导者原有的领导方式都感到难以承担。"① 因此，如果大学制度不能有效平衡外界不断变化的需求，正确把握组织的界限，大学所确立的办学目标就可能出现偏差。大学终归是大学，不能任由外界的需求"诱导"而偏离大学发展的学术方向。尤其是在社会变革导致教育和学术价值观念出现混乱，从而可能使大学办学行为偏离学术性轨道的背景下，如果不能适时调整大学制度与行为规范，大学的教学科研秩序就要受到冲击。从这个意义上讲，大学制度就是平衡外界需求与自身主题性活动的重要纽带，是维护大学学术组织特性的重要屏障。

---

① 〔英〕阿什比：《科技发达时代的大学教育》［M］，第90页。

2. 模塑大学活动方式

不同类型的组织有不同的活动方式。组织的活动方式是通过人的活动方式来表现的，主要是指人按照相对固定的样态（程序、措施、途径、路向等）从事某种活动的普遍做法，它包括工作方式、生活方式、思维方式，通常具有形式化、规范化、模式化的特征。一般认为，大学的工作方式、生活方式以及思维方式是在大学长期历史发展过程中积淀而成的。但如果进一步追究，这种活动方式的形成和改变必然同一定的条件联系在一起。首先是同大学外部环境的改变联系在一起，其次是同大学自身组织系统联系在一起。因此，所谓"长期积淀"就可以理解为大学组织面对外部环境的变化而不断自我调试、演变的过程，而大学制度就是在该过程中逐渐积淀形成的。在这一过程中，一些做法被逐步淘汰，一些做法则逐渐被确立。当被确立起来的做法演变成大学的相关制度后，它们便在不同范围、程度、层次上成为"大学人"共同的行为规范，人们按照它们去思、去想、去行动、去生活，自然就成为"大学人"的活动方式。在这种工作方式、生活方式、思维方式中，"大学人"的价值观念、生活态度、工作学习的积极性和创造性对大学的发展具有十分重要的意义。

"没有规矩不成方圆"，大学的组织制度、管理体制及运行机制等一系列制度安排就成为"大学人"活动的规则体系。它们既是"大学人"的活动方式产生或改变的机制，又是"大学人"的活动方式产生或改变的标志。"制度为人们提供了一定的行为模式，社会和团体力图用这些行为模式去模塑其成员；而社会或团体的成员则通过自制的行为去认识、验证、实践这些行为模式，当他们接受了这些行为模式和行为规范并付诸实践，以至于在任何场合都以这种模式行事时，这套行为模式即被制度化了。"① 就大学组织而言，大学制度对活动方式的模塑作用主要体现在以下两方面。其一，不同的大学制度塑造不同的活动方式。比如：西方国家大学制度的差异决定了对大学校长不同的角色期待，美国大学校长一般被认为是学校公共关系的代表，募集办学经费的专家，很少沉溺于内部事务的管理和指导；而在欧洲大陆国家，如在法国、德国等国家，与其说大学校长是一个领导者，不如说是一个更具象征意义的人物，他以自己的学术身份代表学校的学术地位。再从大学教授的角色看，德国大学基层学术组织实行"讲座"制度，教授作为研究所唯一负责人，对预算、设施和人员聘用负全面责任，并直接服从于教育部的权力；同讲座制相比，美国大学系的权力比较分散，教授没有控制所属院系资源的绝对权力，在教授与教授之间、系主任与全体教学人员之间主要采取少数服从多数的原则进行决策。其二，大学组织制度的"松散联合"塑造了不同特色的学科专业文化。大学组织制度的"各自为政"导致了文化的精彩纷呈，"根据独特的理智任务，每一学科都有一种知识传统——即思想范畴——和相应的行为准则。在每一领域里，都有一种新成员要逐步养成的生活方式，在发达的系统中尤其如此"②。

本来，人有多种选择性。大学的活动方式从理论上讲应该具有无穷多的可能性，但在现实中，一所大学以及大学内部不同群体的工作方式、生活方式、思维方式却是"一定"的，不同国

---

① 彭克宏主编《社会科学大词典》［M］，北京，中国国际广播出版社，1989，第 315 页。

② 〔美〕伯顿·克拉克：《高等教育系统——学术组织的跨国研究》［M］，第 87 页。

家的大学的活动方式既有相似性的一面，又表现出差异性的一面，并由此形成了大学发展的不同特色以及组织行为的多样性。之所以如此，奥秘存在于不同国家、不同大学奉行的不同制度的差异之中。

3. 整合组织资源

任何组织的有效运行都必须把组织的资源（人、财、物、信息、技术等）纳入一定的轨道。当组织资源及组织活动在制度规范下被纳入某种"轨道"并按一定的方式运行时，分散的力量就汇集起来，形成整体的优势。但我们在促进大学发展和建设世界一流大学的过程中，往往注意到了投入、人才、设备、学科等要素，却唯独没有给予整合这些发展的要素——制度以应有的关注，没有考虑是否存在一个实践上可以操作的整合环节。既然大学发展是一种整体性行为，那么在实践上必然存在一个可操作的、促进发展的因素，这就是制度。制度将大学发展的要素统一起来，形成促进大学发展的整体性力量。制度的整合功能或整体性特征为描述下面的现象提供了一个框架：在现实中，不同国家大学发展的水平、程度差异较大，对于这些差异，人们多从历史基础、现实条件、文化传统等方面加以解释，而我们更倾向于把它们看做由大学的制度差异所产生的结果。于是，不同国家大学发展程度的差异就可以给出两个层面的解释：其一，历史上，不同国家因大学制度所设定的目标不同，各大学运行的方式不同，以及为大学活动所提供的空间和激励不同，致使大学走上不同的发展道路，并导致大学发展水平、程度存在差异；其二，目前各国大学的现行制度状况，适应大学发展或是不适应大学发展的状况决定着未来大学的发展水平的差异和发展道路的选择。

以上大学制度三个方面的功能是就大学制度的稳定形态来说

的，也就是说，大学制度的稳定性是制度功能发挥作用的前提。但任何制度都是一把"双刃剑"：一方面大学制度是确立大学学术自由和学术特性、形成大学秩序的保障和前提，是整合大学发展要素的有效手段和途径；另一方面，大学制度也有其局限性和负面影响。随着大学职能的扩展以及社会对大学要求的不断提升，原有的制度安排就可能成为大学进一步发展的障碍。总有一些时期的大学制度或大学制度的某一方面对大学的发展是无效的或低效的，是因为它受特定时间和地点的限制，自身还不够完善。因此，受外界环境变化及大学自身发展逻辑的推动，大学制度必须不断创新和完善，而制度自身不完善是导致"制度失灵"的一个重要原因。

（二）大学制度创新旨在激发学术活力

大学发展有赖于一整套制度体系支撑，制度是大学发展从可能到现实的中介，但制度并不是一成不变的。随着大学的发展，制度也必须进行相应的变革，才能与社会的需求以及与大学发展的实际相适应。从一定意义上讲，是制度创新推动着大学不断发展，而大学的知识品性决定了学术创新是制度创新的动力之源。

大学发展受制于大学与外部系统之间、大学组织内部诸因素之间以及不同利益群体之间的关系。这些关系产生于大学组织活动的实践之中，既包含冲突也包含合作，冲突为制度的变革提供必要性，合作为制度的变革提供可能性。因此，制度本质上属于关系范畴，大学制度是调节大学组织行为及上述一系列"关系"的规则体系。大学的学术活动亦即知识生产和再生产的活动，与一般的社会生产活动不同，它是以人的自由思考为基础的智力活动，它的生产关系表现为大学组织与外部系统之间以及大学组织内部诸要素之间的"生态环境"，也就是上述的各种关系，生产力表现为大学的学术生产力或知识创新能力。大学制度作为调节大学生产关系的"纽带"，必须适应学术生产或知识生产的需要。大学制度创新的实质就在于不断打破不适应知识生产的、旧的生产关系，以激发学术活力、解放大学的知识生产力为最终旨归。当然，这里所说的学术是与知识相联系的较为宽泛意义上的概念，是就大学对高深知识的操作活动而言的。也就是说，学术活动作为大学的主题活动反映着人们探索和发展知识、保存和应用知识、传递和延续知识的过程。美国高等教育专家博耶先生将大学的学术活动划分为相互联系的"探究的学术"、"整合的学术"、"传播的学术"和"应用的学术"四个基本方面。他认为，"探究的学术是开端"，但"为了避免学究式的迂腐，我们还应当有整合知识的学术。为了避免理论和实践的脱节，我们还应当支持应用知识的学术。最后，我们还要给教学的学术以尊严和新的地位，以保持知识之火不断燃烧"①。可见，大学的学术活动是与知识操作活动相一致的概念，大学史上每一次有重大意义的制度创新都可以概括为以提高学术生产力为根本动力的创造性活动。制度创新能带来大学组织的活力，能使大学适应不断变化与发展的生存环境。

大学制度创新的机制是什么？或者说，大学内外部的需求动力如何转化为大学制度的创新行为呢？按照制度经济学的解释，制度创新的动力是由制度非均衡引起的，制度创新是由制度非均衡向制度均衡转变的过程。这里所说的制度均衡主要是指人们对

---

① 〔美〕欧内斯特·L.博耶：《关于美国高等教育的演讲》［M］，涂艳国、方彤译，北京，教育科学出版社，2002，第78页。

既定制度安排和制度结构的一种满意或满足状态，因而无意、也无力改变现行制度。① 从这个意义上来说，大学制度创新是由大学发展过程中原有制度的弊端和矛盾引起、并向着适应学术发展的制度转变的过程。在我国传统计划经济体制下，大学的一切教学科研活动都是在政府的行政管制下运行的，这期间，政府不断对大学组织的单位制度进行补充完善，同时，人们对大学的"依附"增加了各自的"满意度"。对大学组织来说，这个时期制度基本维持着短缺教育发展水平下大学制度的强制均衡。随着大学生存环境的变化，尤其是由计划经济向市场经济转轨，大学出现了新的获取利益的机会，这样就势必打破原来的制度均衡，从而将潜在的利益机会转化为现实的资源。从外部影响看，环境的变化、资源条件的改变、政府对大学的"松绑"以及大学自主办学格局的形成，产生了在原来制度安排下不可能获得的外部利益，从而使大学产生了制度创新的外在动力和需求。从内部关系看，在计划经济时期，教师或科研人员的需求与行政管理的目标基本上是一致的，大学内部的资源分化组合程度比较低。因此，无论是管理者还是被管理者都无意改变现有的制度安排。但随着由外界环境变化导致的办学资源的流动性加剧和频繁，以及教师或科研人员的主体地位的日渐凸显，大学组织单一的行政化管理模式越来越成为学术发展的制约因素，从而导致大学管理者与教师或科研人员的不满意和不满足感逐渐积累，并由此产生制度创新的欲望和动力。

可见，大学制度的非均衡源于制度的僵化，僵化的制度与大

---

① 张曙光：《论制度均衡和制度变革》［J］，《经济研究》1992 年第 6 期，第 30 ~ 36 页。

学组织环境中潜在利益增多之间的矛盾形成了大学制度创新的动力。就大学作为学术性机构对知识生产的特殊要求来说，僵化的制度主要表现在以下两个方面。

（1）大学办学自主系统的缺失。大学的生存取决于两个系统：一是发展的外部系统，由大学外部管理体制、社会经济发展所能提供的办学条件等因素构成，它既为大学的发展提供支持，又对大学的自主发展形成强有力的制约；二是发展的自主系统，包括自主存在的要素与自主权两个方面。大学的教学科研活动规律深深扎根于大学的自主系统内部，不易被外部系统尤其是执政系统所认知，而往往正是现代大学面临越来越多的外部控制以及大学主体地位的缺失使大学产生越来越强烈的改革现有制度的期盼。

（2）大学内部的行政干预过多。大学是生产知识的场所，相对于其他领域来说，大学教师理应享有更加自由的学术生产空间。因此，大学的领导者与管理者要懂得大学发展与学术发展的关系和规律，大学的管理应该全方位、多角度、多层面地为学术发展服务。大学的领导与教师之间不应是强制性的命令与服从关系，而应以自由、平等为前提。但事实上，大学中的"长官意志"时有发生，往往是学术为行政服务，而不是行政为学术服务，从而导致学术群体士气低落，学术创新乏力。

上述两个方面是导致大学学术体制僵化、学术创造性不强的制度根源，大学制度创新就在于通过外部制度改革形成大学自主办学机制，并通过克服大学内部行政权力主导化的倾向来激发大学的学术活力。

第二章
中国现代大学组织的
制度化历程

　　中国现代意义上的大学产生于 19 世纪末期，至今刚过百年。
与西方大学相比，中国现代大学不是基于自身传统的逻辑延续，
而更多的是属于移植和借鉴西方大学的产物。所以，中国大学的
现代化过程具有典型的"后发型"特征。在这个过程中，既有
近代对西方大学制度的成功借鉴，又有新中国成立初期对苏联大
学制度的强行移植，还有改革开放以来对建立现代大学制度的自
主探索。我国大学发展到今天，无论是从内部组织结构还是与外
部联系上来说，都日益复杂化。一方面，大学作为社会性组织，
随着社会的发展而发展，大学组织的复杂化过程就是社会需求反
映在大学组织的构建上，并逐步使其制度化的过程；另一方面，
大学作为知识性组织，有其自身发展的逻辑，组织结构及其内部
制度构建也力求反映学术性组织的基本特征。因此，大学组织制
度化过程是外部构建和自主构建的统一。正如阿什比教授所言：
"大学是遗传和环境的产物……大学在向前演化的过程中，正经
历着遗传体系经常遇到的进退两难的困境：一方面大学本身必须

改变以适应社会的新形势，否则将遭到社会的抛弃；另一方面，大学在适应社会的变革中，又不能破坏自身的完整性，不然就将无法完成所承担的社会责任。"① 布鲁贝克也表达了与此基本相同的思想，他认为，"在 20 世纪，大学确立它的地位的途径有两种，即存在着两种主要的高等教育哲学，也就是认识论哲学和政治论哲学"，这两种哲学交替在美国的高等学府中占据统治地位，在一定阶段甚至存在"哲学的冲突"。② 可见，西方大学的发展主要表现为自身逻辑与社会需求内外合力作用的过程，表现为大学自主发展与适应社会的统一。中国现代大学与西方大学相比，无论是从发展的起点还是发展的过程来说，都面临着与西方大学完全不同的境遇，中国大学的组织结构的变革及其制度化历程更多的是外力控制的过程，虽然在短期内也出现了大学自主制度的变迁，但我国大学历次较大的组织制度变革都是在行政力量干预下进行的。

　　社会学家帕森斯十分重视"制度分析"，但他更多地侧重于从动态的角度分析制度的形成和发展的过程，也就是"制度化"过程。特纳认为，制度化是指"一定地位的行动者之间相对稳定的互动模式"③。在帕森斯看来，这种制度化是社会系统形成的关键。波普诺则更多地从组织的角度，扩展了对制度化的理解："当一个组织成功地吸纳到了成员，并且得到了他们的信赖，能富有效率地实现其目标，能被更大的社会所接受，它就通常能在相对稳定的结构中，在一整套目标和价值观的指导下，形成有序的运

---

① 〔英〕阿什比：《科技发达时代的大学教育》［M］，第 7、13 页。
② 〔美〕约翰·S. 布鲁贝克：《高等教育哲学》［M］，第 14、18 页。
③ 〔美〕乔纳森·特纳：《社会学理论的结构》［M］，吴曲辉等译，杭州，浙江人民出版社，1987，第 76 页。

作模式。简言之，它就制度化了。"① 根据这一理解，大学组织的制度化是大学实践活动和大学内部各子系统相互关系的规范化，它不仅包括大学在组织活动过程中形成的较为稳定的组织结构、管理制度以及相应的运行机制，而且包括一套价值标准、权利—义务规范、行为准则等。可见，大学组织的制度化不仅意味着形式上的规范，而且离不开价值的认同和支撑。从一定意义上说，大学的发展过程就是大学组织不断制度化的过程，就是组织制度不断分化、整合与创新的过程。但值得指出的是，大学制度化不是一劳永逸的过程，某一制度安排在一定的历史时期有其存在的合理性，但在另一时期却又成了束缚大学发展的障碍。或者说，有些制度形式本身不是基于学术发展的目的而自发形成和变革的结果，而是在外部力量干预下形成的，并且随着大学制度安排的不断行政化、技术化，大学发展越发脱离了学术性的轨道，忽视甚至否定了学术人员的主体地位。我国现代大学组织的制度化历程就始终充满着这类矛盾和困境，至今仍没有找到摆脱这一困境的良方。本章通过考察我国大学组织制度化的历程，探寻得失及其根源。

一 近代大学内部制度的多元化探索

据史料记载，我国很早就有专门培养高级人才的机构，如汉代的太学、唐代的国子监以及宋代发展起来的书院。但是，严格意义上的现代大学是"舶来品"，不是中国传统高等教育的自然延伸和发展。1895年、1896年和1898年分别成立的天津中西学堂、

① 〔美〕戴维·波普诺：《社会学》［M］，李强等译，北京，中国人民大学出版社，1999，第194页。

上海南洋公学和京师大学堂被认为只是现代大学的雏形，而真正由旧入新、实现由传统大学向现代大学的转换，大致发生在"中华民国"成立之后，其主要标志是蔡元培主掌教育部，颁布《大学令》以及对北京大学的现代性改造。1911 年的辛亥革命推翻了封建帝制，为中国大学的发展提供了一个相对宽松的办学环境，自此一直到 20 世纪 20 ~ 30 年代，可以说是中国高等教育发展模式的多元化探索时期，经历了由取道日本到借鉴德国，再到模仿美国的转换过程。① 相应的，大学制度也从传统向现代的转换过程中进行了多元模式的探索。与传统大学相比，现代大学最根本的标志是大学性质的转变以及相应的组织制度、管理体制、运行机制的创新。大学制度之所以能在这一时期呈现多元化状态，是因为大学获得了相对宽松的办学环境。正如加拿大学者许美德教授所言，"这一时期中国一片无政府状态，这就给各地高等教育在政策、法规及其实施各层次上进行实验提供了很大空间"，同时，"这一时期中国才真正开始致力于建立一种具有自治权和学术精神的现代大学"②。也就是说，这一时期大学生存环境的变革为大学真正进行自主制度建设提供了可能。人们所说的中国近代真正意义上的现代大学制度，实质上主要是就大学自身制度的多元化探索而言的。

（一）学习原型的转换

中国高等教育现代化具有典型的"后发外生型"特征，是在"西学东进"的大潮冲击下，先进的中国知识分子在"师夷

---

① 田正平、张彬：《模式的转换与传统的调试——关于中国高等教育现代化的两点思考》［J］，《高等教育研究》2001 年第 1 期，第 94 ~ 101 页。

② 〔加〕许美德：《中国的大学 1895 ~ 1995：一个文化冲突的世纪》［M］，许洁英主译，北京，教育科学出版社，2000，第 53、66 页。

长技以制夷"、"中体西用"等强烈信念的驱使下，引进和学习西方高等教育制度模式的产物。因此，这就决定了移植、借鉴和模仿一直是主导中国近代大学发展的驱动力。1902 年，清政府颁布了具有现代意义的学制——《壬寅学制》，第二年经重订，颁布了《癸卯学制》，其基本精神就是按日本学制改造中国教育。此后，直到辛亥革命前的近 10 年时间里，中国高等教育包括大学的发展，无论是在理论层面、制度层面还是在实践层面都"以日为师"，其中，京师大学堂就是按《壬寅学制》而创建的，"以谨遵谕旨，端正趋向，造就通才为宗旨"。就其内部组织制度来说，内设经学、政法、文学、格致、医、农、工、商等八科，通儒院附设在大学堂内，为专门的研究机构。但"严格地说，实际上整个京师大学堂在清末没有培养一名正规的大学本科毕业生，无论从学堂的教育制度还是教学内容和方法来看，距离近代大学的要求还很远，实际上仍处于封建太学向近代大学转变和过渡的阶段"①。之后，国家政权的频繁更迭、社会的不稳定以及外国在华势力的干预等因素，都在很大程度上影响着大学的建设与发展。大学真正开始现代转向是在辛亥革命以后，其最根本的标志是大学性质的改变。1912 年，蔡元培出任教育总长，对教育宗旨、学制和管理等进行了重大改革，并提出了许多新的教育思想。他在担任教育总长时颁布的《专门学校令》规定，大学"以教授高深学术，养成硕学闳材，应国家需要为宗旨"。先后"按世界各国大学之通例"以及"仿德国大学制"② 颁布

---

① 金以林：《近代中国大学研究》［M］，北京，中央文献出版社，2000，第 27 页。

② 高平叔编《蔡元培全集》（第 7 卷）［M］，北京，中华书局，1989，第 312 页。

了《大学令》（1912）、《修正大学令》（1917）等法令，并开始实施"大学改制"。蔡元培主张"学"与"术"分离，从根本上理顺大学与专门学校的关系，特别是关于大学内具体设哪些系科，一直是这一时期大学改革争论的话题。就大学内部制度来说，《大学令》中对大学的组织、教师、学制等都作了具体规定。如大学各科下设讲座，教授为讲座的负责人；设校长一人，各科设学长一人；大学的教师由教授、副教授组成，在必要的情况下也可以聘任讲师；大学内设以校长为议长的评议会，各科设立以学长为议长的教授会。可见，蔡元培旨在借鉴德国大学制度的经验，试图摆脱日本模式对大学发展的影响，但由于时局的限制，这些设想在当时的高校并未真正付诸实施。直到1917年1月4日蔡元培任北京大学校长后，他的大学理念——学术自由和教授治校——才得以真正实施。①

1919年"五四"运动以后，中国教育有个很重大的变化，即从模仿日本走向模仿美国。② 究其原因，许多研究者从不同角度进行了评论。周谷平在其《近代西方教育理论在中国的传播》一书中对这种转向进行了详尽评析，他认为，中国人对日本观念的改变与对美国的新认识，美国文化对中国的有意渗透，以及美国教育界占主导地位的实用主义和进步主义教育理论迎合了当时中国教育界的需要。③ 霍益萍进一步分析认为，留美学生群的崛起直接促成了这种学习原型的转换。留美学生不仅广泛涉足文化

---

① 田正平、张彬：《模式的转换与传统的调试——关于中国高等教育现代化的两点思考》［J］，《高等教育研究》2001年第1期，第94~101页。
② 霍益萍：《近代中国的高等教育》［M］，上海，华东师范大学出版社，1999，第134页。
③ 顾明远：《中国高等教育传统的演变和形成》［J］，《高等教育研究》2001年第1期，第9~16页。

教育机构、学术团体和教学科研领域，而且他们中不少人曾担任过中国近代一些著名大学的校长和副校长，如蒋梦麟在北京大学，郭秉文在东南大学，竺可桢在浙江大学，张彭春在南开大学，等等。这一方面大大提高了大学的管理水平，使中国大学形成了较为完善的制度体系；另一方面，他们同时引进了美国大学的办学制度和办学理念，直接促成了中国大学由模仿日本向模仿美国的转变。1924 年，北洋政府教育部重新制定并颁布了《国立大学条例》，以法令的形式肯定和继承了北京大学以及东南大学改革的经验，并对国立大学的内部组织制度作了新的规定。《国立大学条例》可以被看做是中国近代大学根本性质的转换和从模仿日本向多元模仿过渡的标志。但需要特别指出的是，近代中国大学制度的建设不是一蹴而就的，更不是全盘沿袭外国大学制度的产物。虽然当时的大学制度改革带有显著的外来影响成分，但所有这些改革方案从酝酿到颁布、到实施，都包含了先进的知识分子对大学教育问题的思考，体现了人们寻求建设合乎中国国情的大学制度的努力。在这一过程中，对现实需求的观照以及对西方大学制度经验的借鉴，构成了近代大学制度建设的基本方式。

（二）北京大学与东南大学内部制度变革的对比分析

20 世纪 20 年代，北京大学和东南大学一南一北，一并成为中国近代大学发展史上的"双骄"。两校生存于基本相同的外界环境，但发展的特色迥异，究其原因，主要是源于大学制度的差异。

1. 大学制度的现代转向是从转变大学组织特性开始的

《大学令》及《国立大学条例》都"以教授高深学术，养成硕学闳材，应国家需要为宗旨"，这与传统大学是封建思想的"卫道士"和"官僚的养成所"的大学性质截然对立，从而为实现传统大学的现代转向奠定了制度基础。北京大学的改造和蔡元培的名字紧密地联系在一起。蔡元培早年留学德国，深受 19 世纪德国大学教育观念的影响，注重高深学理的研究，强调"为学术而学术"。他认为，改革旧教育体制存留的弊端的根本之途在于"教育独立"，新教育应"超轶乎政治"。① 1917 年他主掌北京大学后，所实施的一系列改革都与这一思想一脉相承。蔡元培坚持对北京大学改革的"自由人"角色以及对北京大学的苦苦支撑，造就了北京大学浓厚的学术气氛和别具一格的学风，其根本原因是基于他对大学特性的理解和按教育规律办学的主张。他在"就任北京大学校长之演说"中提出改造北大的三项要求："一曰抱定宗旨"，"二曰砥砺德行"，"三曰敬爱师友"。"大学学生，当以研究学问为天职，不当以大学为升官发财之阶梯。"② "大学者，研究高深学问者也"，他多次同学生谈到，"诸君须知大学，并不是贩卖毕业文凭的机关，也不是灌输固定知识的机关，而是研究学理的机关"③。

为培养校内的学术气氛，蔡元培提倡"兼容并包"的办学方针。在教师聘任和管理方面，主张"以学诣为主"和不过度干预思想，延聘学有专长者来校任教，辞退旧教员中滥竽充数者；建立研究所，为师生提供进一步研修的学术机构；实行选科制，培养学生对所学专业和课程的兴趣；创办各种刊物，为师生

---

① 欧阳哲生：《蔡元培与中国现代教育体制的建立》［J］，《高等教育论坛》2000 年第 1 期，第 7~22 页。
② 高平叔：《蔡元培全集》（第 7 卷）［M］，第 199 页。
③ 霍益萍：《近代中国的高等教育》［M］，第 12 页。

发表学术成果提供园地；组织社团，开展健康有益的活动。

　　如果说蔡元培对北京大学的改革遵循的是"洪堡模式"，郭秉文在东南大学办学，则完全以美国大学教育制度为蓝本。郭秉文早年留学美国，深谙世界和美国高等教育的发展趋势，主张大学应突破"象牙塔"藩篱，广泛地融入社会生活。为此，郭秉文在管理体制、系科设置、培养目标、课程内容、经费筹措、教学方法等方面都依照美国大学教育制度进行了卓有成效的探索，使东南大学的改革更多地具有美国大学的特征。基于"学者治校、学术自由"的理念，郭秉文首先也从延揽海内外名师开始，而正是这一支结构独特、阵容强大、水平整齐的教师队伍，才使东南大学迅速崛起。

2. 大学自治与学术自由有赖于制度的保障

　　无论是"洪堡模式"还是"美国模式"都强调大学自治与学术自由的办学理念，都强调大学作为一个自治个体所应遵循的办学逻辑。但办学理念属于"形而上"的哲学层面的范畴，要把这种观念层面的办学追求转化为具体的办学实践，还必须有赖于一系列具体制度的支撑。蔡元培所极力追求的"教育经费独立"以及在北京大学所推行的制度改革，其目的就是使自治与自由理念得以制度化。他执掌北大的初衷即是希望避开党派干扰，建立一块"学术净土"，因为专制是与知识分子的秉性，与"学术自由，兼容并包"的办学理念背道而驰的。① 正如蔡元培所言，"德国革命以前是很专制的，但是他的大学是极端的平民主义"，他们实行教授治校，校长由教授会选举。蔡元培深谙德

---

　　① 张晓唯：《民国时期的"教育独立"思潮评析》［J］，《高等教育研究》2001年第5期，第90～94页。

国大学制度之道，他希望通过制度构建保持大学的学术尊严与自主地位。因此，他执掌北京大学后，首先着手组建评议会和各科教授会，打破以前由校长和学监专制的管理体制，让教授和讲师都有机会参与校务管理；设行政会议掌管全校行政大权，并按事务性质成立了11个专门委员会分管每一方面的行政事务；设教务会议和教务处统一领导全校的教学工作。这些改革意在为自由研究高深学问提供稳定和连续的制度保障，"谋以专门学者为本校主体，使不致因校长一人更迭而动摇全校"。即使一年换一个校长，"对于诸君研究学问的目的，是决无妨碍的"①。

郭秉文与蔡元培一样，坚持"学者治校"、"学术自由"的办学理念，并把这种理念落实到了具体的制度改革尝试中。东南大学校内管理体制实行校长领导下的"三会制"，即评议会、教授会和行政委员会。其中，评议会系全校重要事项的议事机构；教授会负责全校本科的教务管理；行政委员会协助校长处理全校行政事务。校长兼任这三个委员会的主席。值得一提的是，东南大学在全国国立、公立大学中率先设立了校董会。在学校领导体制中，校董会属于全校最高的立法和决策机构，地位与校长并列，甚至更高，但具体的学术和行政事务仍由教授会、行政委员会负责，由此形成了学者治校为中心的、高效率的决策和行政制度。

3. 基于校情基础上的大学制度构建

北京大学与东南大学改革所倡导的不同制度模式不仅是源于两种不同的制度原型，而且是基于两校实际情况所进行的探索。当然，这主要是由于当时相对自由的办学环境，加上精英人物的

---

① 蔡元培：《回任北大校长在全体学生欢迎会上的演说》，载于华东师范大学教育系编《中国现代教育文选》［M］，北京，人民教育出版社，1989，第233页。

推动，才使大学自主制度的构建成为可能。北京大学在蔡元培之前，虽进行过许多改革，但北京大学依然是封建思想和官僚习气十分浓厚的学校。因此，蔡元培对北京大学的改革首先从转变学校的性质开始，努力使北京大学从"官僚养成所"变成研究高深学问的地方。由此他所实行的"思想自由"、"兼容并包"的办学方针，从不拘一格延揽名师到实施"教授治校"、"政学分离"等一系列制度创新都是围绕办学目标和任务展开的。在改革学校领导体制的同时，蔡元培从大学应研究高深学问的宗旨出发，对北京大学的学科体制和学术组织制度也进行了重大改革。在蔡元培关于"学"与"术"的思想中，更重视和推崇"学"，即"纯粹的科学"的研究。因此，他在改革北京大学学科体制时，首先是扩充文、理两科，致力于将北京大学办成文理科的综合性大学，办成全国研究学理的中心，而将"术"性学科即应用性学科独立或并入单科性大学。1919 年，北京大学正式"废科设系"，旨在拓宽学生的知识基础；1922 年，又成立第一个近代大学研究所——国学研究所，以培养高层次的研究人员。

与北京大学相比，东南大学在成立之初就面临着办学经费困窘的状况，郭秉文仿照美国大学体制成立校董会，其最初动机是募集资金、争取社会多方面的支持。之后，校董会的职能逐渐拓展，并通过 1924 年修订的"大学章程"使之成为东南大学最高的立法和决策机构。在学术组织制度建设上，郭秉文对系科设置有自己独特的理解。他认为，大学应以"密切联系社会、服务社会"为宗旨，一所大学既要重视文理，也要注重致用，还可造就师资，多科并重，相得益彰。在郭秉文主持下，东南大学成为一所集文、理、工、商、教育等多学科并存的真正综合性大学。同时，各系科都要求注意面向社会，为社会服务，做到教育、科研、推广三者并重。可见，东南大学的改革带有更多的美国大学特色。

（三）现代大学制度的衰落

蔡元培、郭秉文分别在北京大学、东南大学的改革是 20 世纪 20 ~ 30 年代我国进行现代大学制度多元化探索的典型代表。这些以西方大学制度为范本，并结合自身实际情况的制度创新，奠定了中国现代大学制度的基本框架。那么为什么在这个时期实现了中国大学从传统向现代的快速转型呢？为什么欧美大学制度对中国大学有如此重要的影响呢？其实说来相当简单，在现代化过程中，不发达国家向发达国家学习，落后国家向先进国家学习，本是人类取长补短的明智之举。因为"在近代，特别是现代世界，哪一个民族能够最迅速、最理智、最直接地利用当代人类智慧的最高创造，哪个国家就能够进到世界前列"①。落后国家学习先进国家以实现现代化，大致可分为两种模式。一种是以国家或政府为主导的现代化变迁，另一种是以局部的群体（组织）或有识之士所推进的现代化变迁；前者属于"突变模式"，后者属于"渐进模式"。从比较的视野来看，中日两国在近代几乎是同一时期迈向高等教育现代化之路的，但两者的不同之处在于：日本由于强力政府的推进而迅速实现了现代化，而近代中国则由于中央政府控制能力趋弱，或由于忙于军阀混战，致使政府无暇顾及教育。但从积极方面来讲，这也为中国近代大学的自主发展预留了些许较为宽松的办学环境。因此，中国对欧美大学观

---

① 叶隽：《近代德国大学对中日两国的影响》[J]，《高等教育研究》2002 年第 9 期，第 100 ~ 103 页。

念的接受是发自学者个人的体认，并在学者力所能及的范围内渐进推动大学制度现代化的，而不是政府强力推动的结果。① 当然，这种现代化模式在一定程度上契合了大学渐进发展以及制度构建的内在规律，从而也使中国大学在走向现代化之初就吸收了西方大学制度的精华。但值得注意的是，这种大学制度的自主性构建和基于个人魅力的实践探索，既是优势，同时也是劣势所在，尤其在大学现代化的起步阶段更是如此。

然而，令人遗憾的是，中国现代大学制度虽然有充满活力的"童年"，但"童年"的活力在中途几近夭折，没有成长为"青年"和"壮年"。究其原因，一是近代现代大学制度的成功实践往往与某个人的魅力和人格联系在一起，这些人的去留决定了所在大学的命运；二是军阀混战，政府无暇顾及教育发展，即使在南京国民党政府成立后，也少有精英实权人物意识到发展教育之重要，从而也就使大学制度探索的成功经验得不到坚持和有效推广。

事实证明，近代中国大学在经历了短暂的繁荣之后，随着现代大学制度精神之消亡，大学也随之走向衰落。尤其在南京国民党政府成立后，出于"一党专政"的企图，政府逐步加强了对大学的控制，大学也因此逐渐背离自治与学术自由的现代大学制度之精神。1927～1929 年，蔡元培仿照法国试行的大学区制，本意是将教育以及大学纳入学术轨道，以改变行政当局对教育以及大学横加干涉的弊端。② 这其实也是蔡元培关于"教育独立"的一贯思想在教育实践中的反映。但这种尝试之所以失败，除由

---

① 叶隽：《近代德国大学对中日两国的影响》[J]，《高等教育研究》2002 年第 9 期，第 100～103 页。

② 张晓唯：《民国时期的"教育独立"思潮评析》[J]，《高等教育研究》2001 年第 5 期，第 90～94 页。

于模仿失当、经费不足、派别之争等原因外，主要是因为这种做法与国民党试图加强对教育领域的控制、推行"一党专政"的意图格格不入。当然，值得一提的是，1929年之后，南京国民党政府在继承民初以来大学有关法规、总结大学改革经验的基础上，又陆续颁布了一系列有关大学的法令，如《大学组织法》（1929）、《大学规程》（1929）、《大学研究所暂行组织规程》（1934）等。与"民初"相比，一方面，大学组织制度更趋于完善、正规化，如校内院系设置，强调对农、工、商等实用学科的重视，并由两级管理体制改为三级管理体制，即系、院、校；大学研究院（所）制度走向正规化，教学与科研结合的体制基本形成。另一方面，政府逐渐加强了对高等教育的控制，大学自由程度急剧减弱，如取消校董会，改评议会为校务会，其性质也由立法决策机关改为议事机关；对教员资格附加了许多限制性规定；延长学制，僵化考试，必修科目趋于统一。随后，抗战时期大学的内迁运动又使刚具雏形的现代大学组织制度变得更加支离破碎。当然，这一时期虽然也有竺可桢在浙江大学的可贵探索，以及西南联大所实施的独特的大学组织体制，但总体上来说，战时以及国民党统治后期，国民党政府对大学实行训导体制，其核心是加强对教师、学生、教学内容的控制，致使现代大学制度之自主与自由精神荡然无存。

二　新中国成立初期政府对大学组织的行政化改造

1949年新中国成立到1956年我国基本完成社会主义改造，中国共产党领导全国各族人民完成了从新民主主义革命向社会主义革命的转变，迅速恢复国民经济并开展了有计划的经济建设。与此相适应，大学改革作为社会主义制度改革的有机组成部分，自始至终都是在政府行政命令和强制干预下进行的，显示出较强的政府主导型的制度改革特征。

1949 年 9 月通过的《中国人民政治协商会议共同纲领》对新中国教育的性质、任务作了明确规定："中华人民共和国的文化教育为新民主主义的、民族的、科学的、大众的文化教育……中华人民共和国的教育方法为理论与实际一致。人民政府应有计划、有步骤地改革旧的教育制度、教育内容和教学法。"本着这一方针，1950 年 6 月，召开了全国第一次高等教育工作会议，会议规定了新中国大学制度改革的基本方向，即"我们应该以理论与实际一致的方法，培养具有高度文化水平的、掌握现代科学技术成就的、全心全意为人民服务的、高级的国家建设人才；应该准备和开始吸收工农干部和工农青年进高等学校，以培养工农出身的新型知识分子"。这次会议没有涉及大学自治与学术自由等议题，而主要讨论高等教育如何为政治和经济建设服务的问题。会议审议制定了新中国第一批高等教育法规，如《关于高等学校领导关系的决定》、《关于实施高等学校课程改革的决定》、《高等学校暂行规程》、《专科学校暂行规程》、《私立高等学校暂行管理办法》等，明确了高等教育体制改革是高等教育改革的重要课题。其中，在《关于高等学校领导关系的决定》中明文规定，教育部负有领导全国大学的责任，从而确立了中国大学中央集权的体制特征，这就为此后进行大学的公有化改造和大规模的院系调整奠定了制度保证。

院系调整是新中国成立初期大学制度改革的重要组成部分，旨在改革旧中国遗留下来的高等教育规模小、地区分布和结构层次不合理、系科庞杂等问题。院系调整以调整和发展工科院校为核心，重点发展单科性院校，减少综合大学数量，将包罗众多学科的旧综合大学改为文、理科大学。这一改革思路基本上反映了政府对发展高等教育的指导思想，所"成立起来的单科院校既保证了对口经济建设部门所需专业人才的培养，又利于政府对大学实行有计划的管理和领导"①。从改革原型上讲，纯粹是"苏联模式"的"一边倒"，从传统的多科综合大学中调整出工、农、医、师范、政法、财经等科，或新建专门学院，或合并到已有的同类院校中去，使近代中国高等教育已经建立起来的"欧美模式"发生了根本性的改变；从改革动力上看，主要是为了适应大规模经济建设对大量专门人才的需求。早在 1950 年教育部对有关高校的批示中就明确指出："今后开设新学系，必须日益专门化，不应拼凑成立"；"高等学校的主要任务，是在培养新中国建设人才，故各高等学校为配合业务部门需要干部之计划，将校中原有系组向专门化方向发展，是符合建设需要的"②。

这次院系调整以及相关的专业改造主要分两个阶段进行。第一阶段（1949 年末至 1951 年 7 月）主要在华东地区部分院校进行，但这一阶段改革没有克服原有体制最根本的弊病，它们在教育内容、制度和方法等方面，都还不能适合或不能完全适合当时国家建设的需要；③ 第二阶段自 1952 年秋开始在全国范围内全面展开。至 1952 年底，全国高等学校已有四分之三进行了院系调整

---

① 胡建华：《现代中国大学制度的原点：50 年代初期的大学改革》[M]，南京，南京师范大学出版社，2001，第 119 页。

② 丘雁、杨新：《解放初期院系调整大事记》[J]，《辽宁高等教育研究》1982 年第 4 期，第 17～20 页。

③ 丘雁、杨新：《解放初期院系调整大事记》[J]，《辽宁高等教育研究》1982 年第 4 期，第 17～20 页。

工作，经过 1953 年继续调整后，基本完成院系调整任务。据有关资料统计，1952 年院校调整前有高校 211 所，1952 年调整后为 201 所，经 1953 年调整后全国高校总数为 182 所。[①] 1953 年之后，大学改革的重点由体制改革转移到教学改革领域，主要内容是按专业制订全国性的教学计划，这在客观上加强了以行政手段对大学内部具体事务的管理和控制。虽然这次院系调整主要涉及大学之间，或对跨省和跨地区的大学之间进行改组、撤销或合并，但对大学内部组织特别是对系科设置的影响也是深远的，通过院系调整，基本上确立了计划经济时代中国大学制度的基本框架。

（一）全面取消学院建制，综合大学名存实亡

自从 1929 年《大学组织法》最早规定具备三所学院的高等教育机构称之为大学（综合性大学），其他称之为"独立学院"即单科大学以来，中国大学下设学院，学院下设系，一般不设专业。新中国成立初期，大学或专门学院的系仍然是教学科研的基层组织，1950 年教育部颁布的《高等学校暂行规程》中规定："大学及专门学院设若干学系，其设立或变更由中央教育部决定之"；"大学如有必要，得设学院，并在学院内设若干学系；学院或学系的设立或变更，由中央教育部决定之"；"大学及专门学院的系，为教学行政的基层组织"。同年，政务院批准的《关于实施高等学校课程改革的决定》中指出："高等学校应以学系为培养人才的教学单位。"院系调整对大学内部的组织结构进行了根本性改造，原来综合性大学的工、农、医、法、师范等学科

---

① 李刚：《20 世纪五十年代初期"院系调整"的历史考察》[J]，《南京晓庄学院学报》2005 年第 2 期，第 48~53 页。

或独立，或与其他高校同类学科合并成立单科性大学，仅保留有文理两科，而文理两科又各自按照传统的学科分类组成系科和专业，不仅文理科之间缺乏真正的综合，就连自身专业之间也由于过窄的系科、专业划分没有渗透和交融。至此，原来真正意义上的综合大学变成了只有文理两科的、有名无实的综合性大学。同时，仿照苏联模式全面取消了学院建制，直接将系作为大学内部一级学术单位，系下设专业，并普遍设立了教学研究指导组（教研组）。这样，大学组织制度就由原来的"校—院—系—专业"四级体制变为"校—系—专业（教研组）"三级体制，人才培养和教师活动领域进一步专门化。学校按照专业招生，学生入学后按照专业分班组织活动；教师所在的基层组织就是教学研究指导组（教研组），它由一门课程或性质相近的几门课程的教师组成。教研组既是开展教学活动的组织，又是从事教学研究的基本单元。

（二）大学办学和学术发展的自主程度开始减弱

中国现代大学的发展，从对德、美模式的借鉴到对苏联模式的移植，呈现出强烈的外来文化主导和"西化"色彩，但又与借鉴和学习德、美大学模式时期对中国大学制度的自主构建和多元化探索不同。20世纪50年代初对苏联模式的模仿以及院系的大规模调整，则更多地含有"运动"的意蕴，主要是通过上升到国家意志的层面用行政手段对所有大学进行一体化改造。行政强制性的"一刀切"剥夺了大学自主构建制度的空间和机会，"中国高等教育从此纳入了苏联式的高度集中计划和专才教育的模式。其特点是教育计划与国民经济计划紧密相连，国家对教育实行高度集中统一的计划管理；按产业部门、行业、甚至按产品

设计学院、系科和专业，教育的重心放在与经济建设直接相关的
工程和科学技术教育上"①。当然，与计划经济体制相适应，崇
尚集权管理和专门化的人才培养模式固然有其现实合理性，但也
从根本上改变了大学的学术理念与制度内涵。这一方面造成了大
学之间及学科体制的文理分家、理工分家；另一方面大学由外及
内被行政化的科层体系所"穿透"，大学按统一模式办学，大学
的差异主要表现为学科性质的差异，而很少体现为基于大学制度
特色的不同。概括起来，这种行政化的中央集权式的制度改造所
带来的弊病主要体现在以下两个方面。

1. 学术权力的"领地"急剧缩小

民国时期，大学的课程设置和管理主要在学院一级，学院由
相互联系的系组成，负责统筹管理各系教学事务。院系调整及专
业改造之后，系下面所设的专业便成了基层的教学单位。在计划
体制下，专业性的学术权力不是掌握在学术部门或教授手里，而
是统一归属教育行政部门。中央高等教育部对"全国高等学校
的方针政策、建设计划（包括学校的设立或变更、院系和专业设
置、招生任务、基本建设和财务计划等）、重要的规程制度（如财
务制度、人事制度）、教学计划、教学大纲、教材编审、生产实习
等事项，进一步统一掌握起来。凡高等教育部关于上述事项的规
定、指示或命令，全国高等学校均应执行。如有必要变通办理时，
须经中央高等教育部或由中央高等教育部转报政务院批准"②。自
此大学丧失了教学自主权，背离了自晚清以来就孕育的"学术

---

① 杨东平：《新中国"十七年教育"的基本特征》［J］，《清华大学教育研究》
2003 年第 2 期，第 9～16 页。
② 李刚：《20 世纪五十年代初期"院系调整"的历史考察》［J］，《南京晓庄学
院学报》2005 年第 2 期，第 48～53 页。

自由"的办学理念和制度的传统。虽然"大学有权决定本校系的增减，但是专业必须依照国务院制定的专业设置目录、接受审查后才能决定能否设置"，"即使在今天，行政主管部门对大学的审查也是以专业为对象而不是系"①。甚至教育行政部门为每个专业制定了统一的教学计划和教学大纲，各专业只有执行的权力而没有调整或变更的自由；同一专业的学生要求开设相同的课程，使体现现代大学制度基本内涵的学分制被完全停止使用。1957 年以后，虽然不再执行全国统一的教学计划，但按照狭窄的专业服务面向制订教学计划以及开展教学活动的制度并没有发生实质性改变。在这种体制下，大学内部的学术组织以及学术权力发挥作用的机会极其有限，学术建制的变更、教学活动的组织、招生分配，事无巨细都受各级教育行政部门的直接管理和指挥。

2. "大学人"活动领域的狭窄化

单一的学科设置和过窄的专业化使"大学人"彼此隔离，"鸡犬之声相闻，老死不相往来"成为计划体制下"大学人"彼此关系的生动写照。移植苏联模式的结果不仅体现在对大学学术活动的计划管理，而且表现在对教育资源的统一调配上。大学严格按国家计划任务招生，毕业后统一分配，教师附属于一所学校甚至一个专业终生任职，除非特殊情况，不得自由流动。具体到大学内部的组织管理上来说，学生按专业进行招生和组织教学活动，教师的编制均在各个系里，他们的教学科研活动是以教研室为单位加以组织的，大学教师和学生全部被"编入"行政化的单位体制内部，虽然生活、福利等方面有了保障，但同时也放弃

---

① 〔日〕大冢丰：《现代中国高等教育的形成》[M]，黄福涛译，北京，北京师范大学出版社，1998，第 100 页。

了教学与学术研究的独立性和自主性。在这种体制下，大学的专业或教研室体制便成了约束教师和学生生活的一种框架，不仅校际间、行业间的流动机会极少，就是在大学组织内部也由于专业壁垒和专门化的学科限制，教师和学生跨系、跨专业的合作和流动也极其有限。就人才培养的角度而言，院系调整确实适应了国家建设对急需的专门人才的需求，但就人才的可持续发展的角度而言，院系调整则导致学生理论基础薄弱，专业视野狭窄，不利于开拓思路和科学创新素质的培养。

（三）大学职能分割，政治功能日渐彰显

院系调整后还有一个显著的变化就是大学职能的分解。一方面，综合性大学被"割裂"和"肢解"，使之不再是世界通行的、真正意义上的多学院、多学科的综合性大学，而仅仅是单纯的文理科综合大学；另一方面，按苏联模式建立起独立于大学之外的科学研究系统，并且把许多科研骨干从大学中调走，大学成了只承担教学任务的"教育机构"。如今，历史已经证明，这是以取消、消解大学的科研功能为代价的，并在很大程度上模糊了大学与专门学院的界限，抑制了大学发展的活力。通过院校调整，在大学组织内部确立了党的领导体系，并且通过政治课教学和政治学习等形式加强了对学生和教师的政治教育和改造。与大学这种新的组织结构的建立相适应，大学的内部管理体制也发生了相应变化。20世纪50年代初期，我国开始实行校长负责制，并且"在院系调整中，由于过分强调校长负责制，党组织仅在政治上发挥核心作用，没有起到管理作用"[①]。虽然这在很大程

---

① 王亚朴：《高等教育管理》［M］，上海，华东师范大学出版社，1983，第227页。

度上有利于发展行政职能部门的作用，符合大学管理中"党政分开"的原则，但是由于特殊的国际国内形势，这种行政系统和党委系统之间表面上的分离并没有维持多久。1958 年《关于教育工作的指示》中明确规定，"一切学校必须接受党的领导"，因为"一长制容易脱离党委的领导"，因此"一切学校必须实行党委领导下的校务委员会负责制"。到了 20 世纪 60 年代，"中国高等教育的办学观念发生了重大变化：由科学精神和学术自由的探索转变为思想领先和政治挂帅"①，尤其是"文化大革命"时期，任何对于教学质量和科学研究的强调都可能被攻击为"白专"道路，大学中的科学研究和拔尖人才的培养因此受到严重制约。此后，大学领导体制虽经多次变更，但都没有脱离行政系统关系调整的框架，行政系统始终掌握大学学术事务的管理权，并由此衍生出庞大的与大学学术特性、功能、目标有别的行政人员群体，他们从上至下对大学组织的行政化管理，客观上限制了大学学术性功能的发挥。

总之，20 世纪 50 年代中国大学制度的行政化改造是在社会制度转型过程中进行的，或者在某种意义上讲，大学制度变革本身就是社会制度变革的重要组成部分。从当时我国社会发展的现实背景来看，社会政治制度的变革对大学制度改革的影响极为深刻，因为社会政治制度的变革必然要求大学服务方向的转变，而这一转变主要是通过课程内容以及课程体系的调整，特别是通过政治科目的导入以及剔除"反动科目"实现的。可以说，大学服务方向的转变是大学制度改革的基点，教研室的创立是这次大

---

① 马万华：《从伯克利到北大清华——中美公立研究型大学建设与运行》[M]，第 176 页。

学制度改造的"创举"之一，其组织活动的集体性和教师对于教研室的依附性使大学组织具有较强的行政性、管制性特征。客观上讲，建国初期大学制度改革的计划性和集权性特征在很大程度上适应了当时迅速恢复国民经济和发展工业化的基本要求，同时也促进了大学自身的"跨越式"发展，这也是新中国成立初期大学制度改革值得肯定的积极经验。正如哈佛大学前校长陆登庭教授所言："在各个国家的发展史上，肯定会有这样一些阶段，需要政府的大力帮助来启动或促进教育系统的发展。也可能会有一些特殊时期，需要类似的非同寻常的政府干预来重建或大力推动教育系统的发展，帮助它度过快速变化和创新阶段。"①这种由政府主导的大学制度改革是建立在"高等教育是国家事业的一部分，政府负有指导大学改革的全部责任"的基本观念之上的。值得思考的是，这种模式所取得的"成功"本来应与大学的长远发展联系在一起的，然而从历史的经验看，这一时期对大学制度的行政化改造却带有明显的机械性和短视性，并在很大程度上削弱了大学顺应社会发展的自主性；实际上，从世界范围内大学发展的经验来看，单纯依靠政府主导的制度变革模式很难实现大学所渴望达到的学术性发展目标。因为大学作为有别于其他社会机构、具有独特文化精神的社会组织，有其自身改革与发展的内在逻辑和规律，衡量大学改革成功与否不仅要看是否适应当时政府和社会的需求，而且还要考察是否有利于大学自身的可持续发展。新中国成立初期的大学制度改革就是以行政命令强行把大学纳入行政管制的轨道，而恰恰忽视了大学发展的自身特

---

① 〔美〕陆登庭：《一流大学的特征及成功的领导与管理要素：哈佛的经验》，载于《中外大学校长论坛文集》［M］，北京，高等教育出版社，2002，第9页。

性，由此导致的消极影响至今仍在阻碍着大学的发展。这也是我们总结这段历史时得出的基本结论。

三　20世纪80年代以来大学制度的变革

新中国成立后至改革开放以前，政府相对于大学组织来说，以政治性的经验决策、以权威的行政指令主导大学发展，大学在政府划定的范围内行事，在很大程度上成为政府的"附属机构"，甚至在"文化大革命"时期成为政治运动的工具，无论是大学的制度环境还是大学内部具体的制度安排完全是政府"界定"的结果。因此，这一时期高等教育体制所进行的改革主要体现在政府向大学的"收放权"上。但从实质上来看，不管是中央集权模式，还是"中央统一领导、两级管理"的模式，政府对大学的控制都是一贯的，大学从根本上没有自主构建自身制度的权力。20世纪80年代以来，尤其是近10多年来，随着我国政治、经济体制改革的推进，政府逐步为大学"松绑"，大学也从政府的附属机构开始走向自主发展的"前台"。也就是说，大学的发展不再仅仅是政府行为，而成为多元利益主体共同推动的进程。同时，大学改革动力也不仅仅是执行政府的命令，而开始具有大学基于自身利益的驱动因素。这些都使大学在这一时期自我制度的构建成为可能。

（一）大学组织生存环境的变革

任何组织都存在于一定的环境之中，同时作为一个开放的系统，在与环境相互作用的过程中极力维护自身与外界环境之间的平衡，以图生存和发展。根据权变理论，为使组织更有效率，在组织结构和外部环境条件之间选择一个"最适状态"，并"视情况而定"。① 这种"最适状态"和"视情况而定"是指组织受外界环境影响以及对外界环境作出的调适和选择。大学组织也不例外，它一方面受其所在环境的影响和制约，另一方面又设法维持着与社会环境的适应。现代大学与传统大学相比，其基本特征在于其对社会发展的主动适应。这种适应性主要通过两个方面来衡量：一是大学的社会功能是否与当今社会经济、政治、文化发展的进程相适应；二是大学的管理制度是否与当今社会以经济体制为基础的管理制度相适应。② 我国大学发展的历程实际上就是这种从不适应到适应的不断调适过程。长期以来，无论是大学的社会功能还是大学的管理制度基本上适应了计划经济时代政治、经济、文化发展的需要，但随着政治、经济体制的变革，尤其是市场经济体制的逐步确立，大学的社会功能以及管理制度与社会环境不相适应的矛盾逐渐突出。当然，大学组织并不是被动地让社会环境选择，而是积极地通过自身的变革，主动适应社会环境，从而获得大学组织与社会环境之间的匹配，维持大学组织与社会环境之间的平衡。适应性是任何一个组织（包括大学组织）健康而有效发展的重要特征，而维持这种适应性的基本方式就是通过组织制度的变革，对社会、经济和科学技术的变化作出适应性的反应，以便更好地利用社会环境所提供的资源。因此，大学应通过制度以及运行机制创新，主动适应不断变化的外界环境要求。可见，外部环境的变化是影响大学组织以及大学发展的关键

① 〔美〕理查德·L. 达夫特：《组织理论与设计》（第7版）［M］，王凤彬、张秀萍等译，北京，清华大学出版社，2003，第106页。

② 张祖英、许积年：《对建立我国现代大学制度的探讨》［J］，《清华大学教育研究》2002年第4期，第73~80页。

变量，不同的外部环境对大学组织形态以及相关制度的要求各不相同。

　　传统组织理论关于组织环境的内涵有比较"一致的认识"。著名的组织理论家霍尔的定义最具代表性。他认为，组织环境"对所研究的群体（组织）来说是外在的且有着潜在的或实际影响的所有现象"；达夫特表达了与霍尔基本相同的思想，"组织环境是存在于组织边界以外的全部要素，它们对组织的部分或全体有着影响的潜力"。① 根据这种对组织环境的"正统"理解，可将组织环境分为一般环境和任务环境。一般环境是指组织环境因素中对组织的日常运作并不构成直接影响的因素，包括政治、法制、文化、社会和经济状况等；一般环境并不针对某一具体的组织，而是对生存于其中的全部社会组织都产生间接影响。任务环境则主要是指环境因素中直接与组织产生相互作用的诸因素的集合体，一般包括消费者、供应者、竞争者、行政管理者等。与一般环境相反，任务环境是指某一特定组织的具体生存环境，不同组织的任务环境各不相同。新制度学派对组织研究的独特贡献在于对组织环境的重新界定，他们把组织环境区分为"技术环境"和"制度环境"。所谓技术环境是这样一种环境，组织的产品和服务在其间的一个市场上进行交换，组织通过对其工作流程进行有效益和有效率的控制而获利。因此，技术环境存在着一个不断优化和改造的过程，每一次技术改造和工作流程的变革都是为了组织目标的最优实现和效能的最大化。所谓制度环境主要是通过规则和规定的精心安排而形成的约束和激励组织行为的制度体系的总称，单个组织要想从环境中得到认可，必须服从这些规

---

① 钱平凡：《组织转型》［M］，第 194～195 页。

则和规定。这些规则和规定或者源于由国家或地方政府授权的法定机构，或者源于专业或同业公会，或者源于限定了特定类型的组织必须如何运作的广义的信仰系统以及其他相类似的来源。但不管其来自何处，组织必须服从这些规则或信仰才能获利。① 对大学组织而言，技术环境主要是指人才培养的工作流程，以及在人才培养过程中所使用的工具、方法、设备等系统。从本质意义上说，技术因素主要包括更加物质化的、以资源为基础的特征，而制度因素包括对组织产生影响的比较象征性的、文化的特征。② 值得注意的是，尽管技术环境与制度环境呈现某种程度的负相关，但二者不是两种彼此排斥的环境状态，不同的组织实际上都是处在这两种不同环境的共同作用之下，只不过不同类型的组织受这二者影响的程度各不相同而已。现代大学作为一个开放的系统，环境对大学组织的生存具有重要意义，环境的变动必然要求大学组织自身的变革以便取得与周边环境的协调。这些环境既包括大学组织在广泛的社会背景下的各种关系网络、规则及信念体系，又包括对大学发展具有直接作用的物质、技术等资源支持系统。在某种意义上说，制度环境具有比资源环境更加重要的作用，制度环境制约着资源环境可利用的范围和程度。就我国大学组织生存环境而言，20 世纪 80 年代以来，我国大学无论是在资源环境还是在制度环境方面都发生了巨大变化，而且这种环境正由"划一"走向"多元"，不同的大学正置身于各不相同的生存环境之中。

1. 大学自主办学的制度环境开始形成

大学的制度环境主要涉及大学与政府、社会（或市场）之

① 钱平凡：《组织转型》［M］，第 197～198 页。
② 〔美〕W. 理查德·斯格特：《组织理论》［M］，第 122 页。

间行为界限的规则和规定，大学自主办学环境的形成主要是以大学办学主体地位的实现程度为根本标志。长期以来我国高等教育在政府集权体制下运作，大学的功能、活动范围、管理权限均由政府直接设定和规范，办学所需资源也由政府计划调配。也就是说，大学的办学活动是"政府本位论"的，政府替代学校，承担全部的办学职能。从理论意义上讲，如果政府完全占有供需信息、市场等于零以及大学之间利益一致，那么在不存在竞争的前提下，"政府本位论"的办学模式是较为理想的选择。但实际上这种理论假设很难现实存在，实践证明，政府的强行干预只能维持低效率的供需均衡，大学自主地位的缺失压抑了大学主动追逐自身利益的动机。同时，高等教育长期存在的供应短缺和"卖方市场"使大学没有生存的危机和竞争的压力，大学也就失去了制度自主创新的勇气和积极性，因为自主改革或创新往往意味着与政府控制标准的"不一致"，要承担自发行为结果"违规"的风险。① 因此，在既定的制度背景下，自主制度创新的成本较高，或者说自主制度创新很难取得政府的理解与支持，因此也就难免出现大学制度创新乏力。

20 世纪 80 年代，经济领域的改革引发和促进了教育、科技领域的一系列变革，尤其是 1985 年《中共中央关于教育体制改革的决定》将政府与高等学校的关系置于高等教育改革的中心。从此，扩展大学办学自主权一直是高等教育体制改革的核心内容，通过改革，政府在招生、就业、教学、科研、人事任免、国际交流与合作等方面赋予大学一系列自主办学的权力，大学的独

① 陈维嘉：《高等教育体制创新与政府行为的调整》[J]，《教育研究》2003 年第 3 期，第 28 ~ 33 页。

立意识开始得到培育和制度上的支持。1993 年，中共中央、国务院颁布的《中国教育改革和发展纲要》明确了旨在提高大学办学主体地位的改革目标，即"按照政事分开的原则，通过立法，明确高等学校的权利和义务，使高等学校真正成为面向社会自主办学的法人实体"。1998 年通过的《中华人民共和国高等教育法》进一步明确规定："高等学校应当面向社会，依法自主办学，实行民主管理。"历史发展到今天，我国大学依法自主办学的格局正趋形成，强调扩大和用好办学自主权正日益成为大学的自觉行为。综观这些改革举措，与计划经济时代相比，具有三个明显的特点。①以往的改革并未真正改变政府与大学的隶属关系和行政直接控制大学的格局，仅仅是在不同层级政府之间对大学管理权限上的调整；而现在的改革目标是建立政府宏观管理，学校面向社会自主办学的体制。②以往的改革强调政府不同部门之间对大学管理权限的划分，地方政府没有统筹决策的机会和权力；现在的改革强调地方政府办学的积极性，同时鼓励大学将区域经济发展纳入自己办学视野。③以往的改革是在高度集中的体制下政府对办学资源的重新分配，大学没有独立的资源基础；而现在的改革是由原来单纯依赖政府资源向政府、社会、大学等多元主体协同筹资办学的体制转变。

2. 任务环境的变更

大学组织的任务环境主要是指具体某一大学组织所面对的特殊环境，或者说是某一大学所生存的具体环境，一般包括校际关系、生源市场、社会需求、教师质量等。在计划体制时期，所有大学面对基本相同的任务环境，是典型的以政府统一管制为特征的办学模式。相应的，每所大学封闭办学、自成体系，大学之间表现出政府行政控制下的利益一致性，不存在竞争，更没有形成高等教育的生源、资源、人才、信息市场，所有大学都在同一模式下运行，整个高等教育系统实际上就是政府"集中"管理的"一"所"大学"。这里的"集中"主要指政府集投资者、办学者、管理者于一体，并且把所有大学纳入自己的"一统"视野，政府不仅是大学办学资源的唯一来源，而且直接插手大学内部事务；这里"一"所"大学"是指大学之间没有个性差异，毫无办学特色，大学之间的叠加实质上可以看做是政府控制的"一"所"大学"。从这种意义上来说，其实也就不存在所谓大学组织的具体任务环境了。

上述封闭、集中的办学模式和"一致"的任务环境与不断成熟的市场经济的开放性表现出明显的不协调。这种不协调不仅表现在大学之间缺乏竞争机制，而且也表现在大学内部竞争机制的缺失，从而在很大程度上限制了大学自我发展的积极性。随着政治、经济体制改革的推进以及高等教育体制改革的深入，这种"划一"式的、政府外控的、"统一"的制度环境受到极大冲击，大学的具体任务环境开始形成。具体表现在：其一，大学的利益格局由单一走向多元，以往大学的发展单纯依靠政府投资，随着市场机制的完善、区域经济的发展、大学服务功能的拓展以及高等教育大众化，大学面临的外部获利机会逐渐增多，不仅大学获利渠道渐趋多元化，而且不同大学之间获利机会也因校而异；其二，大学发展的任务各异。随着办学权逐渐由政府下移至大学自身，大学除了面向市场自主办学之外，还必须根据各自不同的学科建设任务和发展重点准确定位，自主办学。

（二）大学组织的内部制度变革

随着大学组织环境的变化以及大学主体地位的凸显，大学内部制度改革的紧迫性日渐突出。因为环境的变化必然要求大学的内部制度进行相应变革，这是由大学需要完成新的使命和职能决定的。组织理论认为，组织根据外部环境和内部条件制定了什么样的战略，就要求什么样的组织结构与之相适应，以便为战略任务和目标的实现提供保障。也就是说，战略决定结构，结构为战略服务。① 就现代大学组织来说，因为人才培养、知识创新和社会服务职能是由具体的大学内部组织来承担的，宏观层面的制度改革如果不落实到具体的大学内部制度创新，宏观层面的改革就可能失去意义。日本高等教育专家有本章警告说："在新的形势下，如果不对大学组织体的文化、机构、机能等进行改革，它极有可能失去存在的理由和价值。"② 因此，革除大学内部制度结构与组织环境的不适应症，建立能够自我发展、自我约束的组织制度和运行机制一直是我国大学制度改革的核心内容，也是推动大学制度改革的直接动因。

1. 组织制度的变化

20 世纪 80 年代以来，对我国大学发展来说，是恢复教育教学秩序以及大学职能的扩展时期，也是大学组织制度随之不断调整和变革的时期。这一时期大致可以分为两个阶段。

第一阶段从 20 世纪 70 年代末到 90 年代初，这是大学的传统组织制度恢复和发展时期。这一阶段组织制度的变革是与恢复正常的教育教学秩序和管理体制相关联的。1978 年，教育部通知试行的《教育部直属重点高等学校自然科学研究工作暂行简

---

① 郑明身：《企业组织创新与竞争力》[J]，《经济管理》2002 年第 11 期，第 6 ~ 11 页。

② 〔日〕有本章：《大学与社会——大学改革的社会学考察》[J]，黄福涛编译《外国高等教育资料》1995 年第 4 期，第 1 ~ 7 页。

则（讨论稿）》明确指出："教育部直属重点高等学校既是教育中心，又是科学研究中心，必须大力开展科学研究工作，促进教学和学术水平的提高"；"高等学校的教研室是进行科学研究的基本单位，大量的科学研究工作，应当在教研室的统一领导下进行……可以在有一定基础时，设置专门的研究机构"；"科学研究机构应和系、教学研究室密切结合，共同搞好教学科研工作"。1985 年《中共中央关于教育体制改革的决定》中指出："高等教育的结构，要根据经济建设、社会发展和科技进步的需要进行调整和改革。"据此，大学进行了学科和专业的调整和改造，增设了一批新兴学科和专业，拓宽了专业口径。1987 年修订后的本科专业目录，专业数由 1400 种减少为 702 种。与此同时，大学的教学、科研组织机构也进行了重新调整和改革，普遍加强了科学研究的职能。一些大学设置了研究所（室）、重点实验室、工程研究中心、分析测试中心等研究机构；一些大学开始试行学院制，基本动机是促进学科之间的融合与互补，增强人才培养的社会适应性；随着研究生教育的发展，一些大学开始试办研究生院。1988 年《国家教育委员会直属高等学校科学技术研究机构管理暂行办法》指出："为了长期稳定地进行重大科学研究，形成先进的科研、教学基地，高等学校可以有重点地设立相对稳定、确有特色而又精干的研究机构，或与校外单位合办研究机构"；"高等学校的科学技术研究机构以进行科学研究为主，同时承担教学工作，既出成果，又出人才"。可见，这一时期大学组织制度的创新主要是与大学加强科研工作联系在一起，是在传统的教学组织机构基础上恢复和增设了科研组织机构。

第二阶段从 1992 年至今，这是大学组织制度进一步整合和多元化探索时期。自 1992 年我国高等教育改革提出"规模、结构、质量、效益"协调发展以来，大学办学规模有较大扩展，内部组织结构、学科专业结构不断优化，办学效益不断提高。尤其是随着市场经济体制的逐步确立，高等教育体制改革的重要性和紧迫性也日益突出，大学以新一轮院系、学科调整为契机，有效地整合了教育资源，加强了大学与社会的联系，改善了学校、学科、专业低水平重复建设的局面。这一时期突出的特征是大学的自主办学地位开始逐渐得到落实，并通过法律赋予大学自主变革制度的权利。1998 年通过的《中华人民共和国高等教育法》规定："高等学校依法自主设置和调整学科、专业"；"高等学校根据实际需要和精简、效能的原则，自主确定教学、科学研究、行政职能部门等内部组织的设置和人员配备"。这一时期大学组织制度改革最明显的亮点就是恢复学院建制。当然，学院制的恢复和重建并不是 20 世纪 50 年代以前学院制的简单复归和政府强制推行的大学改造，而是大学基于学科综合化发展，以及社会经济发展对培养复合型、创新型人才的需求所进行的自主制度创新。学院制的实施不仅整合了教育资源，使大学人才培养、科学研究和学科建设等整体功能得以有效发挥，而且使大学的行政管理和学术管理格局发生了重大变化。目前，这一改革仍处于不断完善和探索阶段。其中，如何处理和改革与现有系科、研究机构的关系存在多元模式，从横向划分，一种是单一的学院制型，另一种是学院和学系并存型；从纵向来看，大致有"学校—学院—学系"型、"学校—学院—学系—专业教研室"型、"学校—学院/学系—研究室（所）/专业教研室"型。另外，大学普遍设立了跨学科的、以解决区域问题和社会实际问题为目标的研究中心和项目组，其成员由相关院系的教师或科研人员组成，实行矩阵式管理。

2. 运行机制的创新

20世纪90年代以来，大学组织制度的变革是与学科交叉、渗透和融合的趋势相一致的，这既有利于培养复合型人才，也有利于优化办学资源，并进一步强化了大学的学术功能。但值得注意的是，大学内部组织制度的变化，必须建立起与之相匹配的运行机制，才能真正实现大学组织的优效运行。因此，运行机制创新一直是这一时期大学内部制度改革的重点。笔者认为，与计划体制下的大学制度模式相比，大学运行机制已经或正在发生以下三方面的变革。

其一是管理重心的下移。在计划体制下，一方面大学没有自主权，政府对大学实行自上而下的直接管理；另一方面，在大学组织内部，教学、科研等学术管理职能和权力主要集中在学校一级，所有基层组织都在学校统一行政管理下运行。随着大学自主办学地位的逐步确立以及大学职能的扩展，大学的相关活动逐渐脱离政府的控制而成为大学的自身行为。同时，为提高大学的整体竞争力，必须赋予大学基层组织相应的责任和权利，这就势必使集中于学校一级的权力运行模式受到冲击。学院制的建立就是为了更好地实现这种介于校、系之间的大学科门类层面的行政管理和学术职能，以分散校级层面的管理压力。

其二是行政权力和学术权力关系的调整。大学组织的变革本质上就是权力的重新配置，与计划体制时期相比，这一时期大学组织制度的变革侧重于学术职能的扩展和学术组织的重建。相应的，加强学术权力就成为大学制度改革的重点。一方面，在学校层面，大学普遍建立了学术委员会、教授会、职称评审委员会等学术权力组织，逐步改变了以行政权力为主导的格局。另一方面，由于大学学术活动高度专业性、独立性、创造性的特点，基层的学术权力受到了重视，教授参与学术决策的机制开始形成。

其三是教师组织机制的创新。"组织是被有意构建和重构起来，以达到特定目标的集合体。在某种意义上，组织是'有意图的'，即是说参与者的活动和相互关系都被协调起来，用以达到特定目标。"① 当前，大学组织变革的基本目标就在于重建学术组织，激活学术细胞，而这一目标的实现关键在于教师富有创造性的教学、科研和社会服务活动。大学教师是分散于基层并相对独立地开展学术活动的，大学组织制度的变革主要体现为教师资源的重新配置和调整。因此，大学运作机制改革必须要体现创新的理念，是激发而不是遏抑教师的创造力，否则，再好的组织结构也只是空架子而已。当前，大学在教师科研、教学的管理上进行了一系列探索。比如：学科带头人以及学术民主制度；教师竞争上岗、淘汰和绩效考核制度；教师的单位或基层部门所有制开始被打破，教师逐渐可以在不同的教学科研组织中发挥作用，等等。

20 世纪 80 年代以来是我国大学制度十分重要的转型时期，但由于我国长期以来形成的政府主导型的大学运行模式，决定了我国大学制度改革在相当长的一段时间内属于政府主导型的、自上而下的制度创新。政府主导型的制度创新模式的基本优势在于对改革进程的可控性，既能高效率地推进改革目标，又能把它控制在政治、经济以及传统可承受的范围之内。相对而言，这种制度创新模式对于推进大学外部制度改革是有积极作用的，但对于推进内部制度改革则显得力不从心。因为任何制度创新都必须有

① 〔美〕W. 理查德·斯格特：《组织理论》（第 4 版）［M］，第 23 页。

赖于制度主体拥有完备的信息，能及时捕捉到制度创新的最佳时机。而政府远离大学内部制度实施和改革现场，加之大学学科和专业活动的分散性特点，决定了政府不可能拥有大学内部制度变革的充分信息。因此，20世纪90年代中期以后，大学制度创新的模式逐渐发生了转变，由自上而下的制度创新模式逐渐为上下互动或大学自主的制度创新模式所取代。这是这一时期我国大学制度改革的基本特征。

四　大学制度的现实审思

应该说，20世纪80年代以来的市场化改革已经威胁到大学组织从外至内的行政控制式的生存环境以及大学自身的生存状态，进而正在影响大学组织结构的变革，影响着大学传统价值系统存在的合理性。但中国仍然存在着深厚的、支持行政控制的传统社会制度和文化土壤，致使中国大学制度变革将是一个充满矛盾、痛苦与惊喜的过程，同时也表现为旧的制度体系逐渐消解，而新的制度体系不断生成的过程。

（一）　我国大学组织的单位制度传统

"单位"是与我国计划经济体制相适应的一种特有的组织形式，是科层制的一种变种，因此，它不同于西方学者所研究的那种目标明确、功能单一的真正科层组织形式。目前关于大学管理行政化特征的论述非常多，但笔者认为，只有从大学组织行为本身的逻辑分析才能真正理解大学行政化管理的弊病。改革的实践表明，没有弄清大学行为的逻辑，轻率的建议只能治标而难以治本。由此，首先遇到的一个问题是中国的大学是否是一个"大学"，对这一问题的回答显然在于我们对大学如何解释。按照大学的本性解释，大学是以提高学术水平和学术生产力为目标的学术性组织，那么中国的大学就不能算是真正的"大学"，因为这正是大学改革要努力达到的目标。如果暂时搁置理论争议，按人们在日常生活中把大学称为"单位"来理解，起码我国的大学还不能称作是真正意义上的大学，或者只能称之为"单位化大学"。

在计划体制下，根据所从事的活动内容的区分，单位形式可以分为企业单位、行政单位和事业单位三种形式，其共同特点都是国家所有，由劳动人事部门管理，有统一的福利和社会保障制度，由中国共产党领导的行政组织控制。大学在我国传统意义上被称为事业单位，而不是一般意义上的专业性组织，因此它不具有西方大学所具有的明确的学术目标和学术规范，也不具备以提高学术质量和学术水平为中心的特点，而是在特定历史条件下形成的独具特色的单位组织。在这种制度结构中，国家或政府成为管理和控制"大学人"生活的组织，并通过不断的制度构建，形成了大学组织独特的"两极"结构，"一极是权力高度集中的国家与政府，一极是相对分散和相对封闭的一个个单位"[①]。从大学组织的行为取向上来看，大学只是单向度地与政府发生纵向联系，大学与大学之间以及大学与社会之间的横向联系则是隔断的。

具体来说，这种"单位"制运行的大学组织具有如下特征。第一，政府是大学资源唯一或主要的供给者。大学由政府控制，其功能、活动范围、职责权限由政府直接决定和规范，其所需要

---

① 于显洋：《组织社会学》[M]，北京，中国人民大学出版社，2001，第26页。

的办学资源也由政府统一调配。第二，大学与政府之间的关系，以及大学与职工之间的关系是行政性的而非契约性的。大学被纳入国家行政序列，同时，大学领导被赋予相应的行政级别和工资待遇，大学的资产虽然是国有的，但资源的分配权掌握在大学领导者手中。"由于政府控制了单位领导，单位领导控制了职工，政府也就控制了基层社会。"① 因此，大学必须无条件地服从政府或教育行政主管部门的管理，执行政府或教育行政主管部门的指令，大学的领导不仅由政府任命，甚至教师也由政府统一调配，这样政府主要借助于行政隶属关系以及对办学资源和人事的绝对支配权，实现对大学全体成员的控制和管理。第三，大学的功能是多元化的。大学作为一种学术性组织，不仅具有教学、科研等学术功能，而且还具有社会、政治、福利等功能。所谓"大学办社会"就是大学功能多元化的形象概括，即本来应有政府或社会所包容的各种功能和领域，都被压缩到大学组织内部，导致大学内部组织机构的无限膨胀。在实践中，大学这种功能的多元化又因受到上级行政主管部门的激励而不断得以强化，主要表现在上级行政部门往往以多重参数考评大学成就，除大学本身的学术性标准外，计划生育、安全卫生、社会福利等都被列为考核大学的指标，而对非学术标准的强调客观上造成对大学学术性标准评价的弱化。实际上，这是导致长期以来中国大学功能泛化、组织制度越来越偏离大学学术本性的根本原因。

大学"单位制度"实际上是以国家或政府为主导的高等教育资源和权力的分配制度；同时，大学单位组织也是"大学人"

① 赵炬明：《精英主义与单位制度——对中国大学组织与管理的案例研究》[J]，《北京大学教育评论》2006年第1期，第173～191页。

获得资源和社会认可的基本场所。在这种体制下，大学与大学之间具有很强的同构性和形态相似性，它们之间的差别主要表现为行政序列上的差别，而不是基于功能和定位的各具特色，并且这种差别也是政府分配资源的主要依据。每个大学都根据自己在国家权力体系中的地位，获得和具有支配不等办学资源的权力。在大学组织内部，由于每个成员都属于这种单位组织的一"分子"，并且每个成员只有进入某个大学组织，才能享受到各种待遇，其地位和权利才能得到保障，大学组织就是"大学人"的安身立命之所。对此，我们可以从两个层面具体分析资源分配方式对大学组织行为和组织制度的影响。

其一是单向度的依赖结构。大学单位组织本质上是政府自上而下的行政约束和资源分配的工具。国家借助于大学组织将大学成员控制在大学组织内部，并依赖自身的政治目标、发展重点以及一系列资源分配规则，将自己所掌握的办学资源分配到大学中，又通过大学分配到每个基层组织或个人。由此形成了大学"单向度的依赖结构"，即大学依赖于国家（政府），教师依赖于大学，并导致大学及大学成员的依附性人格特征。大学组织在很大程度上成为政府行政机构的翻版，依样设置了与政府职能相似的行政组织机构；政府控制了大学包括学术职能在内的一切活动领域，致使大学行政权力强势彰显，使本来应属于教师或科研人员的学术权力逐渐被削弱，行政化的组织制度甚至成了抑制教师积极性的"铁笼"；在社会交往中，社会首先关注的不是教师的学科归属，而是他的单位归属，大学所具有的资源优势和行政级别成为教师身份的主要表征。

其二是以行政为主导的组织行为结构。在大学组织的实际运行过程中，资源和权力分配是由一定的组织结构决定的，而组织结构实际上是人们"构建"的结果，这种构建活动不仅直接影响到大学组织的资源和权力分配，而且是导致组织变迁的重要原因之一。[①] 与西方大学相比，中国大学组织内部存在着错综复杂的关系网络，这种关系网络不是建立在学术性的关系上，而更多的是围绕单位内某一级别行政职位为中心形成的上下延伸、平行分割的关系体系。在这种关系网络中，每个人都以自己独特的"行政"行为追求行政"位格"中的提升，并且由于大学职能的多元化，每个人最终都能找到"适合"于自己的位置。这种关系网络不仅使人的行为彻底"行政化"了，而且在学术部门也形成了行政化的信息交流渠道与权力运行机制，致使大学的组织行为越发偏离学术性轨道。

上述两个方面可以说是分析中国大学单位制度及其弊端的基本视点，政府的集权管理模式构成了大学单位制度形成的外部环境条件。如果说这种大学组织制度与西方大学组织制度有着本质不同的话，这种不同主要是来自于不同的大学制度环境，因为一定的组织形态是"嵌入"在特定制度环境之中的。大学组织中权力的分布结构和具体的组织行为不仅受到制度环境的制约，而且受单位组织中实际关系网络的影响。但从根本意义上来说，制度环境决定了大学组织的基本性质，大学组织中的关系结构和制度环境相结合，决定了大学组织真实的组织行为和具体的行为方式。

（二）单位制度依然是制约大学发展的症结

中国大学内部制度的根本变革关键在于组织性质的转变，而

---

① 李路路、李汉林：《单位组织中的资源获取与行动方式》［J］，《东南学术》2000 年第 2 期，第 18～23 页。

组织性质是由制度环境决定的。因此，从制约大学发展的制度环境入手，把大学真正当做学术组织来建设和管理，构成了中国大学制度变革的基本逻辑。改革开放以来，从大学组织变革本身的视角来看有两个目标：一是重构大学管理体制；二是回归大学组织本来应有的学术性面目。从理论上来讲，后者是实现前者的前提和目标，前者是实现后者的条件和途径，两者是互为促进、相辅相成的关系。但从高等教育改革的实际进程来看，首先通过管理体制的改革，逐步实行"三权"（所有权、管理权、办学权）分离的制度，使大学发展逐渐从国家行政力量支配转向以自我发展为动力源的发展机制。当前，无论是从大学与国家的关系，还是从教师与大学的关系来看，原来计划体制时代的资源依附性及人身依附性特征正逐渐消失，政府不再是大学办学资源的唯一供给者，大学组织也不再是教师安身立命的唯一场所，社会发展已经出现了突破大学单位体制的迹象。

第一，政府调控体系的变化。在计划经济体制下，行政控制和计划约束是政府管理大学的主要方式，而市场经济的开放性、竞争性以及利益主体的多元性必然要求建立与之相适应的大学管理体制和运行机制。因为市场机制作为一种全新的资源配置方式，从性质上来讲，是与传统的大学"单位"制度的内在逻辑根本不相容的。这种变革实质上是以转变政府职能为核心，以落实大学办学自主权为最终目的的。因此，20世纪90年代以后，大学制度改革由原来局限于政府不同层级之间对大学管理权限的调整，转向以政府行政方式为中心的改革，政府由原来的对大学直接行政控制转向依靠立法、信息、拨款、评估等手段进行间接调控和管理；并尝试建立高等教育中介服务机构，以加强对大学办学活动的监督和评价。

第二，以资源配置方式的更新，带动大学组织生存路径的变化。传统大学单位体制是政府直接进行资源配置的体制，大学往往是通过国家的指令性计划得以运转的，因此大学也就只能依赖国家来确立其生存路径。随着市场机制引入大学办学活动，一个明显的现象就是大学获得资源的渠道发生了根本性变化。大学在获取政府资源输入的同时，自身也开始运用市场机制获取办学资源。大学只有从一味依赖政府输入资源的轨道上解脱出来，其自主办学地位的落实才可能实现，而大学自主办学地位的真正确立是大学自主制度创新的必要前提。

第三，大学组织功能的变化带动"大学人"生存路径的变化。正如大学依赖国家获取资源和确定行政级别一样，个人也依赖大学获取生活资源和社会地位，大学依附于国家和个人依附于大学构成大学单位制度的两个基本特征。在这种体制下，大学教师或科研人员的单位身份是其主导身份，"教授"等头衔及各种"名分"是单位才能给予的光环，教师一旦流动也就随之失去了已有的权利和地位，流动成本较高。一般来讲，组织成员在行为过程中的自主与自由，在很大程度上取决于他对他人或组织的依赖是否表现为一种多元的状态，也就是说取决于他是否同时部分地依赖于各种不同层次上的个人和各种不同形式与类型的组织。对于生活和工作的自由选择，是以社会"自由流动资源"与"自由流动空间"的存在为前提的，只有存在多元化的资源获取方式和渠道，自由、自主地选择生存方式才能成为现实。① 随着我国市场化程度的提高以及大学制度环境的变化，大学的单位功

---

① 揭爱华：《单位：一种特殊的社会生活空间》［J］，《浙江大学学报》（人文社会科学版）2000 年第 5 期，第 76～83 页。

能在逐渐弱化，"大学人"的学科或专业身份开始凸显，这就给人才的流动和大学构筑"人才高地"提供了可能。

大学组织单位体制同构性的弱化和大学自身发展逻辑性的增强，表明突破大学单位体制的时机已经来临。但显然不能对这一"突破"期望太高，由于社会保障体系不健全和单位组织生存的基本制度环境没有根本性改变，因而大学单位制度遗留的影响依然存在。首先，政府控制的高等教育资源，包括政府对大学生存发展的资源和发展机会的行政控制依然占绝对优势，大学对政府的隶属性特征仍然存在。尤其是在政府、社会、大学之间的责权关系还没有明晰的状态下，大学组织的行政化定位依然是决定其命运的重要筹码，不同大学发展的差异在相当程度上渗透着政府"钦定"的成分，大学之间公平、公正、公开竞争的发展机制还没有真正形成，这在一定程度上抑制了大学自主创新和自主发展的动力。其次，大学单位外的社会保障体系薄弱，还不足以把单位体制中所包容的许多问题转移到大学组织外部来解决。尽管大学非学术职能社会化和社会服务功能的一体化建设已取得明显成效，但它还没有对大学单位体制产生有力的挑战，"大学人"还必须在大学内部寻求化解所面临的问题的资源，从根本上说，大学"负重运行"的组织形态依然十分突出。因此，大学单位体制在面临局部性突破的同时，其主体性地位仍然强势存在，大学自主办学的制度创新以及保障学术性职能实现的制度构建仍然属于大学制度改革所远没有达到的目标。

第三章
大学内部科层制的
生成与变革

　　大学组织是一个由"学科和事业单位交叉组成的矩阵",大学内部的学科系统和行政系统构成大学发展必不可少的"两翼"。但大学的矩阵结构并非都是一样的,各国文化、体制等方面的差异,致使学科和事业单位的相对重要性在各国大学内部体现出一定的差别,就是这种差别构成了各国大学各具特色的办学实践。值得关注的是,在大学组织内部学科系统和行政系统以及相关人员是如何联系在一起并相互协调的呢?大学内部的办学资源组织方式是否只存在单一的模式呢?不可否认,矩阵结构给人们认识大学组织带来了令人困惑的复杂性,如果考虑到学科组织和行政组织是围绕不同的轴进行运转的话,那么谁是明显的负责人?① 对这些问题的回答大致存在两种可能:一种是行政组织占主导,学术组织处于从属或执行的地位,大学内部表现出明显的科层化特点,自上而下的等级制是大学资源管理的主导方式;另

---

① 〔美〕伯顿·克拉克:《高等教育新论——多学科的研究》〔M〕,第 117 页。

一种是学术组织占优势，主要表现为大学资源管理专业的协调方式。现在的关键问题是两类组织的势力已经存在着相互渗透的特征，尤其是考虑到中国大学行政权力的泛化现象，大学内部的科层体制就成为我们研究大学制度时应该予以特别关注的问题。

一　一个似是而非的问题：
大学是否存在科层制

大学存在科层制吗？对这个问题的回答应该从科层制的功能及其特征谈起，进而考察科层制的功能和特征是否适应于大学组织的活动特点。不管是肯定抑或是否定的回答，事实上，现代大学已经具备了科层制的某些典型特征，那么现代大学的科层制又是如何形成和发展的呢？从理论意义上讲，任何事物的存在都有其合理性，但任何事物存在的合理性往往又都是相对的，这种合理性一般可分为历史合理性与现实合理性。那么大学科层制是属于历史合理性还是现实合理性？也就是说，大学科层制是否只是曾经适应了大学的发展，而今则变成了需要革除的弊病？或者说科层制仍然是现代大学制度不可缺少的组成部分？

（一）科层制引入大学及其特点

科层制，即等级制或官僚制，属于古典组织理论的重要组成部分。"科层"的概念最初是由马克斯·韦伯在《经济与社会组织理论》一书中提出的。韦伯认为，衡量一个组织是否具有科层特性，首先看组织内三种权威形式——个人魅力权威、传统权威和法定权威的有效性。当第三种权威，即法定权威成为主要权力形式时，组织就具有科层的特性。虽然科层制产生的时代已经过去，然而科层组织理论及其影响依然存在，并作用于我们这个已经发生了巨大变化的社会。马克斯·韦伯作为科层组织理论的创始人，主要是从其主观愿望出发论证了个人行为的合理性与社会结构秩序的合法性，并在此基础上，对科层制进行了一系列经典的概括和阐释。按照韦伯的解释，科层制这一制度形式是指一套建立在理性行为基础上的权力结构。理性权力在整个组织结构中能直接控制人员的活动，并使活动达到具有可预测性和能发挥其最大效率的程度。"纯粹行政组织的官僚模式……就其本身而言，是一个能够达到最高效率的模式，也是对组织成员进行强制性管理的最理性的手段，在精确性、稳定性、纪律的严格性和可靠性上都优于其他任何模式。"① 从本质上讲，良好的科层组织是建立在领导者法理型权威基础上的，科层组织中的管理人员是按照他对工作的胜任能力挑选出来的，具有其合理性，并且权力的行使具有明确的法律规范，任职者不能滥用法律或规范赋予的权力。因此，在韦伯看来，科层组织具有非人格化的特征，从而可以减少不合理的个人感情因素，并在最低限度的摩擦和混乱中，让管理人员放手去干。因此，与建立在神授型权威以及传统的魅力型权威基础上的某些实权人物恣意控制的组织相比，科层组织更加公正不倚、更加具有可预见性。由此，韦伯设想了一套标准的管理原则，也就是理想的科层制应该具备的基本特征：①职能专业化基础上进行的劳动分工；②职责明确的权力等级制度；③包括员工的权利和义务在内的规章制度；④理顺工作环境的程序体系；⑤人际关系不受情感左右；⑥以技能为依据选拔和提拔人才。②

---

① 〔英〕托尼·布什：《当代西方教育管理模式》［M］，第12页。
② 〔美〕罗伯特·G. 欧文斯：《教育组织行为学》［M］，窦卫霖、温建平、王越译，上海，华东师范大学出版社，2001，第66页。

韦伯认为，上述所概括的科层制的一般特征具有普遍的可应用性，并且将会使组织在更高层次上发挥更大的效能。但确切地说，上述概括的只是"一般原则"而已，组织最高效能的发挥是以这些原则"充分运用"的假设为前提的，而实际社会生活中并不存在韦伯所设想的完美无缺的科层组织。按这些组织原则所构架的科层制只不过是一种"理想类型"，但运用韦伯想象中的理想类型的科层制，有助于我们认识现实中形形色色的科层组织。在一定意义上说，理想型的科层组织形式更多的属于一种概念化的工具，可以帮助管理者分辨和认识不同组织效能高低的范围和程度。换言之，通过比较、对照理想组织的应有效能和现实组织的实际效能之间的差距，找出改进现实组织效能的路径。"理想类型的结构并不代表实际情形，只能用于经验研究。通过指明纯粹形态下科层制的特征，来指导研究者把握那些为确定组织的科层化程度而必须考察的方面。所有概念体系的作用就是：找出那些在调查研究中必须考虑的因素，并给予它们明确的界定。"① 然而遗憾的是，人们并不是根据上述思路来理解科层制以及现实中所存在的组织，相反，人们却对韦伯理想科层制的意图产生了许多误解②。许多管理者由于没能实现理想科层制的期望，从而将这种失败归因于组织的缺陷和自身的管理能力，但却忽视了不同组织的特性以及组织所处的环境特征，因此就将理想的科层制作为组织制度改进和构建的目标。然而这往往又不免走向了另一个极端，结果导致另一些人批评科层体制对组织成员的奴役，是高效运行的"精神

---

① 〔美〕彼得·布劳、马歇尔·梅耶：《现代社会中的科层制》[M]，马戎、时宪民、邱泽奇译，上海，学林出版社，2001，第22～23页。
② 〔美〕马克·汉森：《教育管理与组织行为》[M]，第20页。

牢狱"。

　　虽然在现实中难以找到韦伯理想的科层组织模型的案例，但它对现实社会中各类组织的管理和行政行为有着长期而深远的影响。因为所有规模大的组织中都存在科层制的内部因素和环境条件，在较大的教育机构中也同样如此。西方研究教育管理和教育组织问题的学者们在 20 世纪 40 年代开始注意到韦伯理论，尤其是 20 世纪 60 年代前后 20 年里，把学校作为一种官僚组织并对其进行研究成为当时教育管理研究的主要内容。阿波特认为：第一，学校组织确实受到专业化和任务要素分解的影响。学校分成了各种年级，学科……第二，学校组织发展成为一种界定清晰和严格的权力等级化的组织……第三，学校组织严重地依赖运用一般规则控制组织成员的行为，提出标准来确保完成任务的一致性。第四，除了经常关注学校的整体性和民主性外，学校组织已经广泛地采用了韦伯的非个体性的原则，这种原则是建立于理性的考虑而不是魅力品质或传统的强制性上的。第五，教育组织中的人员使用是基于技术能力和成员的职业生涯。[①] 这一分析说明，理想意义上的科层制特征在学校组织中一般都能找到某些相关性，也就是说，学校组织中包含有科层制的因素，大学作为规模相对较大的组织更是如此。罗伯特·斯托普在《高等教育中的科层》一书中描述了大学所具有的科层特性：技能是大学聘用的标准；校长和其他一些管理人员是任命的，而不是选举产生的；教职员工的工资是固定的，由所在的组织支付；级别得到认可和尊重；职业具有排他性；组织成员的生活方式以组织为中

---

① 见黄崴《西方古典组织理论及其模式在教育管理中的运用和发展》[J]，《华南师范大学学报》（社会科学版）2000 年第 6 期，第 73～81 页。

心；"终身制"是职业保障的措施之一；在个人财产和组织财产之间有严格的区分。①

　　实际上，我们很容易理解罗伯特·斯托普对大学科层的描述，特别是非学术性事务的科层化管理已被人们普遍认可。但如果我们仅以此来考察和规范大学组织的运作，又是绝对不得要领的，因为大学组织有其特殊的运行逻辑。其实，我们不能简单地将大学组织归结为行政性组织或学术性组织，或者说，大学组织也不是理想的科层制形态。也许科恩和马奇所说的"有组织的无政府状态"更适合描述大学组织的存在状态。正如欧文斯所言："并不是说，被称为非科层组织，组织就完全没有政策、规章、标准操作程序或者等级组织结构，或者，被称为科层组织就绝对没有对人的敏感或尊重。学校尤其如此，因为在某些方面，它是科层式的，在其他一些重要方面，又是非科层式的。或许应用相对科层式或相对非科层式来描述组织更恰当。"② 至此，我们就可以对开始提出的问题有一个基本的认识：大学组织存在科层体制的特征，但大学并不是单纯的科层组织；从本质上说，它是科层体制和"松散体制"并存的机构。

（二）大学管理的专业化及科层体制的发展

　　按"大学"一词的原意，或者从现代大学的"原型"——中世纪大学建立的动机来看，大学只不过是为了互助和自保的目的，仿照手工艺人行会（Gilds）的方式组成的教师或学生的团体（或协会）。因此，中世纪大学组织结构比较简单，人员的组

---

① 见邹斌《大学组织系统的双重性及其模型》［J］，《中国高教研究》2004 年第 7 期，第 65 ~ 66 页。

② 〔美〕罗伯特·G. 欧文斯：《教育组织行为学》［M］，第 106 页。

成成分也比较单纯，教师（或学生）往往又兼大学的管理人员和校长。从当时最有代表性的意大利的波隆尼亚大学和法国的巴黎大学的组织特征来看，大学都属于学者自己管理自己的机构。波隆尼亚大学是典型的学生自治型大学，以学生为中心的管理制度不仅维护了针对教会、政府、市民而言的自治，而且确立了学生控制大学的体制。英国教育史学家威廉·博伊德和埃德蒙·金对波隆尼亚大学的师生关系有一段十分具体的描述："在学生和教师的交往中，学生的胜利更是圆满的……学生'大学'使教师们完全听从支配。他们被迫服从校长，并按学生官员的命令管理他们的班级。没有准假，他们一天也不能缺席。他们必须准时开始和结束讲课。他们必须按适当的进度安排教程，以便完成全部作业而不回避困难或者略去任何东西。任何违章的行为都要受到与过错完全相称的惩罚；而坚持对抗的，则从他们被迫从属的那个协会开除出去，对协会的事务也不允许参与了。"① 与波隆尼亚学生"大学"不同，巴黎大学则是完全以教师为主导的大学管理模式。由于巴黎大学的学生太年轻，也不富裕，所以从一开始就决定了以教师为主导的组织制度，学生仅仅具有学徒的身份，而教师具有决定学校事务和主导学生的权利。从中世纪大学的生存环境来看，尽管大学不时面对外界的"骚扰"，但还是在教权与皇权的双重夹缝和矛盾中获得了相对自主的权力。大学虽然有类似行会领导者的校长（由师生选举产生），但其职权很简单，就是保护师生的利益，负责对内协调，对外联络与交涉。从总体上说，中世纪大学还是学者自主自治的团体，专门的管理活

---

① 〔英〕威廉·博伊德、埃德蒙·金：《西方教育史》[M]，任宝祥、吴元训主译，北京，人民教育出版社，1985，第140～141页。

动还没有出现，大学内部更没有形成独立的管理人员群体。

随着大学的发展，尤其是现代大学的扩张性发展，大学变成了一个由许多部门和工作构成的庞大系统，学者们在其中独立地或相互协作地工作。无论是教学还是科研，仅仅是这个庞大系统中的一部分。特别是随着有组织的活动越来越多，学科之间的协作和依存不断加强，大学的行政管理逐渐成为专门的活动领域，出现了有别于教学或科研人员的管理人员阶层，并形成了大学独特的科层结构。如果说传统大学中的学术权力能较成功地支持古典大学运转的话，那么由于现代大学活动的日益复杂以及现代大学与外部环境之间愈益不可分割的联系，越发需要庞大的行政系统的支撑才能维持大学的运转。具体表现在以下两个方面。

第一，大学规模的扩大、学科的分化以及由此决定的大学内部公共事务的进一步复杂化，客观上要求管理机构和管理人员在数量上的增加，这就为实现大学管理的科层化和管理活动的专业化提供了前提。科尔在《大学的功用》中指出："不管在什么地方，行政管理（通过行政力量而不是通过选择）已成为大学的一个更为显著的特征，这是普遍的规律。由于机构变大了，所以行政管理作为一种特殊的职能变得更加程式化和更为独立出来了；由于机构变得更为复杂，行政管理的作用在使大学整体化方面变得更加重要了。"[1] 特别是"近代大学的世俗化和科学教育不仅导致大学功能的世俗化和学科结构的复杂化，而且带来了大学规模的不断扩大，以及维持大学运行的事务性工作日益复杂。教师为了全力应付日益繁重的教学科研任务，逐步与非学术性事务工作脱离关系。一批不同于学生和教师群体的人员——专职管

---

① 〔美〕克拉克·科尔：《大学的功用》[M]，第18页。

理人员在学校出现，改变了学校组成人员的传统结构"①。

第二，大学与生存环境联系的加强以及大学职能的复杂化，使大学逐步成为由纵向的层级与横向的部门划分组成的复杂的科层体制。现代大学已成为支撑社会发展的"轴心机构"，它对促进社会发展的作用如此重要，以至于越来越多地受到政府的直接或间接的干预，同时大学也日益增强了对社会和政府的依赖，这些都需要在大学组织内部建立相应的机构与行政部门，承担与内外环境联系的职责。哈罗德·珀金在谈到高等教育的官僚化发展的趋势时说："高等学校显然在向一种由国家控制的法人官僚机构发展。'官僚组合主义'不仅开始成为大学的办学环境，而且渗透到高等教育本身，并往往形成学者和专职行政人员对立的局面。大学内部的官僚主义在意大利、联邦德国、英国这些具有学者管理传统的国家发展较缓慢，但在美国却发展很快。在那里，一些大学的学术管理成了专职职业，其人员也有一套晋升的阶梯。由于国家掌握着对大学经费的控制，因此官僚化在国家一级发展得尤为迅速。"② 可见，现代社会与大学的发展已经形成从国家层次到大学内部纵向一体化的官僚体系，只不过由于不同国家的大学管理体制及大学内部组织结构的差异，这种官僚化的程度各不相同而已。

大学管理的专业化是以管理原理和技术的运用为前提的，暗含着大量活动的专门化分工、制度规章的约束以及管理人员的职业化训练，这些对于解脱教学科研人员的事务性活动的困扰、提

---

① 潘懋元：《多学科观点的高等教育研究》 [M]，上海，上海教育出版社，2001，第334页。

② 〔美〕伯顿·克拉克：《高等教育新论——多学科的研究》 [M]，第45～46页。

高办学效率未必不是一件好事。但值得警惕的是由此导致的大学行政管理的科层化体制是否过分侵害了大学科研和学术活动的自主领域，是否以牺牲学者对真理和信念的主动精神为代价。从大学纯粹非学术性事务的管理来说，大学谈效率、效益本也无可厚非，问题在于似乎预设了将效率和效益原则归属于大学所有活动的标准，忽视了去问这些效率、效益究竟是"谁的效率"、"谁的效益"；为了达到这些效率和效益标准，学者们又付出了什么样的代价。因此，大学事务性部门管理的责任"金字塔"或大学行政管理的科层化都在客观上、不同程度上造成机构职能间的冲突，以及行政权力与学术权力的矛盾，并因此造成大学管理体制的僵化和运行效率的低下。同时，大学管理走向专业化、制度化，渐渐建立起一个管理人员阶层，其不同于学术群体的目标追求和价值导向从一开始就隐含着与学者群体的冲突。"学院式和专业的管理让位于管理及官僚体制。引入管理学后，教师的教学工作受到控制，办学有如办工厂，受制于生产及市场竞争的逻辑。以行政主导的管理制度排斥了教师有效地参与校政的决策。教师被行政程序牵制，集体参与校政决策不再复见。"在这种体制下，"其他非管理人才，只有被管的份儿，或许中间会被咨询，但没有决策的权力。在一些方向性问题上，教师能发挥的影响力大为削弱"①。由此导致大学行政人员和教学人员在日常生活中越来越相互分离，并且随着政府对大学越来越多的控制，大学校长不再由教师选举，而是由董事会或政府直接任命，甚至大学内部的其他一些管理人员也由董事会或政府任命，他们基本上只对任命他

---

① 〔美〕华勒斯坦等：《学科·知识·权力》［M］，刘健芝编译，北京，三联书店，1999，第 131～132 页。

们的上级部门或领导负责，"以教师为本"只不过成为挂在他们口头的一种时髦话语。因此，大学的扩充使管理人员的势力越来越大，管理人员被赋予管理教学科研以及分配相关资源的权力。这一方面使传统上分散的、缓慢的学术人员管理模式不再被视为最有效的管理，另一方面逐渐形成自上而下的科层体制对教学、科研人员的控制。即使管理人员中的大多数是教授，但由于他们极少返回教学岗位，行政活动不同于学术活动的规则和利益，使他们越来越脱离学术群体的"本性"。近年来，各国大学专职管理人员的结构已经出现，这些人囿于行政管理事务，难以接触教授与学生的实际工作，很少或丝毫没有教学与科研的经历，层层控制的科层体系严重制约了学术群体的积极性。因此，如何克服体制性障碍以及科层化所带来的学术活动低效率的弊病，一直是世界各国大学改革面临的重要课题。

二 大学科层制的批判

（一）大学科层制的功能与反功能

韦伯在其代表作《社会组织与经济组织理论》中构建的理想的科层管理体制，以效率化为组织的最高原则，以清晰的指挥控制体系和明确的职能分工为主要标志，随着现代社会以及经济的发展和扩张，其影响遍及政府部门、工商企业、军事机构等多种类型的组织。在教育领域，大学组织也因提高管理效率的需要而具有科层体制的某些相关特征，并逐渐走向了科层化管理的道路。科层组织所奉行的统一要求、行政命令、层级控制等原则和标准开始在大学中盛行。具体来说，主要有以下几方面的特征。

（1）分工和专门化。这不仅是指学科和知识领域的分工和专门化，更主要表现为大学内部非学术性事务的分工和专门化，如大学横向分成教务、人事、财务、供应等职能部门，每一个部门又都需要相关人员具体的分工与协作才能完成。这种在职位和工作任务上的明确分工可以使每个人从事一份专门化的工作，从而提高工作的熟练化程度，避免杂乱无序，以增进效率。

（2）规章和程序。大学组织内部也有一套完备的规则系统，如教学计划、岗位职责、科研条例、操作程序等，这些规则被要求实际运用到具体的事务管理工作之中去。

（3）等级节制和垂直交流。在这种体系中，行政人员的检查者和评估者的角色得到重视，从而有利于规模较大的大学组织的管理活动。同时便于及时决策，信息顺级而下，避免执行不力，消极倦怠。

（4）非个人取向。大学组织内部的许多行为都按统一的规定办理，法规面前一视同仁，不因人而异，不夹杂个人的情绪和偏见，以有效达到组织目标为准绳。

（5）终身制取向。在大学组织内部，无论是教师或行政人员都以其获得的行政级别或技术资格被聘用，并获得终生事业保障。组织内部所采取的晋升制度和晋升标准以资历和成就为依据，由此培养"大学人"对所在大学及其基层组织的忠诚。

科层体制最先在经济组织或政府组织中生成，以马克斯·韦伯为代表人物的关于科层制度的研究主要是以企业或政府组织为范本的，科层体制在大学的生成实际上也是由大学组织的"类企业行为"决定的。从本质上讲，大学管理同样追求资源约束下的最优选择，这一点和企业没有明显差异。因此，在大学管理实践中，也表现出许多与企业趋同的管理行为。随着大学规模的扩大，大学管理部门及管理人员的作用日渐凸显，再加上社会主流价值观对效率的崇拜，管理效率被奉为办学的"金科玉律"，从而使管理部门逐渐与学术部门相提并论，并逐步占据强势地位。大学毕竟不同于企业，二者虽然有"同质性"，但更多地表现为"异质性"。这种异质性就是大学不同于企业的学术性，大学组织实际上表现为科层性和学术性相结合的异质性结构。因此，科层制的行政手段以及相应的管理原则在大学中的不恰当运用，必然使大学组织面临着科层体制负功能的尴尬。

实际上，任何组织都处在一个开放的生态系统之中，是在与内外环境不断地进行"输入—转换—输出"的过程中得到发展的。适用于相对封闭环境的传统科层体制，其缺陷随着组织由封闭走向开放而日渐显露。韦伯的过人之处就在于，在认识到理想条件下科层组织优点的同时，也能机警地意识到它的危机。他警告说："科层组织能使组织规模成长壮大，能使控制加强，能使效率提高，这是一种进步。但它需要付出精神或情感方面的沉重代价。过去那种有助于赋予生活以目的和意义的个人之间忠诚的联系被科层制的非私人关系破坏了。对自发情感的满足和欢乐被合理而系统地服从于科层机构的狭窄的专业要求所淹没。总之，效率的逻辑残酷而且系统地破坏了人的情感和情绪，使人们沦为庞大的科层制机器中附属的而又不可缺少的零件。"① 因此，韦伯在强调了科层体制正功能的同时，也提出了科层体制的一些可能存在的负面影响。①科层制倾向于垄断信息，使外人不可能知道决策的基础。②科层制一旦建立就成为社会结构中最难摧毁的部分，不是因为人们不想改变，而主要因为人们害怕消灭既有的

①　见〔美〕D. P. 约翰逊《社会学理论》〔M〕，南开大学社会学系译，北京，国际文化出版公司，1988，第292页。

结构会导致组织的解体，回到由个人偏好和腐败行为所主导的"糟糕体系"。③已经建立的科层制，对待民主的心理是矛盾的：一方面科层化倾向于伴随大众民主，另一方面，科层化不倾向于关注大众的观点。① 因此，科层组织理论自产生之日起就不断遭到其他组织理论学派的批判与修正。默顿认为，针对组织参与行为而言，官僚组织结构的结果必使目标的成效分裂；实施理想型的体制（官僚制）会使其成员的个性和活力趋于僵化，成员往往为了本身的利益对规则依顺，使服从成为首要目标，导致行为目的的转换。古德勒使用经验研究来试验机关体系广度的合适性，他认为，只重视维持组织的结构和效率，必然导致独裁领导和控制，结果造成组织的负功能。② 此外，科层制这种组织形式"忽视人的行为因素、缺少民主性质，容易导致行政权力的膨胀，鼓励成员固守具体的规章制度而有可能转移组织的主要目标等"③。结果必然导致"以牺牲人们的自由、有意义的私人关系、表达自身的情感和全面发展为代价的。一个完全根据科层制组织起来的世界肯定是一个情感上极端冷漠的世界"④。这些分析和批评，对大学内部日益表现出来的僵化的科层体制同样具有极强的针对性。联系大学的学术性特征以及管理实践中行政组织与学术组织之间的冲突，大学科层制的功能分析不应仅仅假定对大学组织产生有利的结果。实际上，科层体制的每一项特质，就大学组织的学术性效率与大学组织存在的合理性而言，可谓功过参半，在表现出正功能的同时，也表现出大学科层制所特有的负功

① 〔美〕彼得·布劳、马歇尔·梅耶：《现代社会中的科层制》[M]，第21页。
② 见张润书《行政学》[M]，台北，台湾三民书局，1968，第43页。
③ 见张永桃《行政管理学》[M]，南京，南京大学出版社，1989，第89页。
④ 见朱国云《组织理论：历史与流派》[M]，第59页。

能，尤其是在大学组织的基层学术活动以及学者的个体活动领域，存在着科层体制"失灵"的现象。

第一，效率目标的非统帅性。效率化是科层体制的生命和核心，组织内的一切行为都应为组织目标的实现服务。历史地看，20世纪初效率观的出现是管理史的进步，是管理科学化的基本标志，时至今日，效率已成为各类组织所努力追求的目标。但实际上效率的目标更适合于工商企业的管理，科层体制的管理原则一开始也就是针对这类组织而"设计"的。大学本质上属于学术性组织，大学的内部组织架构和制度安排必须符合学术性逻辑。科层制脱胎于行政管理，强调下级服从上级、少数服从多数，按照级别大小决定资源分配的权力，这与学术逻辑是矛盾的。因此，对大学组织的管理如果纯粹以效率性指标来衡量则存在着许多问题。比如，大学组织的文化、政治、思想目标与效率有何关系？大量基础理论研究成果对社会发展以及人类文明的进步作用，往往要在若干年后才能显现，这又如何用效率标准来解释呢？针对大学组织来说，我们并不是要丢弃效率观，问题在于对具有人文特质的大学组织的管理，不能像工商企业组织那样用效率的指标把一切工作统死，否则就可能失去大学组织的人文性特点。

第二，层级节制与"重在基层"的矛盾。科层制重视层级节制的指挥系统，并认为它是提高组织效率的依据；同时科层制又重视组织内部的分工，并推断分工可以导致专门化，而专门化又可以提高组织效率。这实际上是就纯粹的行政组织而言的。因为从本质上看，科层体制更适应于命令式的制度环境，适应于上下之间从方法到目标完全一致的管理体制。而大学组织内部的每一个基层"细胞"都面临着不同的学科环境和系统目标，知识操作的方法和考核标准也明显有别。如果每一个基层"细胞"没有足够的激励和自主决策权力，就不可能灵活地采取机动手段，及时处理复杂的教学、科研任务。在重视层级节制的权力指挥体系中，上层管理者多欠缺专业知识，如果由他们指挥具有专业知识的教师或科研人员，实乃外行命令和指挥内行，容易造成各基层单位专业人员自主行动的障碍、创造性不足、对外界反应失灵、工作效率低下等弊病。因为大学组织内部不仅表现为非学术性事务的横向分工，而且基层分裂为大量专门化的学科或专业"细胞"，这就决定了行政层级节制的非彻底性，也就是说大学内部存在着自上而下的行政行为难以控制的领地。正如弗莱克斯纳所言："一所大学，不管它属于什么类型，如果说它是一个生机勃勃的有机体——这种活力不是由行政手段所带来，而是由理念和理想所激发——并拥有一种社团生活。"① 大学管理实践中职能部门与不同院系、研究机构，以及不同学科之间的矛盾冲突，就与这种层级节制的内在缺陷有着直接或间接的联系。

第三，刻板的规章抑制了组织应有的弹性。由于过度重视法令和规章以及强调组织运行和个人的行为都要受到规范的限制，久而久之，组织与个人的行为容易趋于僵化，思想保守、缺乏创新。大学的规章仅仅是实现学术性目标的辅助工具，但"在各种情况下都依照规章行事造成了初始目标的置换，并发展成僵化而不易调节的目标。形式主义，甚至是仪式主义的结果是，不可动摇地坚持对形式化的程序谨小慎微的奉行。这可能被夸张到这样一种程度：首要关心的是奉行规章而妨碍组织目标的达成。在

_____

① 〔美〕亚伯拉罕·弗莱克斯纳：《现代大学——美英德大学研究》[M]，第202页。

这样的事例中，我们看到了所熟悉的机械主义或官方的繁文缛节、办事拖拉的现象"①。同时，刻板的规章抑制了专业判断，在大学组织中总是现实地存在着要求有纪律的行为和要求富有专业判断这两种需要之间的冲突所带来的潜在危险。这类冲突的结果必然带来大学基层学术专家判断力受阻和学术性决策最佳机遇的丧失，从而给大学有效地履行学术使命带来危害。

第四，过分强调机械性的正规组织的功能，忽视大学组织的动态性和情感皈依性。任何组织成立的目的是实现既定目标，而目标的达成和任务的完成有赖于组织成员的协作，这不仅需要建立正式的组织结构来保障组织的有秩序运行和目标任务的完成，而且要通过达成心理默契为组织发展提供必要的精神动力。现代大学作为一个开放系统，除有赖于正式组织的功能有效发挥之外，环境的不确定性以及任务的复杂性都要求组织成员随时组成"动态的团队"来完成教学科研任务。研究任务的共同目标和研究旨趣，以及建立在此基础之上的信念和忠诚，将团队成员彼此联系在一起，团队成员对所属学科的忠诚甚至超过对所在大学和学院的忠诚。不可否认，这种对所属学科的忠诚以及情感的皈依性，对大学发展起着积极的推动作用。而大学的"官僚模式"无视人的感情因素及非正式组织的存在，忽视正式组织与非正式组织的有机转换和二者的整体功能，以及组织成员之间的心理默契和情感互动。单纯和盲目地追求正式组织之间的结构"秩序"以及大学组织管理效率的最大化，其结果可能适得其反，充其量只能适用于完成职责明晰的教学科研任务。

总之，科层体制是 20 世纪初组织管理科学化运动的产物，

---

① 〔美〕马克·汉森：《教育管理与组织行为》［M］，第 41 页。

它的效率观对现代社会生活产生了广泛而深刻的影响，直到现在，几乎在各种类型的组织中都可以发现科层体制的一些特征。值得指出的是，科层管理在给组织行为带来可靠性和可预见性的同时，也带来了刻板性与人文性的缺失。在诸如大学这样的组织中，努力贯彻理性程序往往会导致脱离本意的结果，而且这种结果对实现大学组织的学术性目标会起到限制作用。大学属于异质性的结构，如果单纯依靠科层体制来改造和管理大学，必然会使大学的学术管理面临十分尴尬的境地。为此，丹尼尔·杜克论证了"互补决定论"的意义。互补决定论要求在管理系统和教学系统的关系上建立一种互相支持的调节机制。这样，两个系统都能受惠。① 但无论如何，我们只有把握科层体制应用于大学管理中所能发挥作用的范围和程度，科层体制才能真正对大学发展起到积极作用。

（二）大学组织科层体制的困境

组织理论认为，任何组织的生存和发展必须完成两项使命：一是协调组织成员的活动和维持内部系统的运转；二是协调组织与外部系统之间的关系，为组织生存创造良好的外部环境。前者旨在让组织成员适应组织的目标，是"内适应"；后者意在使组织与外部环境适应，是"外适应"。大学作为学术性组织，其生存与发展同样要完成上述两项使命。但不管是"内适应"还是"外适应"都需要建立系统的、科学的、理性的、规范化的组织制度，才能合理利用办学资源促进大学规范而持续地发展。现代大学日益专业化的管理制度体系就是为了保障大学组织"内适

---

① 转引自〔美〕马克·汉森《教育管理与组织行为》［M］，第36页。

应"和"外适应"的需要而建立起来的。但也正是管理制度的僵化、保守以及由此体现的科层体制所具有的理性局限，又使大学内部组织体系很难具有学术创新所要求的宽松的心理和制度氛围。因此，大学组织是一个充满矛盾的领域，大学组织采用科层体制有利于控制秩序，但同时却阻碍创造性的发挥。在那里，人们可以发现公式化的交流、森严的等级体系和权威式的命令，以及那种反应迟钝的奖励体制，这些令人感到压抑，使人不得不另辟蹊径去满足其创造的冲动。从理论意义上讲，理想的科层体制基于两点假设：①人是无血无肉、无感情的"经济人"；②环境是线性的、稳定而不变化的。但从这两点来反观大学组织，严格意义上的科层体制在现代大学组织中不可能实际存在。知识经济时代的来临以及市场经济体制的逐渐确立，大学生存环境的不确定性逐渐增加，知识创新及学术活动的创造性特点，使现代大学的发展越来越取决于学术人员之间的合作，取决于教师和科研人员积极性的发挥和永无止境的探索精神。这些必然使大学的科层管理体制陷入与完成学术职能相矛盾的"制度困境"。

1. 困境之一：组织内部的协调问题

大学本质上是"有组织的松散结合"的系统，但科层体制泛化于大学组织的结果，形成以行政权力为主导、以自上而下的行政指令和层级节制为核心的理性制度模式。理性管理模式源于对人性中理性因素的高度重视和充分利用，典型特点是重权力、重章法、重量化、重程序，但它的致命弱点是对人性中非理性因素的漠视，忽视组织中的沟通和协调。首先，在这种权责界限分明、下级必须服从上级、等级森严的体系里，行政人员或主要领导掌握着大学资源的支配权，控制着学术人员的发展权。尽管这不一定是大学行政管理的初衷，但行政化的科层体制客观上造成了教师发展需求的扭曲以及对行政权力的顺从，无形中助长了大学中"官本位"风气的蔓延。其次，严格的行政等级管理模式将整个大学组织人为地划分为若干个权力等级和界限分明的利益群体，人为地制造学科壁垒和大学内部的"条块分割"，这不仅难以汇聚大学内部的优势资源，而且使人际猜疑、不合作、"文人相轻"以及"小团体"倾向不断滋生。实际上，大学科层体制是导致大学组织内部人力、物力、技术、信息等资源不能实现基于学术目标的共享和整合的弊端之源。最后，严格的行政等级管理模式使教师和科研人员将许多精力投入到协调人际关系和追求行政级别递升的竞争之中，结果迫使教学科研上有成就的人都设法去追求行政网络中的"位置"，这又在很大程度上分散了教师或科研人员的精力和时间。可见，大学规模的扩张和职能的多样化促进了科层体制的发展，但僵化的科层体制又反过来限制了大学内部资源的整合和组织行为的协调，特别是大学基层学术组织之间缺乏互动与合作，越发显示出科层体制控制大学的"捉襟见肘"与无能为力。

2. 困境之二：大学组织与环境的协调问题

如果说大学组织的内部协调问题把大学组织中存在的科层体制推向窘境，那么大学组织生存环境的变化则给科层体制以致命一击，使科层体制阻碍大学发展的"桎梏"暴露无遗。

开放的系统观认为，任何组织都生存于一个更大的系统之中，组织从环境中接受投入，对其进行转化，并把"产品"回送给环境。美国社会学家巴克莱认为："一个系统是开放的，并不仅仅因为其与环境间的相互交换联系，还因为相互交换联系是系统变化的关键要素。"也就是说，组织开放于生存的环境，不仅仅是组织获得生存资源所必须，而且还是组织发展的动力。权变理论有一个基本的倾向性假设：最佳的组织方式有赖于组织环境的特质，组织环境的变化必然要求一定的组织方式与之相适应，一旦组织的内在特征与其环境要求达到最佳匹配，组织就能够最好地适应环境。一般而言，组织的结构可分为机械式结构和有机式结构两种。机械式结构较适合于稳定的环境，一般采取科层管理模式，如政府、军队等；有机式结构较适合于不确定性环境，一般采用灵活、柔性的管理模式，如企业、学校等。就现代大学组织而言，随着现代社会的快速发展，大学的生存与发展不仅越来越依赖于环境所提供的机遇，而且大学生存环境中影响大学发展的要素也更趋复杂，因为任何一个大学组织都必须面对政府、社会、学生、竞争者（其他大学）等多种因素的影响。很显然，科层管理体制很难适应这种不断变动的环境要求。其一，层次分明的等级节制阻碍了大学改革的进程。科层体制的理性化层级结构的制度设计往往带来大量脱离本意的结果，因为外界环境的变化以及环境对大学提出的新要求，只有通过基层组织的迅速反应或作出有针对性的变革才能实现。但在科层化的组织体制中，许多来自基层的改革设想和创新冲动往往被层级分明的行政控制所湮没，从而导致改革进程的延缓或停滞。其二，科层体制对专家权威的漠视致使大学发展与学术目标游离。面临不确定、多变的科技与社会发展环境要求，强调大学的学术专家在决策过程中的影响力，突出大学组织内部信息交流而非指令的重要性是必然的，但科层体制的行政等级控制结构对学术权威的压制，以行政决策代替学术决策，往往是以偏离大学学术发展的目标为代价。其三，变化的环境要求灵活的规章制度，但在过于讲究规范约束的科层体制下，事事讲究循规蹈矩，按制度办事，就可能导致办事拖拉，以压抑学术创新为代价，大量来自外界环境的新要求由于得不到上级的授权而难以付诸行动，结果白白错失了应有的发展机遇。

以上分析了大学科层体制的困境来自两个方面：一是科层体制无法解决大学组织内部的协调和所属资源的有效整合问题；二是科层体制无法解决大学组织与外部环境的适应问题，因为大学环境的不断变化，必然要求建立一个富有弹性、敏捷的大学组织制度和运行机制。因此，无论是从大学组织资源的整合还是环境变化的要求来看，大学组织都不适宜采用单纯的科层体制进行管理。

三　我国大学科层制的现实与实质

相对于西方大学组织内部的行政管理模式，中国大学内部管理体制的建立与改革呈现出特有的复杂性，这是与我国行政体制、经济体制的具体发展状况分不开的。由于我国大学长期运作于以政府行政干预为主的纵向约束的制度环境中，政府是社会利益的代表，由政府对社会实行全面控制，整个社会以及具体的社会组织的自主性是相当虚弱的。在这种制度环境中，大学的教学科研活动、经费使用与人事调配等内部事务均由大学主管部门直接干预和指挥，大学与政府高度同构，大学内部的行政职能在很大程度上属于政府职能在大学组织中的延伸，大学组织内部管理主要以自上而下的行政控制为基本特征。虽然大学管理客观上存在着科层取向与学术取向的冲突，但在行政命令和计划约束为基础的环境里，大学管理的学术价值取向及学术权力一直处于弱势地位，并使中国大学的组织制度体现出科层管理的一些特征。

（一）我国大学科层体制的现实

相对于西方大学而言，我国大学的内部组织制度是模仿行政组织，围绕行政权力建立起来的，科层化特征比较突出。近年来，随着市场经济的发展，以及大学内部管理体制改革的推进，市场意识、学术意识已经深入人心，市场机制、学术机制已经在大学管理活动的各个方面发挥作用，并逐步形成了与大学学术性活动相适应的新的制度安排。同时，由于大学组织变革相对于其他社会组织变革的滞后性，以及现代大学组织结构体系变得越来越复杂，科层体制及其行政化管理进一步得到加强，只是由于受到逐渐凸显的学术权力及其制度张力的平衡和制约，科层体制正在对自身发挥作用的领域和范围进行不断调试。

本书的基本出发点之一就是把我国大学制度建设置于大学组织转型的过程中考虑的，否则，将完全无法解释我国大学组织内部的种种制度现象。换句话说，虽然我国大学管理的科层体制依然强势存在，但大学制度的学术性构建趋向已经出现，而我们之所以突出科层体制对大学发展所带来的消极影响的分析，目的是凸显我国大学制度当前存在的现实问题。具体来说，转型期我国大学制度特征可借助雷格斯的观点作简单的说明。雷格斯是一位研究转型期社会特征的杰出学者，根据他对泰国、菲律宾这两个国家的实地观察，发现这两个转型期的国家都存在三种现象，即"异质性"、"形式主义"与"重叠性"。① 笔者认为，这三种现象也可以用来解释转型期的我国大学制度的一些典型特征。"异

---

① 见金耀基《从传统到现代》[M]，北京，中国人民大学出版社，1999，第73页。

质性"主要表现在大量传统的经验决策与间或实行民主、程序化的决策并行；大量传统的"人治"与"法治"并存；学术管理中行政化管理与民主化管理并存。这种现象导致转型期大学制度构建无法作"面"的推进，而只能作"点"的突破，而"点"的突破又常常消融在"面"的阻碍中。"形式主义"是指"应是什么"和"实际是什么"之间的脱节而言。由于转型期大学制度的异质性，人们缺乏共同的学术信仰和价值系统，也没有形成一套紧紧相扣的制度体系，致使任何一项观念变革和制度创新都无法彻底贯彻。譬如就学术管理制度来说，有了学术委员会、学科评议会、教授会等学术性组织，但真正的学术管理过程还是行政化的，或者说，这些学术性组织只是在行政权力指定的范围内行事。"重叠性"是指大学组织成员的角色泛化现象。我国大学在以往的发展中，组织结构已日趋"分化"，功能也日趋"专化"，出现了专职的管理人员和学术人员群体，但由于存在"异质性"和"形式主义"现象，这两个群体各自无法按照自身逻辑完成其使命，教师或科研人员不能完全用学术规则进行教学科研活动，管理人员也不能完全用"行政原理"达到行政之目的，每个人都有"不守其分"或"不安其位"的行为，每种组织都存在越界逾限的作风。由此我国大学制度表现出典型的矛盾现象：一方面，教师或科研人员不能完全按照学术规则和学术逻辑来完成学术性决策和学术性活动；另一方面，行政人员的行事规则又时刻面对来自大学学术性逻辑的冲击与制约。

换一个角度思考问题，我国大学虽说具有明显的科层体制特征，但与西方大学组织的行政职能相比，却没有形成科层体制所应有的高效率。究其原因，主要是我国大学行政组织负重运行，包揽了本来不属于自身职责范围、同时也做不好的学术性事务。

目前，我国建设现代大学制度的实践，尽管含有较多的反映学术组织特性以及体现学术精神的成分，但大学要真正走出科层体制的低效率困境，还必须克服"计划体制"制度"惯性"的束缚。具体来说，转型期的我国大学管理的科层体制的问题主要体现为以下几个方面。

1. 行政权力泛化导致大学组织学术性功能受阻

大学组织内部是由学术性组织与行政性组织结合而成的异质性结构。从我国大学组织结构构成要素上来讲，除学术性组织和行政组织之外，还有中国大学所特有的党团、工会、后勤等组织，并且由于我国大学传统上被称作事业单位，因此在制度安排上主要体现为行政管理为主的体制。从大学组织内部的纵向关系上来看，校—院—系—教研室不仅演化成行政性机构，而且形成了金字塔式的行政控制关系；从大学组织内部的横向关系看，本来应为大学教学和科学服务的职能部门或行政机构，由于这些部门掌握着分配办学资源的绝大部分权力，因而学术人员对学术的忠诚不得不屈从于行政权力所带来的压力，从而导致行政权力的泛化现象。[①] 在这里，行政权力泛化是指单纯以行政手段和科层化的管理方式规范整个大学组织运作，大学管理往往以行政化的命令方式和习惯处理学术性事务。根据这种理解，我国大学组织的行政权力泛化主要体现为三个方面的"类化"现象，即组织形态的类化、角色关系的类化及行为意向的类化。

首先是大学组织形态的类化。组织形态的类化主要是将行政化的组织原则与结构形态"嫁接"到大学组织，依据或比照行

---

① 张应强：《高等教育创新与我国现代大学制度建设》[J]，《深圳职业技术学院学报》2002 年第 3 期，第 67～72 页。

政体制来塑造大学，使大学组织在运作上类似于政府机构行政权力运作逻辑。大体而言，大学组织形态的行政类化涉及组织方式和运作方式两个相互关联的层面。我国大学的组织方式整体上是按横向职能或专业分工和纵向阶序式架构的。在纵向的阶序结构中，实行长官负责制，一级管一级，形成垂直式的地位系统。大学不仅以此管理非学术事务，而且将这种严格的垂直等级管理方式运用于管理大学学术性事务，使之在相当程度上表现出类似行政科层化的组织体系。在组织的运作方式上，支配我国大学组织活动的主要是行政权力，行政职能部门在学科发展方向、课程和专业设置、科研课题选择等学术问题上具有主导性的权力，而最熟悉教学和科研活动的学术性组织只是处于执行和被管理的地位。由此，一般管理的"量化"指标也被运用于教学科研管理，论文和课题数量、科研课题的等级和经费的多少、教学时数等成为衡量教师工作绩效的主要标准。

其次是大学组织成员角色关系的类化。角色关系的类化是指将行政管理的角色和行为取向"嫁接"到整个大学组织，使大学组织内的人际关系及行为价值取向在很大程度上类似行政等级的角色关系。在这种关系体系中，不仅行政人员之间有严格的行政级别区分，而且教师之间也因职务、控制资源的能力的不同而存在着地位和利益差别。在大学组织内部，见到比自己高位者"自然"地表现出谦恭、顺从和自卑，见到比自己低位者便表现出"高人一等"的气势。①

再次是行为意向的类化。行政体制的组织形态与角色关系之

---

① 郭玉锦：《中国身份制及其潜功能研究———一个国企的实证分析》［M］，哈尔滨，黑龙江人民出版社，2002，第193页。

所以能泛化于大学组织，主要是源于组织成员相应的行为意向的类化。这种类化倾向涵盖范围颇广，涉及大学组织成员的思维方式、价值观念、情感动机及行为方式等方面。伯顿·克拉克认为："所有重要的社会实体都有它的象征性的一面，这既是一种社会结构，又是一种文化。人们根据社会实体的某些共同利益和信念，来确定参与者是些什么人，他们正在做什么和为什么这样做，也据此对他们的善恶做出判断。"也就是说，"每一种系统都是由特定的结构和特殊的信念构成的。"① 在我国大学，现在虽然口头上倡导学术信念、教育理念，但实际上却在有意或无意地倡导行政信念。"官本位"、"学而优则仕"成为大学制度安排带有普遍性的价值取向，"官阶"的高低似乎成为学术人员成就大小的基本"标签"。这些都在一定程度上异化了大学组织本来应具有的自由平等、民主协商的学术氛围。

大学组织的行政权力以及行政化运行模式已泛化于整个大学组织，并作为大学组织中主导性权力控制着大学组织的日常运作。大学组织行政权力泛化所产生的效能如何呢？行政管理理论认为，行政权力的行使程度，是表示行政客体对行政主体服从情况的差别，是成功的权力行动与行使的权力行动之间的比率。② 也就是说，行政主体对行政客体施加影响时，行政客体可能服从，也可能不服从，还可能只是部分服从，从而表现出行政权力行使效能的程度高低，这种服从水平的差别其实质就是大学管理效能差异的显现。根据韦伯所说的"法理权力"的来源，大学

① 〔美〕伯顿·克拉克：《高等教育系统——学术组织的跨国研究》［M］，第83、109 页。
② 张国庆：《行政管理学概论》［M］，北京，北京大学出版社，1990，第218页。

的行政权力是通过职位或法律的授权获得，通过自上而下的层级控制实现其效能的。实际上任何组织从来不是理性行为的结构性表达，组织的运行总有非理性的行为参与其中，组织在征服非理性行为方面从来都没有成功过。从社会学的制度理论视角来看，大学组织表面上看是一个科层组织，但实际上对教学科研活动很少控制，大学实际上是一个"松散耦合"、"双元结构"的系统。① 也可以说，大学组织内部存在着行政权力难以有效发挥作用的领域，大学行政权力泛化的结果，必然导致大学内部权力的结构性缺陷；而失去了学术权力支撑的大学权力结构，其功能就必然紊乱，大学管理效能就必然受阻。"行政的扩展超过某一界限后便会变得特别昂贵，因此必须对其进行压缩，至少要使其分散化。"②

2. 学术管理中的精英体制压抑了学术创新的民主自由氛围

组织设计的一个基本理论就是"任务决定战略"、"战略决定结构"。人们无法从战略直接推导出组织的具体结构，只有经过分析实现组织战略所必须具备的基本职能，并从这些基本职能中找出对实现组织战略起决定作用的关键职能，然后才能设计出执行这些职能的组织结构，进而确定推动组织运行的权力主体和不同性质的"权力配比"。③ 以此来分析大学的组织制度，大学的关键职能是学术职能，以教师或科研人员为主体的学术权力应

---

① 杜育红：《论教育组织及其变革低效的制度根源》[J]，《北京师范大学学报》（人文社会科学版）2002 年第 1 期，第 68～74 页。

② 〔伊朗〕S. 拉塞克、〔罗马尼亚〕G. 维迪努：《从现在到 2000 年教育内容发展的全球展望》[M]，马胜利、高毅、丛莉等译，北京，教育科学出版社，1992，第 111 页。

③ 郑明身：《企业组织创新与竞争力》[J]，《经济管理》2002 年第 11 期，第 6～11 页。

属于大学组织的核心权力。一般来说，现代大学的学术事务是通过两种性质完全不同的权力形式来进行管理的，即学术管理中既有学术权力又有行政权力。在二者的关系中，健康的权力运行机制应该是行政权力受学术权力支配，行政权力服务于学术权力。但在中国大学学术管理的实践中，很多尴尬和矛盾现象便是由两种权力的错位造成的。

在大学的发展过程中，尽管学术自治和学术权力受到各种侵犯，但西方大学学术自由的制度传统仍然使学术团体保持着其专业范围内的自治权，在这个团体中教师是相互平等的同事，原则上都是"一人一票"，在任何情况下，更可取的办法是通过说服作出决定，而不是靠权力和地位。汤普森认为，大学实现决策一般有三种模式：第一种是英才主义模式，按照这种模式，由董事会定期评价校长；第二种是直接民主模式，要求所有的教师都参加管理；第三种是评议会和理事会形式的代议制民主。① 按照他的解释，第三种模式把英才主义和毫无把握的直接民主结合起来，是最适合大学学术权力发挥作用的方式。近年来，仿照西方大学体制，我国大学都相继增设了不少学术性机构，但由于缺少与这些机构职能相应的工作章程和运行机制，导致有些学术机构形同虚设。有些大学的评议会和教授会等学术性组织主要由担任行政职务的教授"精英"组成，他们虽然有教师身份，但往往以行政管理的逻辑来处理学术事务，而这同时又剥夺了普通教师参与管理学术事务的权利和机会。

在大多数情况下，教师民主参与学术事务管理主要是分系、分学科进行的，但就是在基层学术事务的管理上，教师也被分成

---

① 〔美〕约翰·S. 布鲁贝克：《高等教育哲学》［M］，第38～39页。

不同层级，除一般的教授、副教授、讲师专业技术职务等级之分外，即使同一教授群体也被冠以不同的头衔。学术上的"精英"群体掌握着决定本学科发展方向和分配学术资源的权力，多数教师的权利要受制于少数教授，特别是在学术决策中少数人对多数人的替代，违背了以知识为基础的学术自由制度，并在很大程度上制约着整个教师群体致力于学术事业和参与学术事务管理的积极性。可见，中国大学学术管理体现的是典型的精英主义取向。霍夫曼认为："大学不是一个平等主义的社会，而是等级制度的社会。"① 他虽然是就学生参与学术自治而言的，但这一论断同样反映了中国大学学术管理中精英体制的现实问题。

3. 教师管理的僵化体制限制了人才资源的有效利用

教师是现代大学的中坚和核心，教师的积极性和主动精神在很大程度上体现出大学的活力和学术水平。由于传统和历史的原因，我国大学形成了行政主导化的制度结构，大学的行政机构自成体系，并形成大学组织中庞大的行政人员利益群体，使教师在大学组织中处于日益边缘化的境地，管理和决策权力主要集中在大学党政领导及行政部门，教师虽然有一定的参与管理的机会，但其作用主要是咨询性或补充性的。在教师管理制度上，大学教师长期以来被赋予"国家干部"身份，大学教师选聘由政府制定相关政策法规和控制计划指标，学校负责分配指标，院系领导负责考核候选人，一旦上岗，基本上是终身任用。时至今日，大学辞退教师既无法律规范、又无健全的社会保障机制，几乎无法具体操作。教师职务晋升的基本制度模式是：政府进行政策指导，学校行政机构组织参与评议和推荐，政府职能部门组织专家

---

① 〔美〕约翰·S. 布鲁贝克：《高等教育哲学》［M］，第42页。

审定。可见，我国大学教师管理制度仍然以集中控制和服从为基础的纵向行政约束为基本特征。或者说，大学与教师的关系是行政控制性的，而非市场契约性的。正因为如此，我国大学的改革动力不足，西方大学教师管理中所奉行的双向选择、合同聘任、非升即走等一套教师管理的市场机制、激励机制还没有形成。

有学者在分析企业行为时认为，在不同的经济体制下实际上存在着两种不同性质的服从模式：一种是被控制者不能自由进入和自由退出的服从模式，这种服从模式必须依靠强制来支撑；另一种是被控制者可以自由进入和自由退出的服从模式，这种模式无法依靠强制而主要靠市场机制来支撑。① 以此分析大学教师的管理制度同样具有针对性意义。行政约束的服从模式主要是按行政规则配置教师资源，也就是说，在不考虑信息机制的情况下，学校主要是按照教学和科研计划把教师分配在相应的院系。同时，为了使教师保证完成规定的计划任务，大学内部建立了一整套复杂的约束条件和成文或不成文的规章制度，事无巨细地界定了教师所应当遵循的行为规则和活动空间。在这种制度模式下，墨守成规，缺乏主动性和创新精神成为大学组织行为的典型特征。而自愿服从模式则是在存在着较为完善的市场竞争机制的条件下较为开放的教师管理制度。学术劳动力市场的竞争保证了这种服从的效率：在学术劳动力市场上实行双向选择和教师与学校的契约机制，"和则留，不和则去"是教师管理的普遍法则，并逐步形成教师在自愿基础上的服从行为；同时，又反过来促使大学管理者进一步改善经营管理，并最终形成大学之间基于人才选

---

① 胡汝银：《低效率经济学》［M］，上海，上海三联书店，1995，第 121～127页。

择的优胜劣汰机制。总的来说，我国大学教师管理长期以来实行的是行政约束的强制服从模式，排斥市场机制，从而导致大学创造力衰微，组织管理缺乏竞争性。随着大学办学环境的逐步市场化以及大学自主办学机制的形成，可以预见，以市场机制为基础的自愿服从模式理应成为大学教师管理制度创新的方向。

（二）我国大学科层现象的实质

马克斯·韦伯将科层体制的组织模式视为与工业化大生产相适应的、最为理想化的组织形态，是由"人治"的传统社会向近代社会转变的制度保证。科层制"作为美德赞扬的特性是：它成功地从解决职务上的事务中，排除一切爱憎和一切纯粹个人的、从根本上说一切非理性的、不可预计性的感觉因素"[①]。但是，科层制从一开始就隐含着它自身的悖论：现代民主制度和现代工业文明是一对孪生兄弟，其中一个强烈要求宪法保护个人权利，并极其看重个人感情和个人成长；另一个却强烈要求组织活动的理性化和程序化。科层制作为现代社会的伴生物，在为经济社会管理带来高效率的同时，也以其形式合理性和技术化的设计蚕食着个人的自由，人的个性和热情被压抑了；随着组织效率的改进和组织规章的增多，人的工作变得愈来愈无意义和非人性化了。实际上，人们对科层制两种截然相反的评价是基于不同的价值判断准则，肯定性评价主要基于科层体制的整体组织效率，否定性评价则主要是基于科层体制的个体效率，即科层体制只能实现个人的实际效率。

---

① 〔德〕马克斯·韦伯：《韦伯文集》[M]，韩水法编译，北京，中国广播电视出版社，2000，第243页。

　　科层制引入大学促进了大学组织的整体运行效率的提高，但大学组织的"二元结构"特性同样使大学科层体制隐含着自身的悖论，学术活动的自主倾向，限制了管理者运用制度化的程序进行管理的效果。[①] 一方面，大学规模的扩大及政府权力的介入要求大学组织管理的程序化和制度化；另一方面，大学组织管理的程序化和制度化同时又削弱了教师学术自由和民主治校的权力。因此，理想的大学组织制度是将大学分为行政性系统和学术性系统，对不同的系统采用不同的管理原则和方法，不可单纯运用行政管理模式约束学术领域的松散结构。世界一流大学都是根据行政系统和学术系统分而治之、主辅结合的特点建立了科学的管理体制和组织制度，以实现权力的有效平衡。但我国大学的组织制度长期以来就蕴涵着行政系统与学术系统的冲突，漠视大学组织特性，缺乏整体效益观念。张博树认为：中国的行政系统工作效率低下，职责不清，互相推诿、扯皮的现象严重，因人设职的情形屡见不鲜。所有这些恰与韦伯所讲的现代科层体制崇尚"效率"、"速度"、"减少摩擦"、"统一性"和"清晰性"等形成鲜明的反差；与韦伯所讲的"形式理性"和"对事不对人"的职业精神背道而驰；由于公民文化建设相对滞后，权力运作机制中缺乏公民正常的参与和监督。[②] 这种生存于现代社会但又缺少现代性的科层体制，在我国现代大学组织中也十分常见。一方面我国大学的科层体制缺乏西方大学行政体制的高效率，行政成本却居高不下；另一方面行政权力又往往越过自身的职责领域肆

---

①　高洪源：《欧美学校微观政治研究的进展》［J］，《比较教育研究》2003 年第6 期，第 1～6 页。

②　张博树：《现代性与制度现代化》［M］，上海，学林出版社，1998，第 126页。

意侵害学术权力，并使大学行政权力最终走向理应发挥积极作用的反面。因此，相对于西方大学制度而言，我国大学的科层体制具有自身的复杂性与特殊性。这是由中国社会政治、经济、文化传统的特殊性所决定的，也是转型时期我国大学制度改革必须着力解决的特殊困境。究其实质，主要体现在以下两个方面。

首先是因为我国大学学术体制化程度较低。西方的学术体制化的最主要特征是学术场域的自律，而这个自律化的过程又是社会现代化过程的一部分，也是文化现代性的一个表征。尽管西方学术体制化受到越来越多激进人士的批评，但公平地说，学术体制化在西方曾发挥过促进学术、保护学术、激励学术创新的积极作用。正如韦伯与哈贝马斯等西方思想家的经典研究所证明的，文化现代性的特点表现在宗教与形而上学的"实质理性"分离为三个独立的领域：宗教、道德与艺术。对外而言，诸种社会文化活动场域的分化与自治强化了学术活动的自律性与独立性，使得它能够抵御来自宗教或政治的干预。① 这种文化活动的分化与自治传统同样渗入大学制度构建与学术活动之中，从而使西方大学自中世纪大学以来就始终贯穿着自治与自由的学术精神与制度"基因"。尽管在大学的发展中，大学学术权力中心不断地从大学内部转到大学外部，从学术界转到公共领域，但西方大学的学者团体始终保持着高度的自治和学术自由权力。这不仅体现在西方大学制度化的组织结构与权力分配体制之中，而且体现在国家的意志和法律的规范之中。在美国历史上，不管是达特默思案还是思威泽与新罕布什尔州诉讼案的裁决，都无疑加强了大学自治

---

① 陶东风：《学术体制与学术创新》［J］，《南方文坛》2001 年第 1 期，第 32 页。

与学术独立在西方文化传统中不可动摇的神圣地位。

相对而言，我国的学术体制则是在一个与西方很不相同的社会制度环境中生成的，由于政治、经济、文化、科技等社会活动领域的分化程度较低，因而学术的自律性与自主性非常弱。这一倾向反映在大学的发展过程中，突出表现就是"文化大革命"时期的极"左"倾向，大学的学术活动受政治力量的干扰甚至被完全控制；而目前大学的学术活动又不断受到行政权力的干预以及经济利益的驱使，大学成为无重心的"浮萍"，在不时变换的社会需求中常常迷失了自己应处的坐标。也正因为大学学术活动的自律和分化程度低，导致我国大学学术活动的畸形体制化，突出表现是学术活动被纳入一个非学术权力体制的控制之中，而这个权力体制的强大又远远超过学术权力体制本身。我们在现实中不时可以发现，我国大学的职称评定制度、学术奖惩制度等都存在严重的非学术化（非自主化）倾向，许多学术以外的因素干预并支配了学术行为，使之蜕变为非学术行为。[①] 我国大学科层体制的弊病关键在于学术场域与非学术场域的界限模糊不清，学术场域缺乏自治性和自身的游戏规则，缺乏自觉抵制外来干涉的力量。从本质上讲，这其实牵涉到大学的组织特性和组织定位问题。涂又光教授以"三 li"说对大学定位混乱以及大学应有的定位进行了深刻阐述。他认为，政治、经济、文化属于社会生活整体的三个方面，各有其矛盾的特殊性，其中，政治的原子是"力"，经济的原子是"利"，文化的原子是"理"，并且每一个单位分子都含有其他单位的原子成分，只是不同"li"的主导地

---

① 陶东风：《学术体制与学术创新》［J］，《南方文坛》2001 年第 1 期，第 32 ~ 45 页。

位不同。大学应有的地位在文化之中，以"理"为中心，"利"、"力"为"理"服务，若不如此，便是错位。① 笔者认为，目前我国大学的科层体制的弊端以及行政权力泛化现象在很大程度上与这种大学职能的错位密切相关。

其次是由于我国大学组织对市场机制的长期排斥造成的。一般认为，大学和社会的关系存在两个媒介：政府和市场。② 但在中国长期的计划经济体制下，形成了以政府为主导的大学公共管理体制，政府不仅是大学制度的唯一供给者，而且控制着大学组织的运行。这种体制尽管在一定时期内适应了大学快速发展的需求，但同时形成了以政府控制为中心的行政科层组织制度。在这种体制下，政府完全控制着大学发展的资源，大学完全按政府的指令行事，大学组织行政"位格"的提升和获取资源的多少完全以完成政府指令和任务的情况而定；表现在大学组织内部，以自上而下的行政控制方式维持大学内部秩序和政府计划的执行。可以说，集权化的政府控制体制是大学组织内部科层体制弊病产生的总根源。然而，实质上大学"所寄居的单位制度不是纯粹的科层制度，而是科层制度与宗法制度的结合，同时也是行政制度、企业制度和户籍管理制度的结合，是计划时代的产物"，"它不但没有形成一种法制精神，相反还强化了人们的'官本位'观念和乡土意识"。③ 我国大学这种畸形的科层体制使教师对大学组织产生一种难以割舍的人身依附关系，这种依附又是建

---

① 涂又光：《文明本土化与大学》［J］，《高等教育研究》1998 年第 6 期，第 5～7 页。

② 〔日〕金子元久：《教育中的市场机制》［J］，徐国兴译，《教育与经济》2003 年第 2 期，第 1～4 页。

③ 康永久：《教育制度的生成与变革——新制度教育学论纲》［M］，北京，教育科学出版社，2003，第 342 页。

立在报酬福利化和户籍管理单位化的基础之上的。这种对大学单位组织的依附状况，实际上已严重抑制着教师的学术自觉性和大学组织整体效能的发挥。

从理论上说，政府集中控制的管理体制是以政府能够全面承担教育经费和提供大学办学所需的完全信息为基础的。而实际上这只是一种理想性的假设，尤其在市场机制已经成为社会资源分配的普遍方式的情况下，大学和社会之间其实存在着不可缺少的市场媒介，市场已成为促进和保障大学发展不可或缺的基本环境。把竞争和市场机制引入高等教育领域，就意味着过去通常由政府出面做的事情在许多情况下会由大学组织自己来做，还大学自主办学的主体地位。因为"在计划经济条件下，学校的组织结构的信息交流主要是满足上下沟通的需要，呈现出一种纵向并注重信息质量传播的结构，信息传播的质量是关键。在市场经济条件下，学校更多地与社会多元利益主体发生关系，呈现出以信息广度为主的横向的结构，注重在众多的信息来源中进行决策与选择"①。所以，现代大学面对社会、学生等日益多样化的教育与市场服务需求，以及大学发展的不确定信息，大学及其基层组织相对于政府和学校内部的科层化管理更能机动、灵活地采取措施，提高大学的学术水平和教育质量。大学"科层体制并不服从市场法则，主要指向不是变迁，而是延续其存在。它的形式从历史上看主要不是为未来而行动，而是管理现有的事物"②。可见，我国大学长期以来在计划体制下运作，排斥市场机制和竞争

① 康宁：《中国经济转型中高等教育资源配置的制度创新》［M］，北京，教育科学出版社，2005，第302页。
② 宋保忠、杨明权：《高校内部管理体制改革的阻抗因素探析》［J］，《陕西师范大学学报》（哲学社会科学版）2000年第5期，第51～55页。

机制是大学组织内部科层体制延续的主要病理之源。

当然，大学引入市场机制并不意味着市场机制完全代替政府对大学的管理职能，或者大学完全可以像企业那样运作，只是期望市场机制对现有理性科层体制具有校正功能，而不是替代。无论是主张以市场或竞争机制改造大学，还是主张将学术权力归还学术群体，并不意味着大学理性科层体制的末日到来了，只是证明大学需要经历一次制度创新。因此，我国大学制度改革既要借鉴发达国家经验，又要正视我国大学发展过程中的矛盾特殊性和社会发展的现实背景。当前应当着手纠正我国大学内部畸形的科层体制，建立适应大学发展的组织管理制度。当然，这种管理制度是以理性和法制为基础的，因为事物发展有个先后顺序，我们总不能在还没有法制时就批评法制的过繁、过多，也不能在未开始大学管理专业化时，就批判"行政人员控制大学"问题，只能从我国现阶段大学发展的实际出发设计大学制度改革的方向。"如果说西方管理理论和实验开始以理性为特征的现代阶段向以多元化为特征的后现代阶段过渡的话，我国的教育管理和一般管理则处于从经验的、人治的、非理性的传统管理阶段向科学的、法制的、制度化的现代理性管理阶段过渡。"[1] 但是，大学管理有其自身的学术性规律，科层体制运用于大学组织有其自身的局限性，或者说存在着科层体制不能完全发挥作用的领域。因此，大学制度改革一方面应着手以提高效率为中心的法制化、规范化的组织制度建设，另一方面还应重视大学学术活动的特点，着重使学术权力充分发挥作用的机制创新。

---

[1]　黄葳：《西方古典组织理论及其模式在教育管理中的运用和发展》[J]，《华南师范大学学报》（社会科学版）2000 年第 6 期，第 73～81 页。

第四章
制度环境与优效大学
组织建设

以组织理论来分析学校教育，学校被确认为"开放体系"——它们在依靠、适应外部环境并与之互动的过程中求生存、求发展。现代社会及学校教育的发展已经无可争辩地说明这种理论的正确性。作为"开放体系"，大学同样受到外部办学环境的影响，不同的环境塑造了不同类型的大学组织形态，以及与环境要求相适应的大学内部制度结构。按照这个逻辑深入分析下去，就可以得出这样一个结论——学校效率低下，"罪魁"首推学校所处的环境条件，而不能简单地归罪于学校自身，学校效率不佳只能被视为一些表征和结果，而不是原因。"最根本的原因大有可能肇始于周围的社会环境，那么关注学校的效率的研究更应关注大范围的环境条件。"[①] 如果这种观点具有足够的说服力的话，那么就可以说明前一章所述的中国大学内部科层体制弊病

---

① 〔美〕约翰·E. 丘伯、泰力·M. 默：《政治、市场和学校》〔M〕，蒋衡等译，北京，教育科学出版社，2003，第22页。

产生的制度环境根源。由此，我们可以得出结论：中国大学的外部集权管理和行政控制塑造了大学内部所特有的科层体制，以至于大学健康发展所需的自主性和学术性消失殆尽。既然如此，大学内部制度痼疾的去除也必须有赖于大学所处的制度环境的变革。传统的大学改革思路认为，大学问题的根源在于大学内部管理及其制度的缺陷，通过对现行内部制度进行适当的变革，大学就可以成为优效运行的组织。而实际上，这只是治标不治本的"权宜之计"，如果忽视了大学组织作为开放体系的内外部制度改革的整体关联性和互动性，大学制度的改革不可能达到预期的效果。

　　本章在论证大学制度环境如何制约大学内部组织制度、治理结构、运行机制的基础上，探索中国大学自主的制度创新机制。鉴于中国大学长期运作于计划管理体制的"同一"制度环境中，大学之间内部制度的效率差异缺乏可行的对比分析。因此，笔者主要采用中西大学对比的方法来分析在不同制度环境下大学组织运作效率的差异，从而为改革我国大学制度环境以及建立优效运行的大学组织提供必要的理论与实践佐证。

一　大学组织运作效率与制度环境的关系

　　大学组织的外部制度环境对大学内部的运行机制起着制约或推动作用，特别是在外部的办学环境中，政府对大学"集权"或"分权"的管理模式直接影响大学组织的运作效率。如果"过度集权，什么都管，不仅上级决策的合理性不能保证，还会扼杀下级工作的积极性和主动性。过度分权，什么都不管，则可能失去总量的平衡和全局的控制"①。当然，效率是与不同活动领域相适应的概念，不同的组织由于所归属的社会活动领域不同，职能定位及社会对其角色的期待不同，因此衡量不同组织效率的标准也各不相同。如政府组织以行政手段对所属组织命令指挥及协调能力作为效率标准，而经济组织主要以实现资产增值及利润最大化作为衡量效率的标准。大学是学术性组织，则主要以学术性成果的质量及学术创新能力作为衡量其办学效率的标准。尽管学术性成果的数量指标在一定程度上能够反映大学组织的运行效率，但由于学术活动的长期性及效益显现的滞后性，单纯的数量指标又难以反映大学组织运行效率的全部内涵。大学组织运作是由一系列制度支撑的，因为大学组织制度以及相应的运行机制决定了大学的目标模式、领导方式、人员安排和大学组织活动的价值取向，而这些又是衡量大学组织运作效率的重要维度。从这种意义上来说，大学的制度环境并不直接决定大学组织的运行效率，而是通过它所塑造的大学内部制度安排影响到大学组织的运行效率。因为"不同的制度将带来学校与环境的不同关系，从而导致学校内部不同的管理"②，譬如学术管理的科层体制将导致大学组织学术活动的低效率，而符合学术性组织特点的大学制度安排则有利于提高大学组织学术活动的质量和效率。也就是说，在大学的学术和行政管理中，内部运行机制和运行效率取决于大学组织的外部制度和政策环境。但是，要提高大学组织的办学效率，大学内部的组织制度和运行机制必须适应大学发展的学术性特点。

---

① 袁相碗：《政府宏观调控，社会积极参与，学校自主办学——关于高等教育运行机制的几点思考》[J]，《教育研究》1993 年第 11 期，第 23～27 页。

② 〔美〕约翰·E. 丘伯、泰力·M. 默：《政治、市场和学校》[M]，第 22 页。

（一）大学制度环境与大学组织形态

所谓大学的制度环境是大学组织所赖以生存的社会环境的一部分，主要是指建立在社会环境基础之上的，用以协调大学和与大学生存发展相关的主体（政府、社会、市场等）之间的利益和矛盾，保证大学健康发展的制度体系的总称。它主要包括两个不同层面的内容：一是社会的政治体制、经济体制和文化教育传统（非正式制度）；二是国家的高等教育体制。这两个方面是相互联系、相互制约的关系。一方面，高等教育体制以及与此相关的大学管理体制受政治体制、经济体制、文化教育传统的制约；另一方面，政治体制、经济体制、文化教育传统的变革必然推动高等教育体制及大学管理体制的改革。可以说，社会的政治体制、经济体制和文化教育传统，以及与之相适应的高等教育体制共同构成大学组织发展的外部制度环境。也有学者将大学外部环境因素大致分为两类：一类是主体性要素，指外部环境中各种组织和个人，包括政府、企业、学生家庭和其他社会组织等；另一类是客体要素，即物质、能量和信息。① 从二者对大学发展所起的作用来看，大学与客体性要素之间的关系是通过主体性要素作为中介实现的。相对而言，大学环境的客体要素是稳定的、受动的因素，给一定历史时期大学的发展提供必要的物质、技术与信息支持，但这些客体性要素作用的发挥离不开主体性要素以及规范主体性要素的大学制度环境的保障。比如政府通过制定法规和政策，以及高等教育资源配置方式和手段的变革来影响大学的办

---

① 刘以恒：《大学与外部环境相互作用的机制》［J］，《上海高教研究》1995年第4期，第28～31页。

学活动，既可能为大学拓宽发展空间，创造发展机会，也可能对大学的自主办学活动构成威胁。从总体上来说，现代大学是在政府、竞争者、市场和社会等多种要素构成的复杂关系体系中运行、发展和变革的。那么，谁是大学组织运作的主体？毋庸置疑，当然是大学组织本身。但强调大学自身的主体作用，并不是要有意割断大学与外部环境的联系而追求大学的完全自立，实际上这种程度的独立是根本不可能的，因为大学"完全的自治必然要求完全的经费独立"①。从这个意义上说，从大学产生至今，大学从来就不是完全自立的机构。一方面，现代大学要求政府和社会给予较多经费支撑才能维持运行；另一方面，在政府和社会也要求大学承担越来越多的责任和义务的情况下，这种理想的大学自立更是不可能的。实际上，现代大学的发展和运行越来越多地受到政府、社会的干预和控制。大学是以自身的学术活动服务于社会机构的，大学学术活动的自主逻辑及活动成果的准公共产品属性，在要求政府给予必要的财政支持和行政干预的同时，也必须让大学享有"自治"的权力，因为大学组织的自身发展以及大量学术性事务管理都需要大学自主决策、自主管理。实际上，这种外控与自主的紧张关系在每个国家都存在，只是在不同政治体制、经济体制和文化传统的国家，两者之间关系的紧张程度各不相同而已。我们所说的大学"自治"主要是针对大学组织环境的主体性要素而言的，如果说大学外部环境因素中的主体性要素约束了大学的发展，那就谈不上大学自治。

现代大学如何经营管理、如何维持大学的优效运行取决于大学组织所生存的制度环境，大学的经营形态是由大学的制度环境

---

① 〔美〕约翰·S. 布鲁贝克：《高等教育哲学》[M]，第33页。

决定的。这里所说的大学的经营形态主要包括三个方面的内涵：其一，大学由谁经营、谁是大学的"经营者"；其二，大学决策的主体是谁，具体的决策机构，以及决策机构的存在形式；其三，大学由谁出资以及大学内部如何进行资源的分配。大学的经营形态虽然主要是大学内部的问题，但不可忽视大学组织与所处外部环境之间的关联。正如阿特巴赫所说："一个大学的内部生活是不能脱离更为广泛的社会而存在的。那些内部因素，如提供资金，及时对大学的计划、活动提出更多的职责要求，在大学的所有因素当中显得突出了。"① 日本学者金子元久从国际比较的视野出发，将大学的经营形态划分为"国家设施型大学"和"法人型大学"两种类型。② 这实际是就大学与政府、社会之间的关系而言的。其中，政府以其所拥有的"法理型"权力体系在这种关系结构中占据主导地位，政府行为的价值取向和政策选择往往预设了大学活动的可能空间和社会参与大学管理可能的实现程度。因此，大学与外部环境的关系主要表现为大学与政府的关系。范富格特认为，政府领导高等教育有两个主要传统：国家控制的模式（干预的国家模式）和国家监督的模式（促进的国家模式）。前者把高等教育看做是一项同质的事业，政府试图控制高等教育系统的一切方面，包括入学机会、课程学位要求、考试制度、教学人员的聘任和报酬，等等。这种模式并不承认高等教育的松散结合和多维的性质。后者则与此相反，国家施加的影响往往是比较微弱的，而只是为高等教育运作提供一定的政策环境，有关使命和目标的基本决策乃是高等教育系统及其各院校的

① 〔美〕菲利普·G. 阿特巴赫：《比较高等教育》［M］，第 56 页。
② 〔日〕金子元久：《大学的经营形态——日本的特征》［J］，《教育与经济》2002 年第 2 期，第 5～9 页。

职权。国家监督的模式是政府基于这样的价值判断："如果在明确的政府指导方针以内给予院校制定它们自己的使命和目标的责任，高等教育将会更加富有革新精神和易起反应。"① 范富格特虽然是就整个高等教育系统而言的，但对于理解外部环境对大学经营形态的影响亦可循此理路进行分析。

依据大学与外部环境特别是与政府的关系，以及大学组织自主性的程度来划分，我们将大学的经营形态分为"外控型大学"和"自主型大学"。当然，这种划分并不是追求概念的另类，而只是为了弥补上述两类划分方式概念的相互包含和相互矛盾之处。从现代大学办学的实践及改革的趋势来看，"法人化"不仅是私立大学的特征；从主办权与办学权分离的角度来说，"国家设施型大学"也理应成为独立办学的法人实体。国家控制模式或国家监督模式主要是就政府对大学组织是履行控制职能还是履行监督职能而言的，但却相对忽视了市场、社会对大学组织经营形态的影响。比较而言，"外控型大学"与"自主型大学"的划分方式不仅能涵盖现实中的大学组织经营形态，而且对历史上大学组织经营形态的发展和演变也具有较强的说服力。

考察大学发展史，可以发现大学组织经营形态与外部制度环境之间关系的演进历程。中世纪大学实际上是一种由教师所组成的专业人员的行会，内部事务决策基本上通过教师之间的协商进行，大学的经费来源主要是由教师个人向学生收取的学费。可以说，中世纪大学是介于"教权"和"皇权"之间的自立性组织，也就是这种"自立"地位才给予了大学组织独立决策自身事务

---

① 〔荷兰〕弗兰斯·F.范富格特：《国际高等教育政策比较研究》[M]，王承绪等译，杭州，浙江教育出版社，2001，第414页。

的权力。19 世纪初，随着近代国家的产生，政府逐步加强了对社会事务包括对大学的管理，中世纪大学的学术传统受到了冲击。其中，完全承袭中世纪大学传统的法国大学在法国大革命中被废除了，被为工业领域、商业领域培养实用性人才的高等教育机构——大学校所代替。① 但同时出现了两类模式完全不同的大学，一类是德国的大学（以柏林大学为代表），一类是美国的大学（以霍普金斯大学为代表）。这两类大学的不同主要体现为经营形态的差异，而经营形态的差异则主要是由两国大学的制度环境使然。

德国的传统大学是在洪堡、费希特等人"文化国家观"的基础上建立的。根据这种观念，国家是文化的体现，大学与国家服从于一个共同的理性原则，彼此相互依存。洪堡认为，为大学提供"外在的组织和经费"是国家的义务，但大学为了更好地实现国家的目标，自治、自由应成为大学存在的"支配性原则"，它不应受到学术以外因素的干扰。② 由此，在德国形成了一种"双轨制"的大学制度体系，"一方面，高等学校作为国家机构由政府（各邦政府）直接管理；经费完全由国家提供，经费的使用也完全服从国家的财政制度；教授（正教授或称讲座教授）均属于国家公务人员；政府向大学派遣学监，或大学的校务长越过大学校长直接向政府负责，政府由此实现对大学的控制。另一方面，高等学校作为社团组织享有学术方面的自治权，教学和研究的内容及组织由大学进行自我管理，对此国家

---

① 〔荷兰〕弗兰斯·F. 范富格特：《国际高等教育政策比较研究》[M]，第 135 页。

② 陈学飞：《美国、德国、法国、日本当代高等教育思想研究》[M]，上海，上海教育出版社，1998，第 167~168 页。

不得插手"①。因此，德国大学的管理被分成国家的行政管理和学术的自我管理两部分。在德国"文化国家管理观"中，大学"作为国家设施的同时，也是一个学术团体"。但究竟是"国家设施"还是"学术团体"，何者为大学第一性质的问题，在学术界一直争论不休。② 这种争论反映了环境的变化对大学社会地位价值判断的差异，同时也在很大程度上决定了不同时期大学组织经营形态的变更。

20 世纪 50 年代，联邦德国为纠正在纳粹时期遭到严重摧残的文化国家观，恢复大学的学术传统，大学自治成为一种普遍共识，并上升为国家的法律意志，但同时又不免矫枉过正。一方面恢复传统，另一方面却又扭曲了传统，昔日大学制度传统中国家与大学之间的平衡已不复存在。在所谓"联邦主义"和强调各州"文化主权"的原则下，政府放弃了对高等教育管理与政策的一切影响力，整个高等教育系统呈现出一种放任自流的状态；学术自治虽说是大学的权力，但实际上这种权力只掌握在正教授手里，校长、院长更多的只是象征性职位，没有实权，所以当时的大学被称为"学者共和国"。这种政府"无为而治"以及大学的封闭、内向特征，随着 20 世纪 60 年代出现的"教育危机"而受到激烈的批评。在随后的大学制度改革中，国家的职能得到加强，其影响不仅限于财政、人事等传统的国家行政管理范围，而且开始渗透到传统的学术自主管理领域。具体表现在大学组织经营形态所发生的两方面的变化：①管理重心上移，由以研究所

---

① 陈学飞：《美国、德国、法国、日本当代高等教育思想研究》［M］，第 167～168 页。

② 〔日〕金子元久：《大学的经营形态——日本的特征》［J］，《教育与经济》2002 年第 2 期，第 5～9 页。

为重心的分权管理向加强校、系层面的管理职能转变，研究所的权力范围开始受到削弱；②由"教授统治大学"转向"群体共治大学"，形成各个群体民主参与大学内部决策的机制。从20世纪80年代中期开始，尤其是进入20世纪90年代以后，迫于国家财政紧缩政策及社会对提高教学和科研质量的压力，德国大学之间自主竞争的环境开始形成，而且与此相关的一系列制度改革也在进行之中。譬如，取消大学教授的公务员身份，变终身制教授为限期制教授，学校财政经费脱离国家控制，实行"经费包干"，以及对大学教学质量进行评估，等等。可见，虽然德国的大学"国家设施型"的性质没有改变，但随着不同时期制度环境的变革，大学的经营形态也相应地进行了不断的变革和调适。但值得指出的是，尽管德国大学在发展过程中不断受到"国家设施型大学"理念及其实践的影响和改造，但大学作为"学术团体"，无论是在政府还是在社会的观念中一直是占主导地位的大学理念。

与此相映成趣的是，美国的大学由于多种原因在发展过程中形成了市场机制占主导地位的格局，而没有过多的国家干预和行政控制。博克总结了美国大学不同于欧洲大学的三个特点：自治、竞争和反应能力。① 而这些特点是由大学的外部制度环境——高等教育市场孕育而成的。也就是说，市场机制造就了美国大学自治的传统、竞争的机制和灵活的反应能力，要求大学必须成为自主的单元、"法人化"的办学实体。因此，美国的大学在行政、财政和学术方面都有相当大的自主权，董事会或理事会

---

① 〔美〕德里克·博克：《美国高等教育》[M]，汪利兵译，北京，北京师范学院出版社，1991，第3～11页。

确定大学的目标和大政方针，任命和解聘校长；校长是最高行政
负责人，董事会的监督权和以校长为中心的执行权是分离的；在
财政方面，大学财政在董事会的指导下运作，而不必束缚于政府
预算的烦琐制度，无论是公立大学还是私立大学都有相当大的自
主性，并且在积极寻求政府的资助以及经费的来源多元化方面，
公立大学与私立大学的差距正在缩小。[①]

（二）制度环境制约大学组织运作的机制

上述对德国的大学和美国的大学制度环境与大学经营形态之
间关系的客观分析，基本上验证了这样一种理论描述：各国大学
"都在适应其所处的制度环境的过程中发展了自己的组织形式，
这些组织形式又反映了它所适应的制度环境。不同的制度环境，
尤其是不同的管理制度体系，总是先天地支持一定形式的组织结
构而抑制其他形式的发展。结果是，不同的体系形成了不同的教
育组织，也就是不同特色的学校。在一种制度环境内形成的学校
组织形式与另外一种制度环境下的学校组织形式完全不同"[②]。
不同的组织形式进而决定着大学组织不同的运作效率和制度活
力。这种带有抽象化的理论描述在中西方大学制度的分析中可以
得到比较性的验证。尽管西方大学在发展过程中政府通过立法、
直接资助学生和科研项目等手段不断加强了对大学的控制，但从
总体上来说，由于西方大学的学术传统、法律保障以及经费来源
的多元化等因素，大学、国家、社会等不同角色始终能相安其
位，动态制衡。这种制度环境塑造了西方大学组织独特的"自

---

① 王英杰：《美国高等教育的发展与改革》［M］，北京，人民教育出版社，
2002，第 173 页。
② 〔美〕约翰·E. 丘伯、泰力·M. 默：《政治、市场和学校》［M］，第 23 页。

治"特征，同时也是西方大学始终充满活力的关键所在，正如
赫钦斯所言，"失去了自治，高等教育就失去了精华"①。比较而
言，中国现代大学制度是"舶来品"，自治和自由在近代虽经有
识之士提倡，但终究没能完全在中国的文化土壤中扎根。② 在
"计划制度"下，我国大学组织又被迫进行了行政化改造，"强
制"和"服从"成了大学制度构建的基本逻辑，体现出典型的
"政府外控型"的组织特征，大学成为依附于政府的"家养型"
组织，资源投入与质量、效益没有任何关系。在这种制度环境下，
大学无法选择自己的生存和发展空间，当然也就不可能成为制度
创新和运作的主体。近年来的大学改革，虽然力图模仿西方大学
组织的制度特点，但由于没有同时进行与这些特点相适应的制度
环境的改造，因此也就无法顺理成章地促成优效大学组织的建立。

　　大学制度环境是如何影响大学组织运行效率的呢？或者说，
大学制度环境对大学组织运行效率的影响机制是什么？如果将中
西方大学制度环境大致分为"外控型环境"和"自主型环境"，
并纳入本书的对比性分析框架，就能更好地理解制度环境与组织
运作效率之间的关系，并最终理清中国大学组织的内部问题，寻
求可能的改革方案。在组织决策分析的术语里，组织的环境对于
组织生存而言，不仅具有一种必要性，而且也构成了一种威胁，
即在组织环境中存在一种会使组织内部平衡发生动荡的、潜在的
不稳定因素。组织为了使自身运行达到令人满意的程度，必须及
时而有效地预测和控制与它相联系的环境，并构建与环境相关的
权力关系体系。这些权力关系是一个抽象而又对组织的运行实际

①　〔美〕约翰·S. 布鲁贝克：《高等教育哲学》［M］，第31页。
②　邬大光：《现代大学制度的根基》［J］，《现代大学教育》2001年第1期，第
30～32页。

发挥作用力的因素，它不仅构成了组织运行的动力基础，而且严格地约束和规范着组织内部的个体或群体的行为。要使这些权力关系具体化和稳定化，就要求组织首先在内部建立一些职能部门，以便专门处理组织与环境中的各个重要关节之间的关系。对这些职能负有相关责任的不同部门，最重要的是要懂得与环境的不同关节保持良好的关系，从而为组织实现目标提供服务。然而在现实中，这些部门在与环境保持良好关系的过程中，不可避免地与环境中的各个重要关节的需要、问题，甚至基本精神状态相一致①，也就是说被外部环境的要求"同化"了。因此，在不同的制度环境下，大学组织内部就形成了不同的组织制度，以及与外界联系的特有方式。"自主型大学"之所以比"外控型大学"运作更加有效，其原因在于它拥有更多独立于外部行政控制的自主权和较少的外部约束。

外控管理的基本理念就是把政府的价值观强加给大学，并限制大学的自主权。在这种制度环境下，大学不能制定自己的发展目标和计划，而只能由政府和行政人员制定，大学只剩下执行权、实施权和一定的应变能力。② "自主型大学"的特征在于"自治"，这种自治特征意味着大学经营者在考虑大学的部门结构和组织方式时，根本不用服从政府的直接管理，而是根据自身的经营目标和效率标准设定相应的组织制度。当然，这里所说的"大学自治"已不是传统意义上的大学自治概念，而是由内敛转为外向，或者说由消极自治转向积极自治。传统意义上的大学自

① 李友梅：《组织社会学及其决策分析》[M]，上海，上海大学出版社，2001，第 177～178 页。

② 王一兵：《大学自主与大学法人化的新诉求——全球化知识经济带来的挑战》[J]，《高等教育研究》2001 年第 3 期，第 10～19 页。

治即大学自己处理自己的事务，而且主要是学术事务，总体上是消极取向的，是提防别人干预。而现代大学的自治，则是指大学是一个法人的实体，拥有独立性，平等自愿地与其他社会组织发生联系，进行合作，拥有的是一种积极的自由。① 也就是说，现代大学自治是将大学的管理权、决策权由政府主导回归到大学自身，并通过相关制约机制、激励机制确保大学自主决策、自主发展的权利。西方大学普遍设立了董事会（比如美国）、理事会（比如英国）等机构，其成员主要由校外知名人士和少数校内代表组成。这些机构一方面是大学与外界联系的纽带和桥梁，另一方面又是防止外界直接干预大学内部事务的"保护网"。此外，有些国家设立了具有评估、鉴定功能的社会性中介组织作为政府与大学之间的"缓冲器"，以减少二者之间的矛盾和冲突，保障大学组织的自主运行。

我们再来看不同制度环境是如何通过相应的运行机制对大学组织效率产生影响的。

首先，外部直接控制导致干扰大学组织优效运行的原因很多，但其中最重要的可能便是外部行政权力对大学人事的干预。因为大学的学术群体或个人（教师或科研人员）的工作动机和积极性在很大程度上决定着大学组织的学术效率。在我国"外控型"制度条件下，大学教师或科研人员的编制、职称评聘、工资待遇等人事方面的决策主要由上一级行政主管部门作出，学校和教师之间的关系是隶属关系，是在现有的国家政策范围内管理与被管理的关系。因此，学校基本上被排除在人员的任用和人

① 邬大光、王建华：《第三部门视野中的高等教育》［J］，《高等教育研究》2002年第2期，第6～12页。

事奖励的决策过程之外。这种外部行政化的大学人事制度不可避免地带来以下矛盾后果：一方面有些学科的教师或优秀教师短缺；另一方面有些学科的教师或不合格教师却又难以合理分流。相对而言，自主型大学面对诸多不确定因素，具有广泛的人事决策权力，并赋予教师或学者群体一定的学术自决权，因为大量的学术性决策是基于教师的专业判断作出的。同时，正是自主型大学具有广泛的人事权力才使其能够自主地进行人事制度改革，并能使大学制度改革始终朝着建立有利于提高大学组织学术性效率的运作机制的方向发展。正如阿特巴赫所言："世界上最好的大学无需外界权威的干涉就能任命和提升自己的教职人员；能够录取学生，确立学位结构，评估学生的成绩；能够发展内部管理体制，这种体制允许大学各机构在校内不受外来的约束或控制而发挥作用；重要的是，能够让其教师拥有高度的专业自治权和无拘无束的学术自由。"①

其次，清晰的发展目标是大学组织优效运行的前提。在我国计划管理时期的外控制度环境下，大学是政府的"附属"机构，大学是依据政府的意愿甚至是某些政府官员的命令组织大学活动的，大学并不能真正为自己设定目标，其发展计划更多地涵盖于政府的文件以及指令中，其中有些目标和发展计划与大学的学术性目标没有直接联系，甚至是背道而驰。大学面对各级政府以及不同行政部门的复杂甚至矛盾的指令性要求，教师和管理人员也因此迷失了自身的角色定位和大学发展的方向，致使大学的发展目标始终难以一致，根本无力组织有效的合作团队，大学因此也

---

① 〔美〕菲利普·G. 阿特巴赫：《比较高等教育：知识、大学与发展》［M］，第 252 页。

就不可能成为优效运行的学术性组织。相反，自主型大学决不会为迎合政府的需求而承担大量的工作，而是通过寻找适合于自身的学术发展定位来确立发展的优势和特色。由于办学目标不是强加的，因此易于在竞争的环境下形成清晰的发展战略规划，并据此设定大学组织制度和运行机制。

最后，教学科研实践，包括如何组织教学、如何进行科研和社会服务，是判断大学组织效率的关键性标准。一所学校所采取的教学科研的组织方式，在很大程度上是基于一定环境提出的要求。在我国外控制度条件下，由政府确立的各种规则编织起来的网络都是尽力让大学的教学科研活动模式化、规范化，使教师或科研人员身受双重束缚。其一，烦琐的教学科研规范和科层化管理模式，客观上限制了他们基于自己的专业知识和专业判断从事学术活动的积极性；其二，学术分工的过度专业化以及僵化的人事制度，使教师终身束缚于某一狭隘的"固定"岗位，致使跨学科的学术创新动力不足。在自主型大学，教师和科研人员则拥有决定教学和科研领域的自主权，不用担心自己的工作是否侵犯或违反了其他学科领地以及政府的各种强制性规定，所以能通过组织一个高效的团队来灵活、高效地组织教学科研活动。同时，由于大学各自拥有不同的"市场份额"和学科优势，不同大学的教学科研组织形式也可能完全不同，从而使大学群落呈现出异彩纷呈的办学格局。

二　大学内部治理结构与制度环境约束

建设现代大学制度的理想目标有两个明显的特点：一是大学组织是一个自主的法人实体；二是大学有一个责、权、利清晰的治理结构。如何构建大学内部治理结构是建立现代大学制度的核心问题。但是，大学治理结构能否发挥积极作用，又与制度环境密切相关。我们之所以用大学内部治理结构来代替内部管理体制的说法，是就现代大学组织应该是一个自主运行的实体性机构而言的，因为"治理理论强调公共事物的管理权限和责任，从传统的政府垄断中解放出来，形成一种社会各单元（政府、市民社会、组织和个人）共治的局面"。相对于大学组织来说，由管理转向治理，就意味着政府必须转变职能，由原来的政府大包大揽转向政府、社会、市场等多元主体参与和以大学为主体的办学格局。"具体来说，在举办权方面，政府不是唯一的举办者；在办学权方面，政府应该将它交给学校，使之成为独立的法人实体；在管理权方面，政府应更多地依靠行政合同而不是行政手段、行政命令来管理学校。"① 这主要是就大学的外部制度环境而言的，实际上，外部制度环境的变革必然要求大学内部治理结构与之相适应。因此，从外延上看，大学治理结构应包括外部治理结构和内部治理结构。外部治理结构主要是就大学制度环境中不同主体性要素之间的关系而言的，是指大学举办者通过行政的、市场的等手段和途径对大学进行管理的关系结构。内部治理结构主要是指大学举办者对大学经营者的经营管理活动进行激励和约束的一整套具体制度安排。就二者的关系来讲，外部治理结构处于主动地位，它是大学治理的首要条件和基本机制，而内部治理结构则是以外部治理结构为基础的，它是外部治理结构的内生性制度安排。判断某种大学内部治理结构是否优效，要以其是

---

① 盛冰：《高等教育的治理：重构政府、高校、社会之间的关系》[J]，《高等教育研究》2003 年第 2 期，第 47～51 页。

否适应其外部治理条件为标准。

由此，我们可以展开如下推论：其一，作为外部治理的内生性制度安排，内部治理结构只有在适应外部治理结构的条件下才能有效率；其二，现实中外部治理环境千差万别，而且并不总是完善的，因而也就不存在普遍适用的、"十全十美"的内部治理结构模式；其三，内生性制度安排的特点又意味着，对应于各种不同的外部治理条件，总能产生与之相适应的、相对有效的内部治理结构模式。[①] 把这种逻辑推论应用于我国大学的组织与管理问题，就意味着只有首先着眼于大学外部治理环境的改善，并在此过程中不断探寻和完善与外部治理条件相适应的内部治理结构，才能最大限度地确保大学组织效率的提高和内部制度改革的成功。正是在这种意义上，正确认识和把握大学内部治理结构与外部环境约束机制的关系，对于我国建立现代大学制度具有重要的意义。

（一）西方"校本管理"的启示

"校本管理"（School-Based Management）是发端于美国而后波及西方大部分国家和地区的一场国际性的学校改造运动。所谓校本管理，顾名思义，就是以学校为本位或以学校为基础的管理。它是一种以权力下放为中心的学校管理思想和模式，其核心就是强调教育管理重心的下移，强调教育行政部门给予学校更大的权力和自由，使学校成为自我管理、自主发展的主体，并可以根据自身的需要确定自己的发展目标和方向，从而提高学校管理的有效性，创办出更有效的学校。著名的校本管理学者戴维总结

---

① 郑林：《国有企业治理结构研究》［M］，郑州，河南人民出版社，2002，第20页。

了校本管理的两个基本特征：①学校作为主要决策单位——学校决策应由学校运作的"前线"作出，所以应增加学校财政及管理的自主，减少来自中央的控制；②拥有权（Ownership）作为学校改革的基本条件——有效改革并不依据外在程序，而主要需求就是有关成员合作，共同作出决策。① 这两个特征为许多校本管理的研究者和实践者所引用。

校本管理的提出有着深刻的历史背景，反映了西方学校管理哲学由"外控管理"向"自我管理"的转变。长期以来，人们只是注重了学校属性和特点的一致性，而忽视了各自学校的不同特点，而正是这些不同特点才构成了区别于其他学校的特色，尤其是学校所处环境以及参与学校管理人员的不同要求和期望塑造了学校独特的形象。而校本管理倡导者的目的就是根据各自学校的具体情况，改善管理方式，提高教育质量。再者，20世纪60~70年代，世界各地不遗余力地开展课程和教法改革，但效果并不理想。直到20世纪80年代，当现代管理已在工商机构成功发展时，人们开始意识到，要改进学校效能，提高教育质量，必须从"课堂教育层面"跳到"学校组织层面"，改革学校的结构系统和管理方式。② 因为过去的学校管理方式，是以外控为主的管理模式，学校的管理权主要掌握在教育行政机关手中，他们不仅拥有范围广泛的教育政策的制定权，而且还拥有诸如课程、教学和财务等学校层面上的常规管理的权力。学校系统被看做是达成与中央政策一致性的"工具"，或是一个需要严密外控的被动系统。在这种体制下，学校被动承受中央指令，没有自主管理的主动权和问责

---

① 郑燕祥：《学校效能与校本管理：一种发展的机制》［M］，陈国萍译，上海，上海教育出版社，2002，第51页。

② 郑燕祥：《学校效能与校本管理：一种发展的机制》［M］，第53页。

权。尽管这种外控式教育管理哲学在西方社会迅速实现工业化时代对推动公共教育体系的建立和教育普及化进程，以及对提高学校教育整体质量起到了促进作用，但是其局限性也是显而易见的，那就是学校缺乏自主权和应变能力，不能根据社会和学校实际情况灵活地制定管理政策和策略。另外，20世纪中后叶，以边缘化、分权化、多样化为中心的后现代主义思潮在西方国家兴起并迅速发展，也对多元主体参与学校管理理念的产生起到了哲学层面的思想观念支撑作用。由于上述社会背景和多重因素的综合影响，于是，与外控式管理相对应的校本管理便应运而生了。

校本管理一经提出就在全球范围内流行，根本原因在于学校组织所处环境的变动以及不确定性因素的增加，使学校在管理和教学活动中，无可避免地遇到各不相同的生存困境和难题，因此应赋予学校相应的权利和责任，以便及时有效地将问题解决。而传统的事事请示上级行政部门或中央的外控管理模式在学校面对变动的生存环境时，越发显得缺乏灵活性和敏捷性。校本管理的倡导者把教育组织看做松散结合的系统，各层级之间控制较少，每一层级的自主性都很明显，而不只是服从上级的规则和行政约束。根据松散二元结构理论，校本管理可能是管理学校唯一的好方式。莫菲和贝克认为，校本管理具有以下几方面的优点：①如果决策是由那些对学校和学生具有最多知识的人作出的，学校教育决策的质量是可以提高的；②变革是不断的，这就要求每一所学校具有对变革的适应性和敏感性；③自上而下的变革难以奏效；④参与决策可以提高人们对组织的忠诚度、努力程度并能够鼓舞士气。①

---

① Murphy, J. &Beck, L. G. *School - based Management as School Reform*: *Taking Stock* [M]. Thousand Oaks, CA: Corwin Press, 1995. 138.

可见，校本管理的实质就是学校角色由"被动执行系统"转变为"自行管理系统"。前者认为达到目标应有通用于各学校的标准程序和方法；后者则强调"殊途同归"原理，鼓励行政部门放权，各学校应该根据各不相同的条件，各施其法进行管理。为把校本管理的理念变为实践，在世界范围内兴起了学校改造运动。早在 20 世纪 60～70 年代，澳大利亚就要求每个学校设立董事会，以期建立一个由教育局、校长、家长、社区人员、教师、教育管理人员共同合作的学校管理模式。综观不同国家和地区的校本管理实践，以决策主体来划分，主要有行政控制模式（校长决策）、专业控制模式（教师决策）、社区控制模式（家长、社区成员决策）以及平衡控制模式（家长和教师共同决策）。① 以上几种模式分别在不同条件下运用，或把几种模式结合起来综合运用，从而构成了西方学校丰富多彩的学校管理特色。

值得指出的是，发端于西方的"校本管理"概念和模式是就中小学校改革而言的。在西方教育改革文献中，高等学校基本上没有采用"校本管理"的概念，在涉及高等学校与政府之间的关系时，更多地采用"大学自治"、"大学自主"、"大学法人"等与"校本管理"含义相近的概念。我国在引介西方校本管理的理念和实践时，虽然在个别高等教育研究的文献中也借用了"校本管理"的提法，但还没有被高教理论界所普遍认可，而且对这一概念在高等教育领域的适应性也缺乏深入的研究。这在某种程度上也许是为了维护概念的专用性和权威性，毕竟大学

---

① 黄崴：《校本管理：理念与模式》［J］，《教育理论与实践》2002 年第 1 期，第 28～32 页。

管理比中小学管理要复杂得多，概念的移植必须考虑其适用的程度和范围。但笔者认为，无论是从校本管理本身的含义还是从校本管理运动产生的背景及其实践理念来说，校本管理的理论与实践同样可以说明中国大学组织生存与发展所面临的许多问题。

首先，大学组织同样面临着从"外控"到"自主"转向的压力和动力。中世纪大学是自治与自由的学者行会，正是这种自治与自由的精神内核造就了大学组织的"象牙塔"传统。但20世纪工业化及高等教育的大众化进程彻底打破了大学组织的封闭形态，政府利用立法、市场、投资等手段逐步获得了控制大学的权力，特别是对于占高校绝大多数的、主要依靠国家拨款生存的公立学校来说，传统意义上的大学自治与学术自由精神受到前所未有的冲击。然而，从来没泯灭的学术本性以及大学组织面临越来越不确定的生存环境，"使政府又面临着日益增加的对大学'放权'的压力"。当然，这并不是对古典大学传统的回复，而是通过设法寻求大学自主和大学的法人地位等途径来实现。"大学应当免受政府的直接干预，依照法律独立处理办学事务，如确定学校机构、财务管理、创收、招聘教职员工、课程与专业设置和对学生的要求，教学与研究自由。"① 特别是中国大学传统的外控管理方式由于忽略校本需要而导致办学效率不高和缺乏灵活性，而校本管理就是将权力从政府下放到大学组织自身，以提高大学自主发展的积极性。

其次，大学正由一元权力向多元权力参与管理转变。计划经

---

① 王一兵：《大学自主与大学法人化的新诉求——全球化知识经济带来的挑战》[J]，《高等教育研究》2001年第3期，第11～19页。

济时代的大学管理是以政府为唯一权力中心的一元化管理，这适应于高度集权的大学统一管理模式。随着市场经济的发展以及高等教育管理权的下移，大学的个性化发展的空间开始形成，日益推动着国家权力的分化、转移及公民意识的显现和表达，并从根本上改变了政府的角色和定位，大学公共行政的官僚管理模式也开始转向公共管理的弹性的、以市场和社会参与为基础的形式。① 也就是说，大学由政府一元权力管理逐步向大学利益相关主体共同参与治理的格局转变。政府实现大学公共服务的方式是"掌舵"，而不是"划桨"，其控制的权力由集中走向分散。这就意味着，政府在大学管理中依然充当着非常重要的角色，但是它不再是实施大学管理的唯一权力中心。这就为计划体制造就的大学组织形态的分化、重组，形成大学新的治理结构提供了契机。

最后，大学自主管理模式由单一向多样化发展。中国大学组织的生存环境正从"统一"走向多元，不同大学面临着各不相同的发展机遇和社会需求，这就意味着不可能存在一成不变的大学内部治理结构，大学之间也不可能存在完全相同的治理结构，这就需要大学根据各自的环境条件自主探索和不断变革。而校本管理的基本理念就是倡导学校自主发展、自主决策，并依据自身情况自主改善学校管理。世界一流大学的实践表明，尽管各国文化传统、行政体制、高等教育体制不同，但都形成了独具特色的大学内部制度。从实质上讲，这是与不同大学基于自治基础上的校本管理实践分不开的。

---

① 梁莹：《政府善治与我国第三部门的发展》［J］，《南京师大学报》（社会科学版）2003 年第 3 期，第 34～39 页。

（二）西方大学内部治理结构与制度环境互动的比较分析

1. 美、日、法、英等国大学治理结构透析

西方早期大学信奉学术自由，政府不干涉大学内部事务，大学表现为自治和自律的学术性组织。现代社会的发展已经使大学处于政府、社会、市场等多元因素构成的错综复杂的环境之中，这些因素对大学作用的不同力量配比以及不同的大学管理传统，形成了各国大学各具特色的制度环境。与制度环境相适应，进而形成了各国大学不同的内部治理结构与运行机制。

（1）美国大学的治理结构特点。美国的高等教育长期以来就是各州的责任，而不是联邦政府的责任，就是在州一级，由于各州不同的传统和行政体制，大学同州政府的一体化程度也有很大不同。大学是独立运行的法人实体，各州政府原则上不得直接干预大学内部具体事务，州政府对大学的管理主要是州议会通过立法、拨款以及通过各种专业协会对所属区大学的科研、教学、财政等方面施加影响。从总体上来说，与西方其他国家的高等教育系统相比，"美国的系统是最缺乏组织的，几乎完全是一种相互之间自由竞争的市场"，虽然"一些联邦机构也在产生越来越大的影响，历史的趋势明显地向着有控制秩序的方向发展。但是，市场调节仍然是最主要的因素"①。其结果是，很不正规的全国体制促进了大学组织作为独立单位在市场上进行竞争。因此，从历史上看，美国大学的政府控制是比较弱的，但却因此逐

---

① 〔加〕约翰·范德格拉夫等：《学术权力——七国高等教育管理体制比较》[M]，王承绪等译，杭州，浙江教育出版社，2001。

渐确立了比较强势的董事会。由于美国大学较强的市场指向性，董事会较多地体现校外集团的利益，其成员主要由校外人员组成，也即"外行董事会制度"，董事会以代表广大社会利益的名义负责对学校长远发展进行指导。董事会也是大学的法人，是大学的最高权力机构，拥有广泛的权力。其中，最重要的职责是任命校长、大学发展规划的制订与实施、所有重大事务的最终决定权，包括授予终身教职，任命教员和职员等。董事会和校长的关系是典型的委托—代理关系，董事会将行政权力委托给校长，由此形成了以校长为首的、强有力的专业化行政管理机构。在美国，不像欧洲高等教育系统，也不像世界各地的讲座制，大学内部有一大批行政人员，他们按照校长或主管副校长的旨意从事学术管理、招生、人事、预算等事务性工作；由校长主持的评议会或教授会是学校的学术管理机构，主要负责确定校历，决定课程计划，确定招生、录取标准和学位标准以及教师聘任与晋升的政策。一般来说，校、院、系三级都有教授会。

美国大学相对弱势的行政控制以及较为成熟的高等教育市场环境，塑造了美国大学相对开放的内部治理结构体系。其中主要由校外人员组成的董事会掌握最终决策控制权，并对大学内部行政、尤其是校长的行为进行监督；其内部行政结构具有明显的等级性，董事和校长及主要行政人员的地位在其他人员之上，而不同层次的教授会或评议会中的教授具有相对独立的学术性决策权力。因此，在日常管理中形成了教授、董事和行政人员分而治之的权力结构形式。

（2）日本大学的治理结构特点。自明治时期东京大学创立以来，日本国立大学一直由政府直接保护，从未受到市场机制和自由竞争的冲击。因此，相对于英美等西方国家而言，日本国立大学缺乏足够的自主运营权和管理权，教学和科研体制比较僵化，大学与外界社会尤其是与地方经济发展和文化的联系不够紧密。长期以来，政府不仅通过法令和行政法规集中管理高等教育，而且经由文部省直接插手大学内部管理和具体运作，大学成为受政府支配的行政隶属机构。虽然在第二次世界大战后文部省的权力有所削弱，但仍然不可忽视。文部省有权制定国家对高等教育的政策；可以通过大学设置评议会创办和撤销院校；可以建立新的讲座、学部和研究所；在取得大藏省同意的情况下，可以决定各院校的预算、工资和学费；负责批准大学关于教员晋升的建议，以及关于学部成员、学部长和校长任命的建议；可以通过确定学位要求控制课程开设。[①] 日本大学的这一集权管理体制不仅使大学行为更多地受政府控制，而且使大学的内部组织管理更多地带有行政化特色。第一，在政府控制比较强的国立大学，没有形成像美国大学那样强势的董事会制度，因为市场机制或社会参与机制几乎与大学无缘，而是政府直接插手大学内部事务管理。第二，大学内部组织的最高层次是校长、大学评议会（私立大学为董事会）和教授会。日本国立大学的校长由评议会或教授会提名，由文部省任命，主持学校的行政事务。校长下面设有评议会和教授会两个主要机构，前者由大学校长、学部长、研究所所长、学部教授等人组成，协助校长制定章程，提出预算方案，审议校内重大事务；后者由教授、副教授和其他教学人员组成，负责处理校内涉及学术和人事方面的重大事务。[②] 同时，校

---

① 〔加〕约翰·范德格拉夫等：《学术权力——七国高等教育管理体制比较》[M]，第 144 页。

② 陈列：《市场经济与高等教育》[M]，北京，人民教育出版社，1996，第 120 页。

长之下设事务局、教务部、学生部协助校长工作。第三，大学组织层次的第二级学部是由若干学系或讲座组成的联合体，学部长由学部理事会选举、文部省任命，负责本学部教育及行政事务的管理。只有在基层的讲座或系的教授才具有比较大的学术自主权。

（3）法国大学的治理结构特点。法国的高等教育受其所置身的政治和行政体制的深刻影响，自拿破仑时代起就形成了中央集权的教育体制。第二次世界大战以后，为了使大学管理制度与国家的政治制度和经济发展相适应，法国政府在基本维护中央集权制的前提下，曾对大学内部机构及其管理体制进行多次调整，并由此使大学获得了较多的自主权力。如 1968 年颁布的《高等教育方向指导法》规定了综合大学"自治"、"参与"和"多科性"三原则。1984 年通过的《萨瓦里法》在重申"三原则"的基础上，又对大学内部管理机构进行了规范，并强调大学在办学方面拥有更多的自主权和主动权。根据现行的高等教育法，法国综合大学内部设三个不同性质的委员会，即"大学管理委员会"、"大学学术委员会"和"大学学习与生活委员会"。从校长与三个委员会的关系来看，校长由三个委员会联席会议通过选举产生，并主持三个委员会的工作；校长可以将部分权力交由副校长分担，但他仍是总负责人。总体而言，法国大学的组织制度更多地体现为学院的"联邦"，也就是说，学院独立性较强，大学传统上只是一个空架子而已，在国家—大学—学院（专业）三角关系中，大学的地位比较薄弱。正如法国教育史学家安东尼·普鲁斯特所说："大学只是学院的集合，实际权力在院长手里。下面，系和其他组织形式没有任何实际权利，不掌握任何经费；上面，校长作为国家官员，主持大学理事会，只有象征性的代表权。"① 20 世纪 60 年代以后，法国集权式的大学管理体制虽经多次变革，但由于没有触及国家政治体制及教育体制，大学层面的薄弱状态没有发生实质性的改变。因此，从根本上来说，法国大学的治理基本上是隔离于市场，属于政府集权和大学学院自治相结合的模式。

（4）英国大学的治理结构特点。以"牛津"、"剑桥"为代表的英国大学被称为高等教育的"自治部分"，它们拥有皇室授予的大学特许状，享有合法的自主权。在英国，地区一级不存在大学管理的专门机构；在国家一级，权力是在教育和科学部与大学基金委员会之间分享的，大学基金委员会在政府与大学之间起缓冲作用，以维护大学的自主权。传统上大学基金委员会由学者组成，他们更多的是代表学校而不是政府，使来自于"国会的拨款从来不带有什么指示或限制，国会拨款时也就把使用款项的自由一并交给了大学"②。而且拨款的周期较长，一般每 5 年一次，这就意味着在这 5 年时间里，大学具有决定经费使用、自主决策学校发展的权力。虽然大学基金委员会仅对大学施加间接的影响，没有支配和控制权，但是，大学基金委员会经常为大学的基金使用发布一些指南，从而指导与促进大学改善经营管理和治理结构。从大学治理结构的现状来分析，由于文化传统以及各大学成立时间长短的不同，大学的治理结构分别表现出不同的特征：1992 年前成立的大学设有校董会、校务委员会和学术委员会；法律要求 1992 年后成立的大学设立董事会和学术委员会；古老的历史文化传统形成了牛津和剑桥大学独特的治理结构和独

①　邢克超：《大学发展的一个新阶段——法国高等教育管理十年改革简析》[J]，《比较教育研究》2001 年第 7 期，第 9～13 页。

②　〔英〕阿什比：《科技发达时代的大学教育》[M]，第 52 页。

立学院制度，剑桥大学的治理结构包括董事会、理事会和校务委员会三个独立的机构。① 董事会主要由校外人士以及大学教师和学生代表组成，通常一年举行一次会议，主要使命是任命副校长和教师，保持与外界社会的联系，讨论学校长期发展规划等；理事会是执行机构，拥有行政和决策权，执行董事会的决议，并向董事会负责；校务委员会负责学术和教育政策，包括对教师的考核，保证教学和科研水平等。其他大学的校务委员会属于大学的常设机构，主要负责财务、投资和资产管理、代表大学签订合同等。大学校长大多是荣誉性的职位，副校长是大学"首席学术和行政官员"。大学组织层次的第二等级——学部是相对独立的教学科研机构，其决策权属于部务委员会，它通常由全体教授、非教授系主任组成，有时也包括全体副教授和高级讲师，学部主任由委员会选举产生。大学基层组织——系设有系务委员会，它由全体教学人员组成，有时也有学生代表参加，系级权力结构不像德国大学那样等级森严，决策比较民主。一般来说，学部和系只负责教学和科研任务，所以教授的行会权力在基层比较强，在牛津大学和剑桥大学的许多独立学院中更是如此。

可见，英国的大学内部治理结构主要体现为理事会行政管理权力、校外人士参与的董事会决策权力和教授行会权力相互结合的模式。20 世纪 90 年代以来，英国越来越重视和关注对大学的治理，并不断通过相关策略和研究报告来引导和促进大学改进内部治理。1997 年以 Dearing 为首的研究小组提出了大学治理应遵循的三条原则：大学自治应受到尊重，学术自由应受到保护；大

---

① 焦笑南：《美国、英国、澳大利亚的大学治理及对我们的启示》[J]，《中国高教研究》2005 年第 1 期，第 51～53 页。

学治理应是开放的和反应敏捷的；大学治理机构应该对自身的有效性和业绩进行评估。①

2. 不同治理模式的优势及大学治理结构改革的趋同

从上述比较中可以看出，美国和英国的大学是在较弱的政府控制、健全的中介和评估制度环境下运行的，相对于法国、日本的大学而言，英美大学是传统的或法定的自主性组织。作为大学自主的制度性保障，英美两国大学都具有比较强势的董事会。董事会对外作为联系社会、市场的"纽带"，对内具有主导大学发展的法定控制权，可以选聘和任命校长或副校长（英国），校长或副校长受董事会的委托或授权行使行政权力。政府主要是通过立法、市场、中介组织等途径参与大学管理，而不是直接插手大学内部事务。因而可以将英美大学的治理模式之特点概括为：在以市场、社会和中介组织为主导的制度环境中，大学管理行为的公开性和内部信息的透明度是获得有效治理的关键，也是外部参与和监督大学内部管理的前提；同时，这也对大学相关主体与组织行为产生了有效的约束与激励。值得指出的是，英美两国大学市场参与治理的程度是有差异的，美国大学的市场导向性较强，这不仅体现在外部人员参与大学管理的机制上，而且体现在大学教学科研活动组织管理的过程之中；由于英国大学素有保守的传统，大学管理的市场化是不完全的，一方面政府仍然为大学发展提供绝大部分经费，另一方面在向大学提供经费的方式上又不同程度地引入了市场机制。可以说，英国大学治理的社会和市场参与机制是在政府引导下从"象牙塔"走向社会的必

---

① 焦笑南：《美国、英国、澳大利亚的大学治理及对我们的启示》［J］，《中国高教研究》2005 年第 1 期，第 51～53 页。

然结果。但从实质上来说，"是在政府操纵下的准市场，并非真正的市场"①。

与英美大学相比，日本、法国政府对大学的控制力较强，大学层面的自主权力十分有限，所以，与外部的行政控制和大学基层的行会权力相比，大学没有形成较强的董事会制度，而更多地体现为政府直接参与大学的组织管理，大学校长虽由校内选举产生，但必须经政府任命。日本、法国的大学治理结构特点可以概括为：政府与大学管理层之间的关系状态是影响大学治理效率的关键；大学普遍没有建立起社会和市场参与大学治理的机制，属于以政府为中心的管理。两国大学内部基层组织的学术权力较强，无论是法国大学的学院、专业，还是日本大学的学部、系，都拥有科研、教学的自主决策权。因此，行政上的僵化和集中管理与基层组织的相对学术自主，构成两国大学内部治理结构的鲜明特点。

从本质上说，历史的路径依赖及现实的高等教育体制构成了各国大学治理结构的不同特色。但这些体制都是有效率的吗？或者说，它们都是无效的吗？从上述国家大学的实际情况来看，无论是美国的体制，英国的体制，日本的体制，还是法国的体制，都不是十全十美的，都有缺陷和局限性，但这些国家都拥有世界一流水平的大学。这说明这些体制总体上并不是无效率的，至少某些方面的无效率被体制中其他方面的高效率所弥补，或者说有效制度大于无效或低效制度，因为一流大学是不会长期拥有束缚其高效运作的大学制度结构的。虽然无效或低效的

---

① 詹鑫：《八九十年代英国高等教育的市场化与大众化改革》[J]，《外国教育研究》2000 年第 4 期，第 59~64 页。

制度可能在一个国家的大学制度中扎根，但不可能使这个国家的大学走向一流。从上述国家大学的治理模式的优势以及所体现出来的不同特色来看，很难说一种治理模式优于另一种治理模式，它们的共同之处就在于每一种模式都形成了与其外部环境相适应的大学内部治理结构，并且保留了基层学术组织较多的自主权力。一种治理模式的优点往往意味着另一种模式的缺陷，在实践中优势应当予以整合或彰显，劣势应当予以消弭或克服。从当前各国大学制度改革的趋势来看，世界经济的全球一体化及高等教育的国际化，将导致不同国家大学治理结构的趋同、汇合和调匀，现实的大学发展也越来越多地表明了这种趋同，不同国家正在采用其他国家大学治理模式中最好的实践形式。

在美国，大学治理结构改革的一项主要任务就是提高董事会的质量，使董事职业化，并独立于大学行政领导层，建立外部人监督大学的机制。同时，政府也逐步改变传统的"牧羊人"角色，"一直朝着精心设计的大力加强上层结构的方向发展，这个结构包括联合大学的行政管理，各州最高委员会，各州政府的计划和控制，地区协作和联邦政府更为经常、更为系统地干预高等教育"①。英国的大学治理结构调整主要体现在不断地加强了市场机制。"在20世纪80年代到90年代几乎所有的政府改革都涉及市场方式的趋势。"② 在高等教育管理领域，主要表现在通过财政拨款制度改革，逐步形成了"核心＋边际"的竞争性拨款

---

① 〔加〕约翰·范德格拉夫等：《学术权力——七国高等教育管理体制比较》〔M〕，第204～205页。
② Gareth Whillams："The Market Route to Mass Higher Education：British Experience 1979～1996"〔J〕．*Higher Education Policy*．1997（3～4）：275～289．

制度。其中，核心部分就是政府划拨给各学校的固定经费，边际是竞争性的，是根据招收学生数额以及教育和科研的质量来获得的。同时，政府根据社会、经济、科技等发展的需要，确定一些科研项目，让各大学来竞争，促使其朝着政府所希望的方向发展。日本的大学治理结构调整则以下放大学办学自主权、克服国立大学对政府财政的依赖为突破口。其中，最主要的改革举措就是将国立大学"独立行政法人化"，其实质就是从根本上改变国立大学的性质，即由国家办学转向法人办学。在这种新的制度安排下，大学主要根据自己的权利和责任实施运营管理，自行设计预算分配、人员配置、科研规划等；政府对大学的拨款将根据对大学的评价结果进行分配。[①] 同样，法国的大学治理结构改革主要表现为改变"国家—大学—学院（专业）"三角关系中大学没有自主权、地位薄弱的状态。经过多年实践探索，法国政府于1989年正式启动了合同制分配经费的政策，要求每所大学都要根据自己的内外环境条件和发展重点每四年制定一个发展计划，作为校长与教育部谈判、获得经费的基础，从而提高了大学自主规划办学的积极性。

同时，各国对大学领导体制也进行了与制度环境相适应的变革。在英国，与竞争性的拨款制度和大学外部完善的评估制度相适应，英国大学加强了理事会的职能，每所大学都增加了校外人士参加学校管理，这在很大程度上提高了大学适应社会的自觉性。在日本，根据国立大学法人化方案的构想，国立大学"独立行政法人化"之后，大学校长成为法人代表，并设监事数人；

---

① 李守福：《日本国立大学将不再姓"国"——日本国立大学独立行政法人化述评》[J]，《比较教育研究》2000年第5期，第11～14页。

除了评议会、教授会等作为大学自主自律运营管理不可缺少的组织之外，还设立协助校长进行管理的"运营会议"，具体负责大学的行政管理。此外，建立"大学自我考核评价制度"，并将考核评估的结果向社会公布，目的是在实施自主办学改革后，增加社会对大学运营状况的监督，形成大学自我约束机制。在法国，大学合同制拨款制度改革加强了学校层面的地位和作用，与此相应，校长的权力逐渐突出，其职能不再只限于传统的对内协调和对外代表，而是要具体落实大学组织的整体使命，如提出总体政策，指导制订发展计划，与教育部以及政府的诸多部门谈判合作。同时，大学内部管理机构进一步向专业化方向发展，校级职能部门及其行政人员的作用大大加强。

当然，各国大学治理结构的趋同只是相对的，改革只是在原有基础上的创新，而不是彻底打破。因为大学制度深深扎根于各国的文化传统及大学自身的传统之中，具有路径依赖的特征。同时，不能简单地认为国际化或全球化就是一体化，或大学制度改革趋势一定是美国的市场化，或简单地以美国的大学制度为蓝本，而忽视各国大学治理结构独特性存在的意义与传统根源。

三　制度环境的变革与我国大学治理结构的重建

（一）制度环境：大学内部治理改革的动因

大学内部治理结构是与外部环境相适应的，有什么样的外部环境就有什么样的大学内部治理结构。当然，这并不是说，大学内部治理结构是没有问题的，随着大学生存的制度环境的变革，大学内部治理结构存在着一个与制度环境的"不适应—改革—基本适应"的过程。但制度的"路径依赖"以及在原有体制下形成的利益群体的阻力，致使这一改革过程体现出长期性特征。如果将大学的外部治理结构看做是大学举办者对办学者的经营管理与绩效进行监督和控制的一整套制度安排，以解决对大学办学者约束和激励的问题，那么大学内部治理改革就是如何走出由政府这个唯一权力中心对大学的控制，向政府、市场、社会、大学"各安其位"、大学自主办学的方向发展。从本质上说，我国大学内部制度改革是在市场经济体制以及与此相适应的高等教育宏观管理体制改革的背景下展开的。"在计划经济时代，对社会的控制与调整主要靠一个超经济的政治体制。这一机制运行的主要动力是人治，它使社会的各个领域都被置于政府之下。政府的过分强化导致了社会自主力量的萎缩，教育领域的状况也基本如此。"① 因此，人们习惯于把大学组织看做政府的附属机构。随着市场经济体制的建立以及高等教育管理体制改革，传统的政府与大学二者之间的"同构"开始分化，相当一部分举办和管理大学的职能逐步从政府的职能中分离出去，形成举办者、管理者和办学者三个主体，并逐步形成了三者之间相互制衡的关系。这种外部制度环境的变革必然要求大学内部治理结构作出及时的适应性改革。

其一，制度环境的变革是大学由外控向自主变革的社会条件。在计划经济体制下，政府对大学实行计划管理，大学是政府的隶属机构而不是利益主体，高等教育长期存在的"买方市场"

---

① 劳凯声：《世纪之交的中国教育改革走向：教育与市场的关系问题》［J］，《北京大学教育评论》2003 年第 3 期，第 10～16 页。

使大学缺乏危机意识，从而难以形成大学自主进行制度创新的动力，也难以形成自主性的大学内部治理结构。新制度经济学理论认为，组织自主的制度创新必须满足两个条件：一是潜在的外部利润；二是组织是具有独立利益的法人实体。当前，政府对大学逐步"松绑"，大学生存环境的不确定性逐渐增加。比如，政府投入的相对不足，筹资渠道的多元化，大众化的高等教育需求，区域性经济发展对个性化大学的需求，等等，这些都在客观上强化了大学理应成为制度创新和运行的主体，独立自主地选择自己的生存和发展之道。同时，高等教育需求的多元化、市场化也就意味着大学获利机会的增加，如果大学在科研、招生、收费、专业设置等方面一直维持传统的外控模式，就不可能将潜在的利益转化为大学实际的办学资源。因此，制度主体必须从政府转移到大学自身，才能使大学及时捕捉发展的信息和机会，从而促进自身的可持续发展。而大学组织作为制度主体地位的实现，必须有赖于自主性的制度支撑，有赖于大学制度环境及内部治理结构的创新。

其二，大学的本体性职能定位是由外控向自主转变的内在根据。组织理论认为，任何组织的存在都具有自己独特的目的和特定的职能定位，并以此作为区别于其他社会组织和确立自身存在合理性的根据。大学是一种学术性的社会组织，其根本职能在于提高学术水平，并以自己的学术成果（知识、人才）服务于社会，它遵循的是知识操作的基本逻辑。但长期以来我国大学的政府外控制度导致的直接结果就是混淆了行政权力和学术权力的界限，刻意追求二者的"一元化"；加之"官本位"的影响，致使长期忽视学术环境和学术制度建设，并导致大学学术创新的机制与活力受阻。德理克·博克在哈佛大学 350 周年校庆演讲中指出："美国高等院校是在各具特色的、地方自治以及竞争中繁荣起来的。而规章制度、中央计划和官僚体制则有把我们的办学环境变坏的危险……我们已无法依赖我们高等教育体制本身的力量来使我们沿着正确的方向前进，因为我们所描述的危险正是这个体制的产物。展望未来，必须竭尽全力来抵抗那些迫使我们偏离正确轨道的压力。"① 当前，我国大学同样已不能依赖外控制度模式促进大学的发展。因为，一方面政府已不可能包揽大学发展需要的所有要素，另一方面政府的行政控制与当前不断突显的学术功能背道而驰。所以，自主发展已成为中国大学发展的必然趋势，而这又必须有赖于一整套保障学术创新的内部治理结构才能实现。

（二）委托—代理问题：大学治理结构的困境

我国高等教育体制改革的推进，逐渐打破了以单一政府权力为中心管理大学的体制，初步形成了多元主体参与大学治理的格局。但总体上来说，除宏观管理体制改革有所进展之外，大学内部治理的自主制度建设则收效甚微，大学发展的低效运行状况还远未改变。主要表现在：学术创新动力不足，冗员较多，教师或科研人员的积极性不高，管理松懈，大学组织适应性较差，等等。造成这种状况固然可以从管理体制的僵化、教师评聘制度不健全、行政权力大于学术权力、机构臃肿等方面寻找原因，但这些只是大学效率低下的浅层次原因，或者只是导致大学效率低下的表面现象，最根本的原因是大学治理结构缺乏有效的约束和激励机制，存在类似国有企业的"有效监督人缺位"的

① 姜文闵：《哈佛大学》[M]，长沙，湖南教育出版社，1998，第12页。

问题。用经济学中的委托代理理论进行说明，大学治理结构中存在的"委托—代理问题"是造成大学组织运行效率低下的总根源。

委托和代理最初是规范的法律术语，被经济学用来描述和定义企业所有者和经营者之间在两权分离状态下的关系。随着现代社会的发展以及其他社会组织对企业制度的借鉴和运用，委托代理理论的内涵逐渐丰富。委托代理关系不仅存在于所有者和经营者之间，而且被认为存在于一切组织、一切合作性的活动中，存在于组织的每一个管理层次上。尽管不同性质的社会组织委托代理的内容及其约束和激励机制不尽相同，但委托和被委托是一种发展了的分工形式，是对分工和权责配置的确认，也是对双方义务的承诺。大学委托代理制度的形成，是在市场经济条件下政府与大学合理分工的必然结果，也是大学自主发展的必然要求。具体表现在以下两方面。一是大学管理权与办学权的分离。在计划经济时代，我国大学是政府的附属性机构，大学校长只是政府指令的执行者，而不是代理者，大学没有自主权，也不存在政府的授权，这是一种典型的政府直接代理的体制。随着市场经济的建立及大学管理体制改革的逐步深入，政府与大学的同构开始分解为举办者、管理者、办学者三方相互制衡的关系。同时，面对日益多样化的社会需求以及复杂的办学环境，无论是大学举办者的国家还是社会组织、个人都不可能直接经营和管理大学，而必须把经营管理大学的责任托付给大学校长和全体教师。这样，新的委托代理关系也就在举办权、管理权和办学权"三权"分离中产生。二是政府和大学的信息不对称性。由于政府和大学处于不同的权力等级和地位层次上，二者均具有信息优势和信息劣势。相对而言，大学作为自主经营管理系统，具有明显的关于自身发展的信息优势；而政府及其代理者——教育行政部门不直接参与大学办学活动，难以准确把握不同发展条件和发展任务的大学活动的相关信息，因此同大学本身相比，处于信息劣势地位。在这种信息不对称的情况下，如果政府再去干预大学微观活动的决策，势必导致决策失误。这样，政府通过建立委托代理关系，把大学教学科研活动的决策权及具体的运营活动的指挥权交给大学及其校长代理，就成为有益、必要的抉择。

委托代理理论认为，如果代理人能够完全按委托人的利益行事，则这种代理关系不会产生额外成本，也不存在所谓"委托代理问题"。然而由于委托人与代理人之间利益和信息的不对称，委托人为了防止代理人损害自己的利益，就需要通过严密的契约关系和对代理人的严格监督来限制代理人的行为，但这样做就要付出成本，也就是"代理成本"。如果委托人因监督和限制代理人所付出的费用，或代理人因监督和限制而不能及时决策所带来的损失，以及在委托人因监督不了、而代理人又不能自律所造成的损失过大，则会导致委托人的利益受损。因此，这就需要建立一套既能有效约束代理人的行为，又能激励代理人为委托人的利益而积极工作，从而降低代理成本的机制或制度安排。现代企业的委托代理关系具有以下五个明显的特点。一是委托人可以是一个自然人，是分散的个人出资者，也可以是法人。二是代理人可以是一个人，也可以是一个人格化的组织。代理人依一定的程序接受委托人的委托，享有契约规定的权利，承担契约规定的责任和义务。三是委托人和代理人之间主要以双方达成的契约来维系。在契约规定的权限内，代理人往往以自己的而不是委托人的意志进行代理活动，发挥代理人应有的才能和作用，委托人一般不干预代理人的决策。四是在一定条件下，代理人可以但要尽可能避免或尽可能少地将代理事项部分或全部再委托给他人。五是委托人将尽可能地把代理人的活动和权限限制在与委托人利益相一致的范围内。①

以上述理路来反观我国大学组织的低效运行状况，可以发现，我国大学也存在以下特有的"委托代理问题"。①代理层次多。如果把全体公民作为大学的所有者，初始委托代理关系发生在全民同中央政府之间，然后中央政府又对下级政府部门（教育部或地方政府及教育行政部门）进行委托，通过层层委托到大学组织，大学校长成为大学组织的第一层级代理人，大学校长又授权至下级职能部门、院系或个人，最后延伸至大学教职员群体。也就是说，在大学组织内部也存在着委托代理关系。因此，在这种初始委托人到最终代理人之间长长的"代理链"中，实际上存在着中间代理人既是委托人又是代理人的特殊现象，过多的委托代理层次模糊了每一级委托人与代理人的责、权、利界限，导致激励弱化和监督成本增加。②存在独占性的委托人和独占性的代理人现象。在大学的委托代理关系中，上下级之间遵循的是行政性的"管制"逻辑，委托人与代理人都是垄断性的，不存在替代机制，双方被行政隶属关系"锁定"，没有双向退出机制。由于大学第一层级代理人市场还不健全，政府作为委托人不可能真正"用手投票"来选择代理人，第一层级代理人也不可能真正"用脚投票"来选择委托人；政府与第一层级代理人之间的关系是行政控制关系，用制度规范和意识形态的价值约束代替了建立在市场机制基础上的契约关系。因此，代理人受命之后，需要随机处理委托人不曾规定的事务，权力的行使有较大的

---

① 郑林：《国有企业治理结构研究》［M］，第 67 页。

弹性空间，从而致使代理人偏离委托人的目标成为可能。这种现象不仅表现在政府与大学的关系层面上，而且在大学组织内部也存在独占性的委托人和代理人现象。③由于大学委托代理关系中没有将具体的责、权、利落实到每一层次上，导致委托人缺乏对大学代理人行为的真正监督，代理人也缺乏对大学举办者利益的真正关心，出现"无所谓的委托人"和"无所谓的代理人"现象。① 上述委托代理问题是导致长期以来影响大学发展和体制弊病的根本原因。

第一，大学难以走出周期性的"放权—收权"的制度怪圈。改革开放以来，我国所进行的高等教育体制改革，总体上属于政府主导的制度变迁，大学面向社会自主办学、自我发展、自我约束、自主创新的制度和机制还远没形成。政府作为大学直接委托人在缺乏有效的监督和评价时，往往出于自身的利益，存在干预大学自主办学的动机。同时由于政府角色及行政方式的转换滞后，政府对大学的激励和约束主要靠行政性的"收放权"来进行，通过放权增强对大学及其代理人的激励，而放权后又因缺乏必要的约束和制衡机制，导致大学及其代理人种种侵害大学举办者利益的行为，比如发放低劣文凭、以数量换质量等。对此，政府又只能通过收权来予以负向刺激。这正是我国高等教育体制改革陷入周期性的"放权—收权"怪圈的深层的制度原因，也是长期存在的行政性委托代理问题的必然逻辑后果。从制度环境层面来说，我国高等教育体制改革之所以陷入"放权—收权"的制度怪圈，主要是因为"高校诱致性制度变迁的激励和动力不

---

① 徐丽：《对委托—代理关系的几点质疑》［J］，《社会科学探索》1996 年第 5 期，第 18～22 页。

足，教育产品与服务的买方市场还没有形成，多种产权形式的高校之间有序竞争格局还没有出现，受教育者的教育选择权还没有得到法律上的承认和保护，具有激励与约束机制的高校组织制度还没有建立起来"①。

第二，大学"内部人"控制问题。让大学管理者或第一代理人拥有一定的控制权是大学实现自主的必要条件，只要对这些权力合理配置，就会有利于科学决策，有利于应对多变的大学环境，有利于提高大学组织的运行效率，这也是我们所努力构建的大学内部治理结构的理想目标模式。但我国大学第一代理人的任免是由政府或组织部门决定的，大学不能通过内部自主选举产生，任免权的独占性保障了政府能够把控制权转移至自己信赖的人；政府通过晋升激励和与职位相应的待遇激励使大学代理人辛勤工作，提高大学的运行效率。但这种"信赖"含有较多的"人治"成分，同时由于现实中存在的委托人"虚位"以及"宽幅委托"现象，没有形成像西方大学董事会那样的直接委托制，致使外部监督大学办学行为不力。因此，在政府委托代理人对大学的管理活动中出现了"内部人"控制问题。主要表现为以下四个方面。一是个人利益追求取向。在缺乏有效监督的情况下，某些大学管理者"不求有功，但求无过"，追求在职消费，往往以个人社会地位和经济利益的最大化为行为目标。二是大学内部信息披露不规范、不及时、不真实，甚至对重大的管理失误或渎职行为随意进行"技术处理"或隐瞒不报。三是短期行为严重。有些大学领导者不是考虑大学的长远利益和可持续发展，而是热

① 崔玉平：《高等教育制度创新的经济学分析》[M]，北京，北京师范大学出版社，2002，第 171 页。

衷追求轰动效应，只关心自己任职期间短期的、暂时的利益。四是大学领导层的个人利益导向，并诱发中下层管理者的类似行为，致使大学整体运行效率低下。

（三）自主性大学制度：大学治理结构的重建

近年来，政府行政方式的变革淡化了政府对大学的管制与控制，政府通过放权使大学拥有更多的办学自主权力。同时，市场经济体制的建立与完善，多元办学主体与投资主体参与大学管理，使大学的发展更多地具有自我经营的特点。因此，大学管理从以政府为单一中心的管制模式逐步向多元主体参与管理的模式转变，大学的发展也更多地从对政府的制度性依赖逐渐向自主发展的制度环境转变。从参与大学管理的主体来看，大学的治理关键是要调整好三个关系：一是政府与大学的关系；二是大学与社会的关系；三是大学管理中几种权力（政府权力、校内的行政权力与学术权力）的关系。[①] 大学治理结构的重建与创新，就是要在调整上述三种关系的基础上，形成自主性的大学制度结构。

1. 重构大学与政府、社会之间的关系，完善大学制度环境

大学制度环境的变革是大学内部治理结构改革的基本前提，也就是说，要建立科学合理的大学内部制度必须有赖于制度环境的改善。大学制度环境涉及大学与政府、市场、社会之间的关系结构。从治理理论的视角来考察大学制度环境，使我们摆脱了原有在政府和市场之间摇摆的思维定式，有利于构建多元主体参与管理大学的治理结构。在我国社会转型时期，政府对社会的轨制

---

① 章仁彪：《现代大学管理："大学市场化"辨析——兼论大学制度创新》[J]，《国家教育行政学院学报》2005 年第 5 期，第 49～55 页。

表现为一种混合体，"它必然不可避免地带有原先计划经济的影子，又包含为建构一种市场体系而制定的一些新的制度和措施。因此，从某种意义上讲，转型经济中的政府轨制既是对以前严格轨制的放松，是一种放松轨制的过程，同时，又是一种新的轨制政策的制定和实施过程"。也就是说，在社会转型期政府与社会之间关系的变革主要体现为政府角色的适应性转换和重新定位过程，其目标是"既要放松轨制，又要强化轨制"。[①] 实际上，不管是经济领域抑或是高等教育领域，都可能存在着"政府失灵"和"市场失灵"的问题，正是出于正反两方面的考虑，政府要在政策、环境、监督机制、评价考核等方面提供大学自身所不能解决但又必需的宏观制度要素，而在具体内部事务管理方面则要放弃对大学直接的行政干预与介入。

政府职能的转变，反映了大学环境的改变。"但这并不要求削弱政府的职能，限制政府的行为范围，而是要转变政府行为和政府职能重心。"[②] 现实中的关键问题是需要明确界定政府和大学之间的责权关系，不但要代之以一种办学体制和管理体制多元化的局面，而且要探索走出政校不分、政府"一元化"管理困境的制度创新之路。其中，关键是要完善大学市场环境，尤其是急需建立人才市场、资金市场、信息市场。当前，大学正逐渐处在一个开放、竞争的办学格局之中，原来在计划体制下单纯的大学与政府之间的关系逐渐被大学与政府、大学与市场、大学与大学等多边互动的复杂关系所取代。与此相适应，作为协调和处理政府、大学、市场三者之间关系的纽带，教育中介组织的建设成

---

① 陈富良：《放松轨制与强化轨制》[M]，上海，上海三联书店，2001，第104页。
② 张中祥：《从有限政府到有效政府：价值·过程·结果》[J]，《南京社会科学》2001年第3期，第34~38页。

为当前大学制度改革与创新的当务之急。特别是在三者面临利益冲突的时候，教育中介组织可以使政府、市场和大学之间有一个缓冲地带，减少三者之间的矛盾和冲突。鉴于中国实际，教育中介组织的建设不仅要大力发展门类短缺的教育中介组织，尤其是行使评估职能的中介组织机构，更重要的是要完善教育中介组织的运行机制，使其对大学的评价和评估更加科学化、专业化、公正化。教育中介组织既不是政府的附属机构，也不是大学的代言人，而是客观、中立的社会机构；既要接受政府的授权或委托对大学办学行为实施监督职能，又要为政府和决策机构提供必要的信息咨询服务。

2. 减少代理层次，完善大学内部治理结构

西方大学办学的实践表明，没有一所大学能够在没有稳定经费和与实现长期目标相适应的内部治理结构的情况下成为有效的竞争者。在世界范围内，经费投入不足已成为大学发展的普遍难题，即使最发达的国家也不例外，寻求经费来源的多样化已成为大学的生存之道。因此，大学必须通过完善内部治理结构建立广泛的社会联系，以开辟多样化的经费渠道。同时，大学学术发展的自律性、自主性逻辑也要求建立保障大学自主办学的内部制度。从理论意义上讲，大学自主办学有两层含义：一是大学要有办学行为决定权；二是具有明确的办学责任。我国《高等教育法》虽然规定了大学自主办学的相关权力，但在实践中却落实不力或不能有效实施，其根本原因在于缺乏相应的制度保障。我国大学长期都存在着举办权、管理权和办学权"三权"职责不分的体制缺陷。国家作为众多类型社会组织的"公共法人"，难以有效行使对大学的监管责任；政府作为管理者不是宏观规制而是直接插手大学内部事务；大学作为办学者则成为无责无权的被动存在。同时，外部的"三权"不分直接导致大学组织内部治理结构中行政权力和学术权力职责定位不清、行政权力抑制学术权力，学术创新乏力。因此，现在的关键问题是，合理定位行政权力与学术权力，重建大学内部治理结构。

借鉴现代企业制度的有效经验，建立委托代理制度是落实大学法人地位、建设大学自主制度的核心。同时，鉴于我国大学的最初委托人——全体公民或国家的"虚位"存在，以及政府及其代理人又远离大学活动现场，实际存在着直接委托人的"缺位"现象，应该继续探索和完善董事会作为直接委托人的制度，以实现对大学办学行为的有效监督，从而切实维护作为大学举办者的国家利益。校长作为大学的法定代理人，具体管理学校事务，负有大学资产的保值增值、提高人才培养和科研质量的责任。同时，要健全教授会、评议会的职能和独立运行机制，使其真正成为大学学术性事务的决策权力中心和咨询审议机构。

第五章
中国大学制度创新的
价值取向与政策思路

第四章讨论了制度环境变革与微观的大学内部治理结构转换的理论与实践依据，论证了大学组织作为自身制度改革与创新的主体的现实合理性与必要性。本章将进一步对我国大学制度创新的主要价值取向做出阐释，进而对本书侧重探讨的从大学作为学术性组织的视角如何进行制度创新做出改革的构想。其中着重从大学组织整合的角度讨论大学制度创新，并提出本研究关于大学制度改革的基本思路和相关政策性建议。

一　转型期大学制度创新的价值取向

转型期我国大学的特征主要体现在大学生存环境的变化以及大学自主能力的逐渐增强。现代大学作为一种制度化的知识传承机制，在中国的出现缘于"西学东渐"的结果。因此，近代中国大学的目标、宗旨、结构与西方大学颇为相似，但这一趋同和学习过程在 1949 年以后便中断了。长期以来，国家管制式的计划经济体制构建了超大型的政府科层组织体系，政府通过对社会资源拥有的控制调配权、行政控制权使整个社会内化于政府。①在这种体制下，所有的社会组织，包括大学组织被纳入某个行政阶序与某个部门管理的交叉点，形成"条块分割"的办学格局。从产权看，政府是所有大学的出资者和所有人，对大学拥有最终的决策权；从大学的权力结构和运行机制看，大学是一个行政科层组织，每所大学都隶属于一个政府主管机关，并据此规定了自身的行政级别和内部的行政等级分层；从资源的流动关系看，大学只从事国家计划规定的教学、科研任务，只与直接隶属的行政机关发生任务、资源和人事关系，而不同隶属关系的大学之间，以及大学与科研机构之间，则是一个个相对封闭的社会"单元"。因此，这种单位体制下的大学发展所需要的"营养"（人力资源和物质资源）主要靠"脐带"（计划调配、直接输送）来维系，大学是政府这架行政机器的一个执行机关，在地位上附属于政府，在功能上执行政府计划。②

当然，从世界范围大学组织的生存状态来看，大学要想完全摆脱政府的影响是不可能的。从财政资助的角度看，政府是大学的最大资助人；从公法的角度看，政府有权要求大学的行为和决策符合某些法律规定，但这并不等于说政府拥有对大学学术性事务进行行政干预权力的合理性。美国经济学家舒尔茨认为，区分两种性质的政治干预和对大学公共责任的要求是必要的：一种是强化和重新确认教育目的；另一种是扭曲高等教育真正功能的

---

① 杨晓民、周翼龙：《中国单位制度》[M]，北京，中国经济出版社，1999，第82页。

② 陈文申：《公共组织的人事决策——转型期中国大学人事改革的政策选择》[M]，郑州，河南人民出版社，2002，第13～14页。

"高等教育政治化"①。但遗憾的是，新中国成立以后，中国大学的发展一直处在泛政治化的境地，经济和社会生活领域的国家管制模式以及行政控制体制同样表现在大学组织活动的各个方面，大学自主活动的学术领地被肆意侵犯，学术活动的创造性被严重压抑。

改革开放以后，中国社会的转型发轫于经济领域，但很快就具有全面的性质。在从行政控制的计划经济体制向多元化主体的市场经济体制过渡的过程中，政府对社会的管理模式正在发生深刻的变革，"全能型"的政府正在向"效能型"的政府转变，有效和有限的政府行政模式正在取代无所不包的政府管制模式。在这一进程中，中国大学也同样经历着深刻的变革，大学组织正从政府的依附性机构转变为"面向社会，依法自主办学，实行民主管理"的法人实体。也就是说，社会转型促进了大学制度环境的变革，并从客观上催生了大学自主办学的主体地位。建设世界一流大学一方面离不开政府的支持，特别是巨额资金投入；另一方面又要加强大学的自主制度建设，形成既能避免政府直接干预、又能保证自我约束和自我发展的机制。建设世界一流大学并不是只在国内大学之间比短长，而是要在世界的范围内，在世界的尺度上统一竞争。② 当前，对大学的评价往往只注重静态的或结果性因素以及数量的指标，却忽视了对关乎大学发展的各要素进行整合的制度进行评价。尽管各国高等教育体制在集权和分权的程度上大相径庭，但从本质上来说，世界一流大学都拥有自主

---

① 〔美〕西奥多·W. 舒尔茨：《论人力资本投资》[M]，吴珠华等译，北京，北京经济学院出版社，1992，第112页。
② 丁学良：《什么是世界一流大学》，载于杨东平主编《大学之道》[M]，上海，文汇出版社，2003，第37页。

性的制度结构。

近年来，我国大学的制度环境发生了很大变化，内部组织制度也进行了不少适应性改革。宏观上，政府逐步放权，允许各大学根据自身情况制订改革方案，选择发展道路；微观上，《高等教育法》明确规定高等学校实行"党委领导下的校长负责制"。同时，各大学也根据自身的发展任务和学科特点对学术体制和院系结构进行了调整和变革。前述各章已经分别讨论了我国大学制度存在的问题及改革的基本思路，在这里，我们有必要进一步讨论这样一个问题：即改革的预期目标是否实现了呢？首先应该看到，我们已经进行的大学制度改革使人们在观念上有了很大突破，大学自身的主体意识明显增强，"等、靠、要"思想开始弱化，大学作为学术性组织的本性开始回归，各大学都普遍设立了负责监督、审议教学和科研质量、专业和课程设置等事项的学术委员会、教授会、评议会等学术组织。同时，大学基层组织的学术权力开始受到重视，院系在人事、教学、科研、对外交流等学术性事务方面开始打破学校"一统"的控制格局。但我们也不得不承认，当前所进行的大学内部制度改革的意义在很大程度上或许只在于它所昭示的大学制度改革的新方向，因为就整体情况而言，当前所进行的大学制度改革并没有真正实现对大学办学资源有效整合的目的，也没有真正建立行之有效的学术创新的激励机制。学术性组织在实际运作中也只是行政职能体系的一部分，大学并没有形成一种相对独立的学术团体权力；院系决策权力和教授团体权力处于非常有限的状态，拥有的最多只是一个初级的审议、咨询、参谋权，在人事、预算、课程、科研等方面并没有最终决策权。实际上，导致这种状况的主要问题还在于价值标准的错位或模糊，特别是在没有建立有效运作机制的情况下，现有的改革还只是形式上的，或者说已经进行的改革在很大程度上只是搭起了现代大学制度的"框架"，还缺少真正使之发挥作用的运行机制。因此，在大学制度改革中就难免出现重制度"引进"、轻制度"内化"的现象，从而导致形式主义严重，并使新搭建的制度框架成为没有多少积极作用的"花拳绣腿"。

实践证明，大学制度改革在不触动原有的大学制度运行机制的情况下，其效果只能是有限的。长期以来，在中国大学组织内部形成了不同利益群体的复杂格局，比如，基于学科差异的利益分化，职能部门的特权利益等，这些都潜藏着大学组织内部不同利益群体之间的矛盾和冲突。而中国大学传统的决策体制又长期缺少表达学术群体声音和利益需求的渠道，学术权力和行政权力缺乏有效容纳和平衡。实质上，中国大学目前所进行的制度改革就其最终目的来讲就是要凸显学术人员群体的主体地位，但现实中大学内部行政权力的主导性地位足以抵制任何有利于学术群体的制度创新行为。基于大学组织内部权力的结构性矛盾以及环境因素的复杂性，大学内部制度改革往往要付出高昂的成本代价，改革的最终成果也常常难以准确预期，以至于存在这样一种可能性：进行任何实质性的改革所面临的压力都可能把对理想制度的憧憬和热情销蚀殆尽。因此，要建设世界一流大学，参与世界范围内大学之间的竞争，大学制度改革必须同时进行相应的运行机制创新，这已经成为促进大学发展亟待解决的现实难题。

（一）大学制度创新要确立大学作为学术性组织的基调

制度是一所学校办学理念的外在形式，培育良好的人才培养环境和学术创新环境是制度建设的出发点和归宿。如果中国大学把知识的创造、传承、应用作为自己的使命，那么，用学术的标准取代政治的或行政的标准就成为大学制度创新合乎逻辑的选择。当前，随着政府主导社会变革的格局被打破，传统的高度集中的权力结构正向现代分权型的权力结构过渡。与此相联系，大学传统的以行政权力为主导的科层组织结构，必然要经由科层组织结构与学术决策结构分立、并重、平衡的阶段，最终走向以学术决策结构为主的组织管理结构。大学能否修正"官本位"的价值规范，转而建立"学术本位"的价值规范，进而在转变观念的基础上建立以学术为本的大学权力结构，关系到中国大学制度创新的最终价值依归。但是，改革的方向并不等于改革的策略，大学制度改革还必须选择改革的突破口。

1. 促进大学的经营理念创新

大学理念是大学发展的根本指导原则，在一个高度变化的社会环境中，大学要保持其可持续发展，就必须适时地进行经营理念创新。就中国大学当前的实际经营状态来讲，大学经营理念创新说到底是一个大学如何定位和定性的问题，现在当务之急是把大学当做学术组织来建设。大学本质上是一种从事科学与文化继承和再生产的社会机构，这种本质特性决定了大学的经营管理不同于企业或行政机关，决定了大学的经营管理工作主要是遵循学术生产的规律，而不是经济生产或政府管制的规律。虽然在大学经营管理活动中的确存在经济现象，但经济规律决不能成为大学经营管理活动中的主导规律。因此，在大学管理活动中，我们必须采取不同于经济管理的管理方式，突出管理工作中的学术性，创造出有利于文化传承和创造的学术氛围。同时，要注意从具有基础性和长远性的制度环境建设入手，塑造现代大学的精神气质。如果没有对大学组织特性的正确认识，没有对大学制度环境的有效改造，以及对大学内部权力的准确定位，就不可能有效克服行政权力对学术权力的干预和大学学术权力的行政化倾向。①

2. 促进大学组织制度创新

组织的效率由两方面的因素决定：一是组织的结构设计；二是组织内部的领导与权力机制。有学者提出了"组织迟滞"的概念，主要是指组织内部由于存在各种阻力的作用，组织的革新落后于外在环境的变化，从而使组织变得行动迟缓，适应性减弱，并可能导致"组织内部危机"。解决上述问题的最好办法就是促进组织的持续变革和创新，而这种变革与创新是由外部因素促进并由外部因素传递至组织内部，引起组织内部原有均衡的"打破"，进而推动组织制度创新。② 依据中国大学学术性组织建设的思路以及制度环境的要求，中国大学组织制度改革的方向应该由集权结构向分权结构发展，赋予底层学术组织更多的自主权力。同时，为适应学科发展在分化基础上的综合趋势，目前大学组织制度改革的关键是加强大学内部的组织整合。

3. 倡导和培育大学学术文化

所谓文化，就是一群人共同分享的价值和信念体系。大学组织是以学术人员为基础的专业性组织，大学组织文化是一所大学全体成员所共享的价值系统。伯顿·克拉克把对一所大学的专业学术人员具有直接影响的文化分为学科文化、院校文化、职业文化和全国学术系统文化四种类型。这四种类型的文化在大学组织

---

① 张应强：《制度创新与我国建设世界一流大学》[J]，《科技导报》2001 年第 11 期，第 3~6 页。

② 王永龙：《动态复杂环境中的组织创新研究》[J]，《经济管理》2002 年第 6 期，第 8~15 页。

汇聚，形成不同特色的大学组织文化。值得强调的是，大学组织与以市场机制为基础的商业机构不同，大学组织是依赖共享价值和信念系统得到协调和控制的，学术机构的规则和制度的合理性取决于它与学术观念的一致性，当专业人员的观念规范，如对学术自由和对真理的追求与科层规则发生冲突时，学术观念的规范得到优先考虑。① 中国大学学术管理的行政化以及渐趋增强的市场化取向，使大学不仅蕴涵着管理人员文化与教师文化的冲突，而且管理人员文化一直压抑教师文化，可以说，"学者共同体"理念在中国大学就从来没有真正形成。因此，倡导和培育以"自由"、"民主"、"平等"为核心的大学组织文化和价值观是维系大学学术精神传承的关键。

（二）大学制度创新要确立"以教师为本"的政策导向

如何衡量制度创新效果的差别呢？或者说，什么样的制度或政策才算是高质量的制度或政策创新呢？制度经济学派通常以成本与收益的对比来进行分析，但事实上对一项制度安排的效益做出精确评价是很困难的。如果把制度创新看做是维持组织中的个人或群体特定行为或规则的变化，那么大学制度创新就应该认同这样一种评价标准："关键是使努力工作并创造新的工作态度、价值观以及其他正式制度的个人得到好处"②。大学组织中教师的主体地位决定了大学制度创新必须是以促进教师学术创新的积极性为目标，说明确一点，大学制度设计中"以教师为本"的

---

① Dill, David D. The Management of Academic Culture: Notes on the Management of Meaning and Social Integration [J]. *Higher Education*, 1982 (11): 11 – 16.

② 〔美〕R. 科斯、A. 阿尔钦、D. 诺斯等：《财产权利与制度变迁——产权学派与新制度学派译文集》[M]，第 402 页。

目的就是使教师对学术创新和发展的作用与潜能得到最大限度的发挥，尤其是科学的教师管理制度是留住优秀教师、发挥教师学术创造性的关键。在世界一流大学公认的衡量标准中，教师的素质是第一位的，"大学的前途，就其协调传统与革新的职能而言，应多取决于成千上万个教师的价值观，而很少取决于大学理事或校长"①。尽管行政系统和行政人员在现代大学发展中的作用越来越重要，但无论是就这个系统本身的性质，还是就行政人员的行为宗旨来说，都是为教学科研提供服务的。

大学发展的事实证明，一个具有高效率、高创造性的学术体制，无不是"以教师为本"的，这是一个学校达到顶尖一流的关键。世界一流大学不仅汇聚着高水平的教师，而且具有使他们充分发挥作用的机制。中国要建设世界一流大学，要依赖一流的师资队伍，同时更为关键的是要创造激励教师或科研人员学术创新主动性的制度环境。在此意义上，中国大学教师激励机制创新仍然是大学制度以及权力运行机制改革的核心内容。其中，完善大学决策咨询制度和建立能够发挥相对独立决策职能的学术组织，成为"以教师为本"的大学制度创新的主题。这种"以教师为本"的大学制度创新所追求的是中国社会转型时期学术理念的真正复归。与此相关的大学制度创新思路应该包括以下三个方面。

1. 建立学术权力和行政权力的平衡机制

长期以来，中国大学"行政权力主导化"的管理模式使教师成了执行行政权力意志的"工具"，丧失了独立自主决策的可能性。尤其是按行政架构编制人员的体制，使不同学科之间无法

---

① 〔英〕阿什比：《科技发达时代的大学教育》［M］，第151页。

实现真正的融合，也难以形成合理竞争的用人机制和淘汰机制，进而导致大学"鱼龙混杂"、"人浮于事"；此外，问题还在于中国大学的行政权力并不是与学术审议权力结合在一起运行的，而是以独立的行政逻辑支配着大学的学术活动，这事实上很难使中国大学获得学术上的独立。鉴于中国大学决策中行政权力泛化或学术权力萎缩的实际困境，有学者主张建立学术权力与行政权力共享决策机制，并通过协商建立相关规章制度，确保学术与行政的沟通与了解，抑制和约束那些有碍大学整体利益的部门和个体，避免大学决策偏离学术发展的规律。[1] 现代大学组织结构的复杂性、功能的多元性、学术研究的综合性和人才培养的开放性，必然要求大学管理的广泛参与，同时要建立学术权力与行政权力的制衡机制。我们认为，正在进行的大学制度改革就要尽快着力于这方面的探索，建立有助于学术事务相对独立运作、行政权力有效支撑的大学制度运作机制。

2. 建立有利于教师参与学术事务的管理机制

大学管理不但要在教学、科研等学术活动中激励教师创新的自觉性和自主性，而且也要在参与学术事务的管理上发挥他们的主导作用，要把以前那种以行政权力为主轴的管理机制转移到"以教师为本"的管理机制上来。首先要通过制定相关政策给予教师在招生标准、课程设置、学科发展、专业和系科设置与调整等方面民主参与学术事务管理的权力，并通过制定民主管理的规则和程序，使教师参与学术事务管理制度化、规范化。另外，要建立、健全大学学术委员会、学位委员会、教学委员会、职称评

---

① 马万华：《从伯克利到北大清华——中美公立研究型大学建设与运行》[M]，第 228 页。

定委员会等学术性组织，并充分发挥它们咨询、决策、审议和监督等职能。

3. 营造一种能够使大学教师自主创新的制度环境

就大学所从事的高深知识的传播和创造活动的角度而言，大学教师的工作具有自主性和创造性的特点。大学制度改革要适应这种特点，不应该只是强调控制和服从，而应该强调教师工作的自主性，营造一种有利于教师"自我实现"的宽松的制度环境。如果大学管理的刚性太强，就可能压抑教师工作的主动性和创造性，很容易导致教师的抵触情绪。因此，在设计大学制度时要着眼于组织的目标管理和教师职业生涯的长远规划与设计，既要有规范性的要求，又要体现出弹性和对教师个性化工作方式的尊重，放手让他们从事学术创新活动。

（三）大学制度创新要创造有助于大学自主的外部环境

这里所指的外部环境主要是指大学组织的制度环境。需要强调的是，中国社会发展外部环境的变革是与市场机制的形成进程相联系的。也就是说，外部环境的改变在根本上是市场经济发展的必然结果，而不是主观意志主导的结果。对大学组织来说，外部环境中某些因素是大学组织自身无法控制的，如政治制度、法律体系、经济体制等。大学组织要更好地生存，必须与这些外部因素的变化相适应。新制度经济学认为，制度环境是由与组织关联者的规范和价值观构成的，这些关联者包括顾客、投资者、协会、理事会、政府和组织的合作体。因此，企业组织采用某种结构和流程是为了让外在者满意，即企业组织会采用那些被其关联者认为有效的、合适的结构与流程。按照这种观点，企业组织的行为不是理性地追求效率，而是为了追求外在的规范，使其行为能为外在者接受和理解，即获得合法性。同样，大学组织在当前日益复杂的环境下，也存在如何适应环境、取得外在关联者认可的问题。否则，大学就可能脱离社会，并可能导致自我封闭。但是，大学毕竟不同于企业，其学术性组织特征决定了大学组织不可能完全被动地受环境制约。实际上，任何组织在对外开放的同时，都在有意识地对环境的影响进行控制。"一些组织及其内部的组成部分和职能部门都能为其工作建立起界限，以使它们自己能在更平静的环境中工作。我们在各方面都尚未看到比较常规化的、结构严密的组织的消亡。"[①] 在此意义上说，大学制度创新的关键是建立既能有效适应环境、又能抵制外部行政干预的机制。

1. 依法保障大学的自主办学地位

长期以来，我国大学为了取得与计划管理体制要求相一致的、自身存在的合法性，设置了与政府组织相一致的行政架构，并配备了庞大的后勤服务和保障体系，以实现自我维持的可能性。这实际上是一种屈从于行政权力意志的组织安排和人员配置，并非出于教学科研发展的内在逻辑需要。随着计划经济向市场经济转轨，要求大学必须拥有更多的办学自主权，以适应高等教育市场变化的需要。同时，大学办学自主权也是研究高深学问、探索真理和培养创造性人才的重要保障。传统的行政权力对大学的超强控制，必然加大大学自我决策、自我发展的难度。现在的关键是一方面要给予大学充分的法律授权，使其成为责、权、利相统一的自治实体，大学不仅同政府，而且要同社会、市

---

① 〔美〕卡斯特、罗森茨韦克：《组织与管理》[M]，李柱流等译，北京，中国社会科学出版社，1985，第 161 页。

场之间建立基于法律规范的平等、协商、调适关系；另一方面要在大学内部建立有效的制度保障或监督机制，从而规范大学办学行为，防止管理者或个人滥用权力。

2. 建立政府、社会与大学之间的缓冲机制

主要是建立社会性的教育中介组织和专业性的学术团体评价机构，这样既可以屏蔽和缓冲政府对大学核心作业系统的直接干预，又可以通过对大学办学质量的周期性和随机性评估，使其成为大学自我约束机制的重要组成部分。同时，大学也可以通过各种中介组织和学术性的质量认证机制获取社会、市场的需求信息，从而为大学发展的决策提供服务。近年来，我国在这方面进行了不少有益的探索和实践，成立了一些官方或半官方以及学术性质的或行业性质的高等教育中介和评估机构，但在实际运作过程中，这类组织还没有真正起到规范大学办学行为的作用。因此，进一步建立、健全这类机构的管理体制和运行机制是大学制度改革的重要内容。

二 以组织变革为依托的大学制度创新

在讨论中国大学制度改革时，往往要以西方大学制度作为参照。从西方大学制度演变的历史，到今天西方大学制度行之有效的管理模式和运行机制，本书都结合中国大学制度现状作了有针对性的比较分析。对比研究的目的在于吸收外域经验中可资借鉴的成分，但这并不是说西方大学制度完美无缺，可以直接平移到中国大学。由于发展中国家与发达国家相比存在着高等教育发展的"时滞"和文化差异问题，以及不同的政治和经济背景，我们必须客观地看待西方大学制度文明的合理性、先进性，吸收其适合构建中国现代大学制度的合理成分。当然，这首先要改变中国大学发展的传统思维范式，理性地看待中国大学制度改革中出现的问题。也就是说，中国大学制度改革必须在把握现代大学制度共性的同时，有针对性地探寻自己的改革之路。

制度和制度创新与组织特性密切相关，从现代大学制度模式发展的演变历程中可以看出，大学制度是人类在知识生产和传递过程中为了适应社会的需要，用以维系大学组织存在、发展而进行有效管理和控制的稳定的、较正式的行为规范体系。或者说，制度是大学组织一个重要的维系因素，也是大学组织赖以存在和发展的理性基础，它关系到大学职能的实现程度以及大学发展的本质方向。按照新制度经济学的理解，制度创新实质上是用一种契约安排代替另一种契约安排的过程，也是一部由不同主体的利益驱动的组织形式的演变史。作为一种人为设计的、以追求知识为最终使命的具体制度安排，现代大学制度结构不仅是人们追求学术性目标的必然结果，同时也是在特定的政治、经济、历史环境中按不同方式演进和运作的，即现代大学制度本质上是追求学术目标与适应外部制度环境的统一。当然，这里所指的大学对外部环境的适应是主动的适应，而不只是被动的服从。我国大学组织长期以来在外控制度环境下，往往以行政标准或经济标准改造大学制度结构和运行机制，既违背了大学学术发展的自主性逻辑，也与建立现代大学制度环境的要求不相适应。据此，中国大学制度创新就在于通过还大学组织以自主地位，达到追求学术目标与外部适应的平衡，特别是要通过制度创新达到大学组织内部权力的分解与制衡。因为在大学组织内部，行政权力、学术权力的大小及其作用机制，决定了大学制度的结构模式及其运作成效。说到底，制度创新的实质是一个权力如何配置的问题。"组织中权力的性质、配置、作用方式虽然总在不断地发生着变化，但这并不意味着权力就必然是飘忽不定和不可捉摸的。事实上，权力可以通过个体和工作职位加以制度化，而一套监管权力运用的组织规章也可以建立起来。显然，这种权力的制度化和组织规章对形成组织结构是有利的。"① 可见，大学制度改革应从组织结构的变革开始，并相应实现以权力配置为中心的管理体制和运行机制的创新。

（一）建立科学的管理体制与运行机制

世界一流大学都要根据大学组织特性，遵循管理理论建立科学的管理体制和合理的组织制度，以实现权力的有效配置。在此，有必要简单描述一下美国大学的管理体制和组织制度特点。美国大学在发展过程中形成了主要由外部人员组成的董事会，董事会是大学独立法人资格的象征，其职责是任命校长，并将许多管理权委托给校长，同时保留最终的法律控制权；强有力的校长和专职管理人员队伍构成了专业化的行政指挥体系；与此同时，教授通过集体性的学术组织机构，参与管理学术事务、审议学校重大决策事项，由此形成了董事会（或理事会）、校长、学者团体"三位一体"的大学治理结构。在学校层面以下的组织中，由教师（主要是终身制教授）组成的学术委员会及其分委员会，在学院人事、财务和课程改革等方面具有比较大的决策权和管理权。

就我国大学而言，《中华人民共和国高等教育法》明确规定：国家举办的高等学校，实行党委领导下的校长负责制。实践

① 张新平：《教育组织范式论》［M］，南京，江苏教育出版社，2001，第219页。

证明，这是一种符合我国国情和高校自身特点的领导体制。在这种体制下，我国高等教育取得了举世瞩目的成就。现在的关键问题是，要健全"党委领导下的校长负责制"在实际执行过程中的运行机制，正确定位党委和校长的职责范围，使二者相互协同、相互配合，提高大学的决策质量和执行效率。近年来，我国大学组织内部普遍设置了学术委员会、评议会等学术性组织，并进行了校院两级管理体制改革，但由于缺乏相应的运行机制保障，最终做出决策还要依靠学校领导或相关行政部门，学术委员会或评议会实际上只是议而不决的非独立性机构，或者只起到为行政决策提供参谋、咨询的作用，学术权力在很大程度上被边缘化了。这种学校管理体制中的集中决策、行政化管理的制度安排，一方面导致行政职能部门机构重叠、效率低下，另一方面使院系成为行政部门的执行机构，在人事、课程、预算等方面缺乏自主权，拥有的最多是学校各种方案的初级审议、咨询、参谋权。因此，当务之急是要通过完善大学管理体制及其运行机制改革，还大学学术决策以独立性，使院系享有充分的学术决策的自主权利。因此，当前我国大学制度改革有必要强调以下两个方面。

其一，设立董事会，切实保障大学的法人地位。董事会成员可由教育行政部门官员、社会知名人士、产业界代表以及教授代表组成，董事会主席和成员可由教育部部长、省长或市长任命，经立法机关确认后生效。董事会主要负责对大学发展规划进行决策，推荐和遴选校长，决定和通过每年的财政预算，协调大学与政府、社会的冲突，对大学主要办学行为进行监督和评价，但不得介入大学内部具体管理事务，董事会制定的政策要由大学校长负责执行。同时，大学应根据自身实际情况制订大学章程，明确规定管理机构的设置，最高领导职位的构成、权力、义务、任免程序等。在党委、校长和学术委员会的关系上，党委负责加强思想领导，保证党的教育方针、政策的贯彻执行；在学术事务管理上，实行学术委员会领导下的主管校长责任制，使学术委员会、教授会具有学术事务的独立决策权。与此相关，在大学与政府的关系上，政府应通过积极转换行政职能和行政方式，确立并保护大学的法人地位，使国家对大学的财产所有权和政府对大学的行政主管权与大学的办学自主权分离，促进大学真正依法治校，真正使《高等教育法》中规定的大学办学权力落到实处。

其二，实行学院的实体化运作。目前大学仍普遍实行的高度集中的内部管理体制，院系作为科研实体，责、权、利不一致。在市场经济条件下，院系的角色将从学校计划的执行者转向积极与社会横向联系的教学、科研和社会服务的主体，这就必然要求给予学院相应学术事务活动的决策机会和权力。高度集中的校级决策体制，一方面难以发挥院系的积极性、主动性，另一方面也使院系普遍缺乏自我约束机制。改革的基本思路是建立使院系成为责、权、利一致，相对实体化的运作机制。

现代大学主要是由行政系统和学术系统组成的极其复杂的组织，并且由于大学属于"底部沉重"的组织，大学组织的各种学术性活动主要是通过院系及相应的研究所、讲座等基层单位进行的，行政系统和学术系统以及相应的行政权力和学术权力共同作用于大学的院系及其基层组织，正如伯顿·克拉克所说："由于学科和事业单位在大学和学院的基层单位汇合，一个系或一个讲座既是一门学科的一只胳膊，也是一个事业单位的一个组成部分。"① 因此，赋予学院及其基层组织相应的权力是大学学术发

① 〔美〕伯顿·克拉克：《高等教育新论——多学科的研究》[M]，第116页。

展的制度保障。概括而言，"学院制有以下几个优点：第一，减少校长和相关职能部门对系——教学与科研的执行单位——的直接指挥，更好地发挥基层学术单位的自主性；第二，有利于相近学科之间的交叉和整合，促进新兴学科和边缘学科的发展；第三，便于学校对大学的发展进行宏观协调、管理和整合"[①]。

实行学院的实体化运作，关键是要建立适应大学学术活动的权力运行机制和组织建制。从我国大学组织两大系统运行现状以及学术活动的价值取向来看，实行学院的实体化运作可以从两个层面进行改革。一是学校要切实下放权力，给予学院独立决策自身学术和行政事务的权力，学校行政部门要淡化行政命令色彩，通过规章制度的建设为学院的良性运转提供一个保障体系和支撑平台。二是在学院层面要从组织建制和制度上保证行政系统和学术系统各自发挥所长，减少二者的矛盾和冲突。近年来，许多大学在这方面已经进行了多元化的改革，如东北师范大学实行"教授委员会集体决策基础上的院长（系主任）负责制"，将学科建设、专业发展、预算、人事等方面的权力下放到院系，实现了由高度集中管理模式向集中与分散相结合的模式转变，实现了行政权力与教授参与决策权力的有效制衡。[②] 北京大学 1999 年在院系基础上建立了人文学部、社会科学学部、理学部和信息与工程科学部四个学部。院系与学部职能不同，院系是行政管理的实体，负责教学、科研、人事、财务、学生等项事务的管理；学部负责学科建设、学术规划、师资队伍建设、学位认定等。院系

---

① 马万华：《从伯克利到北大清华——中美公立研究型大学建设与运行》［M］，第 219 页。

② 刘微：《教授委员会：管理体制改革的探索》［N］，2002 年 3 月 29 日《中国教育报》。

与学部相互促进、相辅相成，体现了学校权力下移，以及行政与学术职权的合理划分。我国《高等教育法》明确指出，高等学校可以"自主确定教学、科学研究、行政职能部门等内部组织机构的设置和人员配备"，但对高校内部管理体制未作具体规定，这就要求各学校根据各自的具体情况进行针对性的实践探索。

（二）建立大学组织整合的平衡机制

组织整合是与组织分化相对应的概念，现代大学之所以需要组织整合，是与现代大学组织过度分化的弊病相关的。整合的目的在于增强大学整体的学术生产力，提高大学经营质量和学术生产效率。现代大学组织的分化及其弊病主要表现为以下几点：①大学组织的二元结构，即行政管理的科层结构和基层学术性组织的松散结构。"这种二元控制系统由于没有统一的授权和结构形式，因而显得错综复杂"，"两种控制系统不但在结构上相互分离，而且也是建立在不同的权力系统之上"。① 尤其是在中国大学"行政权力主导化"的情况下，学术功能的弱化，客观上造成大学组织与学术目标的偏离。②随着现代科学技术的发展，一方面导致知识的分化程度加剧，大学以学科为基础分化成不同的院系，学术人员根据不同学科被分散到相应的院系甚至专业，现代大学组织内部众多的院系建制及固有的学科壁垒，客观上增加了不同学科之间整合的难度，与现代科学技术在分化基础上的融合趋势不相适应。另一方面，知识的分化导致个人学术权力的加强，一些学者在各自的研究领域中，成为这个专门领域的

---

① 〔美〕罗伯特·伯恩鲍姆：《大学运行模式》［M］，别敦荣译，青岛，中国海洋大学出版社，2003，第11页。

"主宰"，甚至固守一隅，故步自封。③随着市场机制"侵入"大学，大学传统的学术标准和道德观念发生动摇，传统学术文化渐趋失落。同时，由于过于功利化的学术评价制度，导致教师和科研人员急功近利，催生了学术的虚假繁荣，使学术人员个体的学术价值观与大学整体学术价值观日渐偏离。基于上述大学组织的"裂变"状态，对于现代大学来说，能否实现学术人员与学术人员之间、学术人员与大学组织之间、不同学科之间及院系之间的有效整合，关系到大学的生存质量和整体效能，以及大学能否实现可持续发展的问题。通过整合，一方面使行政系统和学术系统的组织功能互补，从而为大学整体学术目标的实现服务；另一方面，使高度专业化的学术组织相互协调，从而产生学科、专业、院系之间的学术协同发展的效应。伯顿·克拉克认为，对于一个复杂的组织而言，其内部的整合体现为两个基本维度：结构性的整合与规范性的整合。结构性的整合主要通过组织中个人或者群体间的互动来实现；规范性的整合则来自组织成员共享的信念态度和价值的一致，表现为组织文化的整合。① 大学作为学术性组织，不仅需要通过结构性整合来实现大学组织整体学术功能的有效发挥，而且更需要通过规范性整合来实现大学学术信仰的认同。

任何组织的整合都是通过某种机制和协调方式进行的，现代社会组织已经形成多种协调方式和控制方法，如科层机制、市场机制、文化机制等，这些整合机制的运用程度及其力量配比，形成了现代社会不同特色及不同性质的组织。埃茨尼将各种组织大

---

① 阎光才：《大学组织整合的文化视角扫描》［J］，《教育研究》2000 年第 11 期，第 31～35 页。

致划分为强制组织、功利组织和规范组织三种类型。强制组织，如监狱，主要依靠惩罚和威胁等强制性权力使犯人服从，犯人的参与是被迫的（疏远的）；功利组织，如企业，则更重视运用奖励权和合法权，并以此控制和规范员工的行为，人们往往是通过计算参与企业活动的费用与效益，决定是否参与进来；规范组织，如学院和大学，依赖不大可能导致疏远的个人影响力和专长权，利用象征性手段的影响，使人们献身于学校的事业。① 实际上，现代社会组织性质的多样性已远非上述三种类型所能涵盖，并且每一类型的组织运作也不是单一的协调方式在起作用。大学作为现代社会的"轴心"组织，已经陷入受多种"力"作用的旋涡之中，大学作为单纯受学者团体控制的学术性组织已成为大学发展史上的浪漫"神话"，现代大学组织的协调和整合离不开文化整合机制、学术协调机制、市场导向机制以及科层管理机制的多元机制作用的发挥。但同时应该注意的是，对于现代大学组织的有效整合，每一种机制又都不是万能的，都有其发挥作用的有效空间及局限性。中国大学在计划经济时期成为政府的附属机构，以及近年来市场化趋势带来的大学危机，主要是过分强化了科层机制和市场机制，而相对弱化了文化机制和学术机制的结果。可以说，每一种机制在大学组织中的强势或弱势作用，都会存在机制"失灵"问题。

大学的"有组织的无政府状态"决定了高层次的行政控制和科层管理对基层学术组织活动的控制作用是有限的。或者说，在大学的公共生活方面，如行政管理和财务管理呈现出典型的科层制特点，但在学者的"私人"活动领域（教学、科研、社会

---

① 〔美〕罗伯特·伯恩鲍姆：《大学运行模式》[M]，第14页。

服务）则属于学术权力作用的范围，表现出科层机制的失灵现
象。任何企图用统一的、严格的标准实行自上而下的科层化管
理，都只能导致大学的衰落。从文化整合机制所能发挥作用的范
围来说，在规模不大，外部环境较为稳定的大学组织中，组织目
标认同程度较高，文化整合机制较为有效。相反，随着大学规模
的扩大，以及大学组织环境由平静变为动荡之后，大学内部不同
利益群体的目标游离程度相应增大，使原有共享价值体系和信念
面临崩溃。在这种情况下，就需要适当引入或加强科层机制，并
通过加强规章制度建设来抑制大学组织中的机会主义行为，重建
大学的学术精神。从总体上来讲，当前中国大学组织多样化的整
合机制之间还处于"磨合"阶段：本来就十分孱弱的文化价值
体系受到市场机制的冲击，而大学内部的竞争激励机制本身还很
不成熟，并且大学内部能在多大程度上运用市场机制还需要探
索；大学组织整合机制的不平衡固然有来自学术权力及其独立运
作机制的不健全或缺失等方面的原因，但中国大学的科层机制也
远未能达到西方大学行政管理的理性化、标准化、规范化的水
平，现实中传统的权威、人际关系、简单命令等方式仍在发挥基
础性作用。这些都无形中制约着我们建设世界一流大学的进程和
现代大学制度建设的成效。因此，建立中国大学组织多种整合机
制的有效制衡和协同机制是现代大学制度建设的关键。

1. 适当加强科层机制

大学具有内部松散联合、"底部沉重"的组织结构特征，这
是由大学是自主探索高深知识的学术性组织的特性决定的。既然
科层机制在基层学术组织存在着"机制失灵"现象，那么，"加
强科层机制"是否与大学组织的松散特性以及本书所批评的中
国大学"行政权力主导化"观点相矛盾呢？首先我们必须从大

学所处的组织环境谈起。值得申明的是，大学科层制与行政权力主导化不是等同的概念。笔者所主张的加强科层机制是建立在规章制度完善以及对行政权力正确定位的基础上的，是使学术权力真正能发挥有效作用、整合学术资源的保障机制。在相对稳定的环境下，大学有相对清晰而稳定的功能，管理方式是例行性的、可预测的，它们能通过学者和学术委员会从内部进行管理，文化机制和学术机制发挥作用的空间较大。而环境愈不稳定、不确定，愈需要强有力的执行机构和更有力的反应，去面对变化的环境和不确定的未来，因此也就需要加强科层控制和规章制度建设，以抵御外部环境对大学组织造成的冲击。特别是现代大学有组织的活动越来越多，跨学科的联系与合作不断加强，由此形成了大学特有的科层制结构和行政权力系统，"科层管理将组织从单一个人的统治和以往的传统势力中解放出来"①，将原来分属于不同学科和个人的权力交由大学组织内部的公共权力控制。正如科尔所描述的："由于机构变大了，所以行政管理作为一种特殊职能变得更为程式化和更为独立；由于机构变得更为复杂了，行政管理的作用在使大学整体化方面变得更为重要了；由于学校同外部世界的联系更为密切了，行政管理就承受了这些关系所带来的负担。"② 这一描述同样可以说明中国大学组织适当加强科层制的充分原因：社会转型时期大学组织内部的"无序"和"学术失范"需要加强制度建设；大学组织的不确定环境需要加强科层制，以避免对大学核心系统的冲击；学术组织之间的合作和重组需要行政权力的适当协调。实践证明："学术规范和规则

① 〔美〕罗德尔·坎贝尔：《现代美国教育管理》[M]，袁锐锷译，广州，广东高等教育出版社，1989，第93页。
② 〔美〕克拉克·科尔：《大学的功用》[M]，第18页。

的制定可以是学者同僚协商的结果，但它的执行还需要科层组织的行政权威和制度来保障。"①

加强科层机制并不是使大学"科层化"，而是要正确定位科层机制，并将其限定于大学生活的公共领域或学术政策的落实层面，并通过协调、控制、监督、健全规章制度，以及通过行政人员的专业化训练等方式和途径提高行政效率，其目标是为大学的核心活动提供规范而宽松的制度环境。

2. 探索市场机制可以发挥作用的范围

高等教育能在多大程度上引入市场机制尽管还存在分歧，但市场机制的强大渗透力已经进入到高等教育领域却是不争的事实，并且已经成为整合大学组织的有效机制。伯顿·克拉克在谈到高等教育系统的市场协调方式时指出："无规章的交换把人员和部门联系在一起……'交换'是和有权威的命令相反的相互作用的基本形式；它可以看做组织人们合作的一个方法。"② 在大学组织外部，市场机制意味着多渠道筹措办学经费，通过契约形式的研究与开发，以及大学之间为办学资源、社会支持、学术地位而展开的全方位竞争。当然，"20 世纪 90 年代以来，'市场知道什么最好'的哲学也深入校园：商业性的做法被引入对资金的竞争当中，绩效指标被用来衡量个人、院系和学校的产出，并选定出基准模式供发展参照"③。就市场机制对于大学组织整合的积极方面来说，就是通过公平竞争以及对外部环境的灵活反应，实现

---

① 金顶兵：《大学组织结构及其对行为模式的影响》［D］，北京，北京大学，2002，第 107 页。

② 〔美〕伯顿·克拉克：《高等教育系统——学术组织的跨国研究》［M］，第 178～179 页。

③ 陈文申：《公共组织的人事决策——转型期中国大学人事改革的政策选择》［M］，第 10 页。

对大学组织资源的整合和有效利用。但长期以来，中国大学对政府这一单极环境因素有着较强的依赖，而对其他环境因素表现出较强的排斥与惰性，从而导致大学组织整体效能低下、活力不足。

随着大学组织外部市场环境的逐步成熟以及大学内部引入市场机制，必然要求大学对外部环境的快速反应和灵活应变能力，以提高大学组织作为一个整体和法人的责任意识，从而对大学领导体制和决策结构产生深刻影响。现代大学"企业家学校"理念下的校长负责制和大学不同利益群体广泛参与决策的机制等都在某种程度上反映出市场机制对大学组织整合的积极作用。另外，近年来大学内部设立关键岗位，如"长江学者"、"特聘教授"等，破除论资排辈观念，鼓励竞争，合理拉开分配差距等人事分配制度改革；对重点学科实行扶持，以及成果奖励政策，实施有范围的优胜劣汰机制，不同学科之间基于外部竞争的有效合作，等等。这都说明市场机制及相关政策举措已经在实践中对于整合大学资源、提升大学核心竞争力发挥着积极作用。可以说，当前大学内部管理改革取得的成效和办学活力都与市场机制的引入密切相关。当然，市场机制的消极作用也是客观存在的，大学毕竟不同于企业，市场偏重短期效益和局部利益的机制必然使大学的长远发展和整体利益受损。市场机制是把"双刃剑"，对大学组织来讲同样如此。"大学自身发展的内在逻辑与市场逻辑之间不可避免地存在矛盾和冲突，因此，大学对市场化的选择不是非此即彼的选择，而是通过协调政府、市场和大学自身要求三种力量，表现出对纯粹市场化的超越。"①

---

① 谢安邦、刘莉莉：《市场的逻辑与大学变革》[J]，《现代大学教育》2001 年第 3 期，第 8～12 页。

3. 彰显学术权力和学术文化的整合机制

中国大学学术权力和文化整合机制先天不足，后天又缺乏培育，而今又面临市场机制的消极因素的冲击。因此，建设世界一流大学，重塑大学学术组织特性显得刻不容缓。随着学科专门化及综合化趋势的发展，越来越显示出专业性协调方式的价值，而科层化的行政协调方式越来越与专业化而又不断综合化的底层组织相冲突。当然，在中国大学行政权力主导化的制度环境下，彰显学术权力还必须通过管理体制变革，实现权力重心下移，给予大学学术委员会、基层学术组织独立决策和整合学术资源的权力和机会。就实质而言，现代大学制度是学术权力起主导作用的制度结构，而学术权力的特性则是教师在人才培养和学术活动中拥有的学术权力，因此，学术权力之于大学组织的整合机制就在于充分发挥教师对于大学学术发展的功能和作用。

大学是通过教学、科研活动，积累、传承和创造文化的学术性组织，大学组织的文化当然是学术文化。"教学、科研职能活动模式及其相互关系的认识及由此形成的有关观念和准则，构成了大学的学术文化，它是大学文化的重要组成部分，也是大学文化建设的核心内容。"① 不同学科的学者有不同的思维方式、认知模式和学术价值准则，进而形成大学组织内部不同的学科文化，从而体现出大学组织文化的多样性。大学发展的历史告诉我们，基于大学的学术逻辑和学术目标而形成的"大学自治"、"学术自由"、"学术至上"、"学者治校"等学术价值取向仍然是大学组织"共同的信念"和核心文化，这种文化以学术权力

---

① 刘智运：《现代大学：积极引领先进文化的发展》［J］，《中国高等教育》2003 年第 12 期，第 25 ~ 26 页。

为基础，进而形成促进大学组织整合的学术管理体制与行为规范模式。相应的，这种对大学组织起到规范性功能的行为模式及其所代表的信念体系实际上就体现为大学所应有的学术文化。有学者认为，大学组织的行为规范模式主要表现为具体行为规范和价值目标规范两个方面。具体行为规范告诉师生员工应当做什么，不应当做什么，表明学校期待每个人做出符合身份的行为；这种规范主要借助于规章制度、榜样、模仿、暗示、群众压力等机制，达到共同接受和遵守的目的。价值目标规范，如大学培养目标、课程标准、学术规范、道德理想等不是仅仅靠规定一些明文条款就能解决的，最主要的是这种规范必须通过人与人之间的相互关系的过程，把"主体我"与别人评价中的"客体我"结合起来才能起作用。① 在当前学术权力弱化，行政权力日趋强化的背景下，要真正体现学术文化整合机制的功能，主要是通过观念更新和行为意向的管理，重建大学学术文化价值体系，特别是要重建已遭冲击的学术道德规范，并通过相应的制度规约，提高大学组织的凝聚力和向心力。

上述分散化论述的目的在于探讨不同的组织整合机制对于大学组织整合的独特作用，并且每一种机制作用的发挥都要求一定的组织制度变革与其相适应。就不同机制发挥作用的范围而言，它们直接或间接地共同作用于大学组织内部活动的各个领域，并且分别在各自的作用范围内发挥着一定的功能。由于每一种机制对大学管理的着力点不同，使得它们又很难在大学的组织活动中发挥全局性的主导作用。也就是说，对任何一种机制的过分强调

---

① 车文博：《高等学校管理心理学》[M]，北京，北京师范大学出版社，1995，第 162 页。

或任何一种机制取得支配地位，都可能导致大学内部权力和利益结构的失衡，导致大学组织的部分功能受阻或大学使命和功能的异化。可见，大学组织整合是一个系统工程，牵涉到大学组织内外的各相关主体（政府主管部门、教职员工、学生及其家长、市场主体、社会团体等）的利益和权力冲突与协调。如果组织变革仅仅着眼于某一侧面或某一局部功能的调整，而不是从整个系统各要素之间，以及不同主体的权力和利益的相互作用、相互影响来考虑，这种变革可能存在着失败的风险。笔者认为，在进行大学组织整合时，应综合运用上述三种组织协调机制，充分发挥它们各自的长处，减少其在组织整合过程中的负面影响；只有充分发挥上述三种机制的"协同"或"制衡"作用，才能化解不同机制的矛盾和冲突，使与大学组织有关的各种权力和利益保持动态的平衡，实现大学组织整体结构功能的优化和充分发挥。因此，"协同"或"制衡"机制是现代大学制度建设的核心内容，是我国大学由传统向现代转型的必然要求。

三　大学制度改革的渐进性与相关政策思路

我们谈论大学制度创新及其可能性的时候，其实暗含着一个制度创新的诱因和基本动因问题。中国大学组织正从封闭走向开放、从政府控制走向多元主体参与办学的格局。也就是说，大学内部制度改革是在一个开放的系统中进行的，大学组织的开放是制度创新的基础和前提，一个封闭的、孤立的系统只会是原有制度的复制和低层次循环，而不会使旧制度走向再生。这也是在我国"计划制度"下不可能建立现代大学制度，或者说大学制度功能始终低效的重要原因；而在当前大学日益走向开放的环境下，大学组织逐渐偏离原有平衡状态时引起的组织分化与重新整合，才使制度创新成为可能。但是也应该清醒地认识到，不稳定性和不确定性总是在开放系统中存在着，组织在开放的系统中既意味着机遇，同时也意味着风险。从对大学制度改革影响因素的分析中可知，大学制度创新的途径选择受政治、经济、历史、文化等多种因素的约束，各国大学制度变迁不可能割断与所处社会环境的联系，因此大学制度的变迁也不是单纯由外部因素决定的。制度的演化一方面受大学发展规律的制约，具有路径依赖的特点；另一方面它也受偶然的因素和外部力量的影响，具有某种程度的不确定性。因此，在大学制度改革的过程中，既要尊重大学制度演变自身的规律，又要对制度演化的方向予以适当调控，从而使大学制度改革能够进入我们所期望的轨道。

在社会转型时期的中国大学制度变革，外界环境的变化是大学制度改革的直接动因。我们必须注意到，在影响我国大学制度创新的诸多因素中，基本诱因并不主要来自市场，大学组织生存的市场环境只是为大学制度改革提出了客观要求。从我国大学发展的实际情况看，大学并不是与市场和社会自然融合的，政府是横在大学与市场和社会之间的"隔离墙"，市场不可能成为大学制度变革的基本诱因。因此，中国大学制度的变革首先取决于政府是否有足够的意愿鼓励大学通过制度创新获得自我发展的机会。譬如在计划控制状态下，大学能够利用的政策空间和自主进行制度创新的正式动因明显减少，因为"没有政府一心一意的支持，社会上不可能有这样的制度安排"①。尤其是在大学制度

---

① 〔美〕R. 科斯、A. 阿尔钦、D. 诺斯等：《财产权利与制度变迁——产权学派与新制度学派译文集》［M］，第 403 页。

的转型时期，政府的意愿和意志对大学制度变革起着主导性作用，因为这种改革是以政府丧失某些既得权力和利益为代价的。就大学组织来说，随着市场经济体制的逐步成熟，必然要求建立与之相适应的大学制度结构，并要求突破政府控制大学办学的格局，给予大学自主办学的权利。然而出于自身对既得利益的维护和对非学术目标的关注，政府对大学的放权表现出缓慢而渐进的过程。一方面政府为应对大学制度的低效困境，不得不出台一些"安慰性政策"和表面性的措施；另一方面又对大学内部管理的许多具体事项，比如领导体制、专业和课程设置、机构增减等作出了不少"原则性"的规定。因此，尽管大学也获得了自主发展的空间，但大学自主权仍缺乏具体性的制度保障。政府显然也意识到了大学自主性缺失的消极作用，在实践中也就默许了大学的"先斩后奏"，甚至默认所谓的"原则性规定"在执行中被"软化"和"钻空子"行为。

　　新制度经济学关于制度变迁的一般理论模型的假定认为，制度变迁的基本诱因在于通过原有制度安排已无法使主体获得潜在的利润，也就是说，只要有这种潜在的外部利润存在，就有可能发生对原有制度的改革或创新，从而使外部利润内部化。根据制度变迁过程中主体和变迁方式的差异，新制度经济学派将制度变迁划分为诱致性制度变迁和强制性制度变迁。诱致性制度变迁是一群人在响应制度不均衡引致的获利机会时所自发进行的制度变迁，强制性制度变迁是由政府命令或法律引入和推行的制度变迁。[①] 在计划制度下，政府是大学资源供给的唯一主体，政府也

---

① 〔美〕R. 科斯、A. 阿尔钦、D. 诺斯等：《财产权利与制度变迁——产权学派与新制度学派译文集》［M］，第 371、403 页。

自然成了大学制度的当然提供者，大学自身没有制度创新的动因。因此，我国长期以来往往都是政府根据政治和社会发展的需求而强制推行制度变迁。随着社会转型，大学外部利益呈现多元化发展的趋势，政府不再是大学办学资源的唯一供给主体，大学的发展越来越取决于依靠自身制度优势吸纳资源和把握发展机遇的能力。另外，在市场经济条件下，不同的大学面临的办学环境和发展侧重点各不相同，以政府强制推行的制度改革很难适应不同大学的具体情况，而且还往往导致制度实施中的政府与大学之间的"摩擦成本"增加，或者存在着"上有政策，下有对策"的制度"虚置"现象。在大学制度变迁过程中，随着院校市场的发育及政府权力的淡出，不同的大学组织将面临各不相同的生存环境和信息差异，以政府主导的制度变迁将难以满足不同的大学发展对制度变革的需求。基于此，我国大学内部制度创新必须从强制性制度变迁为主转向诱致性制度变迁（或自主性制度变迁）为主的阶段。现在的关键问题是：通过完善相关法规，明确规范政府和大学的权利与义务，并通过完善大学之间的竞争与激励机制，培育大学的自主和责任意识，真正使大学制度改革"不再是一个上级授予的改革行为，而是来自自身改革动力的需求"[①]。从这个意义上来说，大学制度变迁方式的转换过程实际上就是培育大学自主意识和责任意识的过程。

诱致性制度变迁的主体是大学组织自身，其人格化主体是大学内部不同利益的群体或个人，推动主体进行制度变迁的动机是追求大学利益和效能的最大化。而制度变迁的主体关于制度变迁的成本和收益之比的预期判断，对于促进或推迟制度改革起关键

---

① 康宁：《中国经济转型中高等教育资源配置的制度创新》[M]，第 329 页。

作用，只有在预期收益大于预期成本的情形下，制度变迁主体才会推动直至最终实现制度创新，这是制度变迁的一般原则。大学属于异质性结构，行政人员和学术人员对同一项制度改革的预期收益是大不相同的，尤其是中国大学长期以来实行行政权力主导化的大学管理制度，客观上形成了庞大的行政人员利益群体，基于不同的价值判断标准，行政人员与学术人员对制度改革的成本收益分析事实上存在着差异。我国大学行政权力主导化的体制之所以在历次改革中不但没有弱化反而不断得到强化，一是由于我国大学组织内部所不断彰显的非学术职能使然，二是与行政人员竭力维护自身既得权益相关。这种行政权力主导化的管理体制致使大学制度的变迁"闭锁"于学术的低效状态，或者说，大学制度向学术性方向变迁的道路关闭了，并导致大学消极性的"路径依赖"。一般制度变迁理论认为："一种制度能够实现向另一种制度的变迁，能够沿着良性的轨道不断发展完善，是基于报酬递增具有普遍性；一种制度向另一种制度变迁的过程中出现'闭锁'，是因为报酬递增不具有普遍性。"① 实际上，制度改革中这种报酬递增的普遍性是不可能存在的，因为制度改革实质上是权力和利益的重新分配和调整，从整体上来说不可能在短期内使所有组织成员平均受益。

当前我国建设世界一流大学的制度创新主要是围绕提高教学科研的组织效能展开的，而更多的是与大学的中心任务的实现联系在一起。其实质是通过制度创新实现大学学术性功能的回归，给予大学学术组织和学术人员更多的参与和管理学校事务的权

---

① 王树春：《制度变迁与中国经济体制改革的特征及难点》［J］，《环渤海经济瞭望》1998 年第 6 期，第 4～9 页。

力。尽管改革在总体上来讲是增强大学组织的整体活力，提高大学的核心竞争力，但相对来说必然是以削弱行政人员的既得利益和移交本应属于学术人员的权利为前提的。所以说，改革不可能是一个自然、轻松愉快的过程，既得利益群体会自觉不自觉地成为改革进程的阻力，从而导致大学制度改革中的"摩擦成本"和组织成本（实施成本）上升，以至于可能出现改革停顿、改革举措不能有效落实等制度改革陷入"闭锁"的现象。因此，基于行政权力在大学中的强势主导地位，中国大学要摆脱"闭锁"状态，前提是必须使所有大学组织成员特别是党政领导认识到改革的必要性，进而形成改革的氛围，并以可能的行政权威约束行政权力对改革的"抵制"和"反弹"。可见，中国大学制度改革不仅受到外部环境的制约，而且内部复杂的利益格局足以使任何形式的制度创新都表现出一种困难过程。因为任何制度改革都要通过不同预期的利益群体之间的反复"博弈"和磋商，其间可能要经过"折中"和"调和"才能最终达成一致。这就要求大学制度的改革代理人（校长及学校领导集体）以强烈的使命感和事业心，以非凡的智慧和勇气推进改革进程。与此同时，为了防止"精英"主导的改革异化，"渐进"改革也应扩展制度创新主体范围，打破权力垄断，尽可能争取每一位教职员工参与和支持制度创新，从而为制度创新创造广泛的群众基础。①

毫无疑问，我国制度环境的变革已使大学发展进入到自主创新为主的阶段，任何强制推行的统一制度变革模式都可能因为难以符合各校发展的实际而大打折扣。换言之，这意味着任何学校

---

① 陈文申：《公共组织的人事决策——转型期中国大学人事改革的政策选择》[M]，第249页。

都必须从内部推动自身的发展，学校是变革的基本单元，"每一所学校都必须循着自己的发展过程前进，并使之制度化"①。但大学自主制度创新（诱致性制度变迁）必须满足两个条件才有可能实现：一是大学成为独立的法人实体；二是制度创新的预期收益大于预期成本。从实际状况来看，由于这两个条件的满足都不充分，这注定了我国大学制度创新远非是一个十分顺遂的进程。首先，虽然大学拥有了一定的自主权力，但大学自我发展、自我约束的机制远没有形成。大学校长作为法人代表虽然拥有一定的自决权力，但缺乏相应的责任、利益机制，大学改革（包括制度创新）如果仅仅寄希望于校长的事业心和责任感，恐怕是远远不够的。其次，由于大学内部制度改革牵涉到复杂的利益关系的重新调整，制度改革一旦遇到强势利益群体的阻力，就可能导致中途夭折或停滞不前。再次，由于制度的公共产品属性以及可能存在的"搭便车"行为，因此在遇到改革阻力或者改革的"雷区"可能危及学校稳定以及可能失去上级信任的情况下，改革者就可能畏缩不前，等待观望，以模仿其他学校创造的制度成果。这样可能导致的后果是整个大学系统制度创新的原动力不足和大学发展所需的制度短缺或制度创新滞后。我国大学制度创新乏力和滞后现象，决定了大学制度创新在今后一个时期仍将借助外力的推动，而不是完全交给市场"无形之手"的自发调节，否则就难以保证大学发展对制度创新的需求。② 这里值得指出的是，外力推动并不是政府直接插手大学内部事务，更不是强制推

---

① 〔挪威〕波·达林：《理论与战略：国际视野中的学校发展》［M］，范国睿主译，北京，教育科学出版社，2002，第 198 页。

② 张应强、马廷奇：《高等教育公平与高等教育制度创新》［J］，《教育研究》2002 年第 12 期，第 39～43 页。

行统一的制度模式，而是给大学创造必要的制度创新环境，包括包容改革进程中的失败和失误，通过政策支持和财政资助等手段为创新主体提供必要的创新激励，并且在适当时机，对试点学校的制度创新成果以强制性的方式加以巩固和扩大。当务之急是政府要着眼于大学长远发展和在实践中制约大学发展的突出问题，先进行试点，等取得成效后再进行推广。但我们必须明白，政府的角色不是大学制度的直接制定者，而是大学所需要的公共制度生产的推动者。目前教育部指定一些大学自主进行内部制度改革的试点工作，如职员制改革，但由于政府的激励措施不到位，加之在大学内部存在的压力和阻力，制度创新的积极性不高。这些都在一定程度上降低了大学发展的质量，妨碍了建立现代大学制度的进程。

当然，大学组织的自主制度创新是为了解决"适应效率"问题，而适应效率是制度变迁的内在机制。[①] 适应效率不同于配置效率，它更多地与组织的"主观愿望"联系在一起，也就是说，大学制度的转换和创新是为了增强组织自身适应环境的能力。从大学组织内部来说，制度分三个层次：大学层面制度、大学院系制度（事业部制度）、大学职能制度。这三个层次构成大学完整的制度结构，某一制度安排的不均衡就可能意味着整个制度结构的不均衡，一项制度安排的变化必然带来其他制度安排的相应调整，只对某一项具体制度安排进行改革，不可能实现整个大学制度结构的均衡。[②] 但实际上，大学制度的不同层面或不同

---

① 张宇燕：《经济发展与制度选择》[M]，北京，中国人民大学出版社，1992，第182页。

② 胡军、盛军锋：《强制性、诱致性变迁及其它——兼论中国改革方式的理论基础》[J]，《南方经济》2002年第9期，第19~22页。

方面的改革不可能齐头并进，特别是对深受计划体制"惯性"影响的中国大学内部制度来说，不可能实施"休克式疗法"，制度创新的最大可能是从一个制度安排开始，然后渐进地转到其他制度安排上去。因为大学环境的变革，以及由此导致的大学内部制度的适应效率降低的矛盾是渐次展开的，并且由于大学组织本能的"文化屏蔽"和自身存在的阻力，大学整体制度创新有一个相对迟滞的过程；再者，对已经习惯于"政府安排"内部制度的大学来说，对自主进行制度变革的方向、过程、目标和方法等方面的认识是不全面的，因而制度变革只能是一个渐进的过程。一般而言，我国大学的教学科研领域对外界环境的变化最为敏感，所以大学内部制度改革也较多地是先从教学科研领域的组织制度变革开始的。同时，也由于我国大学内部制度改革一般是由行政力量推动的进程，将教学科研领域或教师制度作为改革的突破口，相对来说较为容易。而现在的问题是，随着教学科研制度及相应组织制度的变革（主要体现为学术权力的加强、学术组织功能的凸显、权力下移等），固有的行政组织功能定位和行政权力主导化越来越成为大学核心功能发挥的障碍。因此，改革大学内部行政制度，实现大学学术效率的最大化是当前以及今后一个时期大学制度改革的关键。尽管这项改革存在不少困难和阻力，但这是建设世界一流大学、重塑现代大学组织特性所必需的条件。

从大学内部制度变革方式上来看，我国大学的"后发"特点决定了我国大学制度创新很自然地会将当前世界一流大学制度作为模仿的标准，主要是采用"移植"式制度变革的方式。笔者认为，大学组织的核心任务是以"高深知识"的操作为主题的，因此，大学教学科研活动的制度安排也就成为大学的核心制度，其他制度安排要围绕核心制度而设定，或成为核心制度高效运行的工具。鉴于此，我国大学制度改革的方向至少在核心任务的完成上与世界一流大学更为接近。相比较而言，西方大学在发展过程中形成了大学比较"个性化"的制度结构和运作机制，注重基层的学术权力和基层学术组织的独立决策地位。这些也正是中国大学制度所缺少的。西方大学制度以其学术性绩效的示范力量成为中国大学制度改革模仿、借鉴的对象，但对西方大学制度的借鉴并不是对我国大学现有制度的简单否定。考察西方大学制度的变迁史可知，大学制度的变革是与特定的文化传统、政治、经济发展背景以及某种历史机缘结合在一起的。当前，时代发展给我们提出了建设世界一流大学的目标，而制度创新则是实现这一目标的当务之急。现实问题是要根据中国国情以及大学自身的情况，借鉴世界各国大学制度文明的成果，探索具有中国特色的大学制度结构。从这个意义上说，中国大学制度改革不仅是借鉴和移植，而且更应该是基于中国大学发展所存在问题的创新。特别是在制度创新越来越成为大学组织自身行为的背景下，移植式与创新式制度改革的结合，再加上政府的有效推动，就构成了中国大学制度创新的最佳路径。

结 束 语

　　"大学制度创新"是一个颇具理论和实践魅力的研究课题。这主要是基于现代大学生存环境的变化对大学发展提出的新要求，同时，我国建设世界一流大学的目标也迫切需要作出制度上的回应，或者说，建立有中国特色的现代大学制度本身就是建设世界一流大学的重要组成部分。但真正涉足这一研究领域，又时刻感受到"大学制度"令人困惑的复杂性，就大学制度体系本身来讲，真可谓"横看成岭侧成峰"，内外形态各不同，即使撇开制度环境不谈，单纯就大学内部制度的研究也不是本书的篇幅能够尽数囊括的。因此，选取何种研究视角以及选择哪些大学制度分析要素是关系到本书能否"创新"的关键。

　　20世纪80年代以来，市场经济的发展及高等教育体制改革，改变了政府单一权力中心对大学管制的历史，催生了大学的主体意识，无论是办学实践还是理论研究都开始从政府行为逐渐转向大学组织本身。正本清源，从组织的视角研究大学制度，必须基于对大学组织特性的合理定位。从本质上讲，大学是生存于一定制度环境中的学术性组织，学术性是大学组织生存和发展的边界，建立现代大学制度就是把大学作为学术性组织来建设。以此为视点来检阅中国大学，能更清晰地暴露中国大学所存在的突出问题以及制约大学发展的制度根源。因此，随着政府为大学逐步"松绑"以及大学主体性地位的凸显，把大学组织作为研究对象，对大学的研究者来说是一个很自然的选择。正如在本书绪论中所指出的，大学环境的变化已将大学组织历史性地推向自主制度创新的"前台"。然而，要想把大学制度方方面面的问题搞清楚并不是一件轻而易举之事。本书是以个体的大学组织为基本单元，着重从大学的内部组织制度入手进行研究的。但笔者不想仅仅停留于对大学组织制度静态化的描述和理想化的设计层面上，因为组织制度要真正实现创新并有效运作，还必须有赖于一整套实施机制。鉴于此，本书借鉴了新制度经济学关于对制度内涵的理解，侧重从组织制度、运行机制等方面分析大学制度存在的问题及其致因，并在此基础上探讨大学制度创新的机制和大学制度创新的主体等论题。值得指出的是，微观的大学制度变革是以组织环境的变革为背景的，因此，制度环境构成本书分析大学制度创新的基本视阈。

从组织的视角研究大学制度并非本书的首创，伯顿·克拉克对此曾作出了开创性的贡献。中国大学发展由外控到自主的转型，使大学自身理应成为制度创新与运作的当然主体。因此，从组织的视角研究大学制度有助于重新认识大学的组织行为，有助于推动大学基于自身实际的制度创新。通过研究与考察，本书得出了以下结论。

第一，学术性是大学组织生存和发展的基本逻辑，大学制度创新之目的在于大学组织行为的改变，并不断打破束缚学术创新的体制和机制障碍，激发大学学术活力。大学的发展可以归结为学术的不断创新，而学术创新源于制度的活力，制度的活力又源自大学自主的制度构建和基于自身实际情况的不断创新。

第二，随着大学规模的扩大以及有组织的活动越来越多，科层体制逐步成为大学组织的一个典型特征，但科层体制在大学组织活动中表现出正功能的同时，也表现出自身所特有的负功能，即存在着科层机制"失灵"问题。与西方大学相比，中国大学不仅存在着学术权力不彰、行政权力泛化等现象，而且也与西方大学行政体制的效率和理性精神背道而驰。究其原因，主要是由于中国大学长期以来学术制度化程度低以及排斥市场竞争机制造成的。

第三，制度环境通过它所塑造的大学内部制度影响大学组织的运作效率。从大学与制度环境的关系看，"外控型大学"和"自主型大学"各自对应着相应的内部治理结构。中国大学要走出科层体制及学术创新乏力之困境，首先必须从变革大学的制度环境开始，构建政府宏观调控、多元主体参与、大学自我发展和自我约束的大学发展机制。

第四，中国大学组织内部长期存在的行政权力主导化以及错综复杂的利益主体格局，决定了大学制度变革只能以渐进的方式而不宜采取"休克式疗法"。同时，随着大学主体地位的凸显及其具体任务环境的形成，大学制度改革必然从政府主导转向政府有效推动和大学自主创新为主的方式，任何强制推行的制度变革模式都可能因为不符合各学校的具体情况而使其实践效果大打折扣。当前，中国大学制度创新的关键是要构建合理的组织制度，并通过科层机制、市场机制及文化机制等多种协调方式的平衡，实现大学组织的有效整合。

  总之，时代的发展要求给予并重视大学的主体性，克服中国大学在长期计划体制下形成的政府与大学之间高度糅合的状态，还大学以应有的学术特性和主体地位。这种主体性不仅表现在返还大学应有的办学权力，更重要的是包含了大学行为上的自主，其中包括大学自主制度变革的权力。大学主体性缺失的后果，一方面使作为社会基本细胞的大学组织成为政府的附属机构，缺乏主动性和创新精神；另一方面也使大学无力抵御政府的权力渗透和行政干预。鉴于此，中国建设世界一流大学更需要良好的制度环境和大学自身制度结构体系的和谐。值得申明的是，制度并不能解决所有问题，但基于中国大学逐渐显露的主体地位而又自主能力缺失的困境，从制度改革与创新入手，可能是朝世界一流大学迈进的第一步。

  理论往往是灰色的，而实践之树却可以常青。面对生动的大学办学实践，没有人可以宣称他的探索属于最优化的、解决实际问题的答案。出于对建设世界一流大学的关切，如果本书能促使人们进一步思考中国大学办学实践中存在的问题，也算是本书的一点贡献吧。

  愿制度创新成为中国大学更自觉的行动！愿中国建设世界一流大学的理想早日实现！

参考文献

一 中文部分

［1］潘懋元主编《多学科观点的高等教育研究》［M］，上海，上海教育出版社，2001。

［2］〔美〕哈罗德·孔茨、海因茨·韦里克：《管理学》［M］，郝国华等译，北京，经济科学出版社，1998。

［3］〔英〕托尼·布什：《当代西方教育管理模式》［M］，强海燕主译，南京，南京师范大学出版社，1998。

［4］陆江兵：《技术、理性、制度与社会发展》［M］，南京，南京大学出版社，2000。

［5］孙晓莉：《中国现代化进程中的国家与社会》［M］，北京，中国社会科学出版社，2001。

［6］鲁鹏：《制度与发展的关系》［M］，北京，人民出版社，2002。

［7］赵文华：《高等教育系统论》［M］，桂林，广西师范大学出

版社，2001。

[8] 竹立家、李登祥等编译《国外组织理论精选》[M]，北京，中共中央党校出版社，1997。

[9] 〔美〕弗莱蒙特·E. 卡斯特、詹姆斯·E. 罗森茨韦克：《组织与管理：系统方法与权变方法》[M]，傅严、李柱流译，北京，中国社会科学出版社，2000。

[10] 〔美〕罗伯特·G. 欧文斯：《教育组织行为学》[M]，窦卫霖等译，上海，华东师范大学出版社，2001。

[11] 吴志功：《现代大学组织结构设计》[M]，北京，北京师范大学出版社，1998。

[12] 教育部咨询研究项目课题组：《学科组织创新——高等学校院系等学科结构的改革研究》[M]，杭州，浙江大学出版社，2001。

[13] 〔美〕保罗·S. 麦耶斯：《知识管理与组织设计》[M]，蒋惠工等译，珠海，珠海出版社，1998。

[14] 〔英〕奈杰尔·金、尼尔·安德森：《组织创新与变革》[M]，冒光灿、关海峡译，北京，清华大学出版社，2002。

[15] 杨洪兰等：《现代组织学》[M]，上海，复旦大学出版社，1997。

[16] 于显洋：《组织社会学》[M]，北京，中国人民大学出版社，2001。

[17] 温恒福：《教育创新组织的领导与管理》[M]，北京，教育科学出版社，2006。

[18] 张新平：《教育组织范式论》[M]，南京，江苏教育出版社，2001。

[19] 钱平凡：《组织转型》[M]，杭州，浙江人民出版社，1999。

［20］朱国云：《组织理论：历史与流派》［M］，南京，南京大学出版社，1997。

［21］〔法〕克罗戴特·拉法耶：《组织社会学》［M］，安延译，北京，社会科学文献出版社，2000。

［22］〔英〕迈克尔·科伦索：《组织变革改善策略——组织演进与变革》［M］，高俊山、贾振权译，北京，经济管理出版社，2003。

［23］李友梅：《组织社会学及其决策分析》［M］，上海，上海大学出版社，2001。

［24］〔美〕W. 理查德·格斯特：《组织理论》（第4版）［M］，黄洋等译，北京，华夏出版社，2002。

［25］〔美〕伯顿·克拉克：《高等教育新论——多学科的研究》［M］，徐辉等译，杭州，浙江教育出版社，2001。

［26］〔美〕伯顿·克拉克：《学术权力——七国高等教育管理体制比较》［M］，王承绪等译，杭州，浙江教育出版社，1989。

［27］〔美〕约翰·S. 布鲁贝克：《高等教育哲学》［M］，郑继伟等译，杭州，浙江教育出版社，1987。

［28］〔英〕阿什比：《科技发达时代的大学教育》［M］，滕大春等译，北京，人民教育出版社，1983。

［29］〔美〕亚伯拉罕·弗莱克斯纳：《现代大学论——美英德大学研究》［M］，徐辉、陈晓菲译，杭州，浙江教育出版社，2001。

［30］〔美〕克拉克·科尔：《大学的功用》［M］，陈学飞等译，南昌，江西教育出版社，1993。

［31］〔美〕罗伯特·伯恩鲍姆：《大学运行模式》［M］，别敦

荣主译，青岛，中国海洋大学出版社，2003。

[32]〔美〕德里克·博克：《美国高等教育》［M］，汪利兵译，北京，北京师范学院出版社，1991。

[33]〔美〕欧内斯特·L. 博耶：《关于美国教育改革的演讲》［M］，涂艳国、方彤译，北京，教育科学出版社，2002。

[34]〔美〕亨利·罗索夫斯基：《美国校园文化——学生·教授·管理》［M］，谢宗仙等译，济南，山东人民出版社，1996。

[35]〔英〕埃德蒙·金：《别国的学校和我们的学校》［M］，王承绪等译，北京，人民教育出版社，2001。

[36]〔美〕菲利普·G. 阿特巴赫：《比较高等教育：知识、大学与发展》［M］，人民教育出版社教育室译，北京，人民教育出版社，2001。

[37]〔加〕露丝·海荷：《东西方文化与大学》［M］，赵曙明译，武汉，湖北教育出版社，1996。

[38]〔美〕德里克·博克：《走出象牙塔——现代大学的社会责任》［M］，徐小洲、陈军译，杭州，浙江教育出版社，2001。

[39]〔美〕克拉克·科尔：《高等教育不能回避历史》［M］，王承绪译，杭州，浙江教育出版社，2001。

[40]〔美〕唐纳德·肯尼迪：《学术责任》［M］，阎凤桥等译，北京，新华出版社，2002。

[41]〔美〕詹姆斯·杜德斯达、弗瑞斯·沃马克：《美国公立大学的未来》［M］，刘济良译，北京，北京大学出版社，2004。

[42]詹姆斯·杜德斯达：《21 世纪的大学》［M］，刘彤、屈书杰、刘向荣译，北京，北京大学出版社，2004。

[43]〔美〕罗伯特·伯恩鲍姆：《大学运行模式》［M］，别敦

荣主译，青岛，中国海洋大学出版社，2003。

[44] 丁学良：《什么是世界一流大学》[M]，北京，北京大学出版社，2004。

[45] 张维迎：《大学的逻辑》[M]，北京，北京大学出版社，2004。

[46] 孔宪铎：《东西象牙塔》[M]，北京，北京大学出版社，2004。

[47] 范文曜、马陆亭：《国际视角下的高等教育质量评估与财政》[M]，北京，教育科学出版社，2004。

[48] 马万华：《从伯克利到北大清华——中美公立研究型大学建设与发展》[M]，北京，北京大学出版社，2004。

[49] 〔英〕麦克·F.D.扬主编《知识与控制：教育社会学新探》[M]，谢维和、朱旭东译，上海，华东师范大学出版社，2002。

[50] 〔伊朗〕S.拉塞克、〔罗马尼亚〕G.维迪努：《从现在到2000年教育内容发展的全球展望》[M]，马胜利等译，北京，教育科学出版社，1996。

[51] 〔美〕约翰·E.丘伯、泰力·M.默：《政治、市场和学校》[M]，蒋衡等译，北京，教育科学出版社，2003。

[52] 胡显章：《学术的国际化与自主性——国家创新系统与学术评价》[M]，济南，山东教育出版社，2000。

[53] 刘献君：《大学之思与大学之治》[M]，武汉，华中理工大学出版社，2000。

[54] 张应强：《高等教育现代化的反思与建构》[M]，哈尔滨，黑龙江教育出版社，2000。

[55] 周光礼：《学术自由与社会干预——大学学术自由的制度

分析》[M]，武汉，华中科技大学出版社，2003。

[56] 杨东平：《大学精神》[M]，上海，文汇出版社，2003。

[57] 金耀基：《大学之理念》[M]，北京，三联书店，2001。

[58] 金耀基：《从传统到现代》[M]，北京，中国人民大学出版社，1999。

[59] 韩延明：《大学理念论纲》[M]，北京，人民教育出版社，2003。

[60] 肖海涛：《大学的理念》[M]，武汉，华中科技大学出版社，2001。

[61] 阎光才：《识读大学：组织文化的视角》[M]，北京，教育科学出版社，2002。

[62] 陈平原：《中国大学十讲》[M]，上海，复旦大学出版社，2002。

[63] 杜作润、高烽煜：《大学论》[M]，成都，四川教育出版社，2000。

[64] 黄政杰：《大学自主与责任》[M]，台北，汉文书店，1997。

[65] 〔加〕许美德：《中国大学——1895~1995：一个文化冲突的世纪》[M]，许洁英主译，北京，教育科学出版社，2000。

[66] 〔日〕大冢丰：《现代中国高等教育的形成》[M]，黄福涛译，北京，北京师范大学出版社，1998。

[67] 赵新林、张国龙：《西南联大：战火中的洗礼》[M]，上海，上海教育出版社，2000。

[68] 于述胜：《中国教育制度通史》（第7卷）[M]，济南，山东教育出版社，2000。

［69］郑登云：《中国高等教育史》（上）［M］，上海，华东师范大学出版社，1994。

［70］黄福涛：《欧洲高等教育近代化——法、英、德近代高等教育制度的形成》［M］，厦门，厦门大学出版社，1998。

［71］朱国仁：《西学东渐与中国高等教育近代化》［M］，厦门，厦门大学出版社，1996。

［72］贺国庆：《德国和美国大学发达史》［M］，北京，人民教育出版社，1998。

［73］贺国庆：《近代欧洲对美国教育的影响》［M］，保定，河北大学出版社，2000。

［74］徐辉：《高等教育发展的新阶段——论大学与工业的关系》［M］，杭州，杭州大学出版社，1990。

［75］〔英〕威廉·博伊德、埃德蒙·金：《西方教育史》［M］，任宝祥、吴元训主译，北京，人民教育出版社，1985。

［76］陈红捷：《德国古典大学观及其对中国大学的影响》［M］，北京，北京大学出版社，2002。

［77］裘克安：《哈佛大学》［M］，长沙，湖南教育出版社，1996。

［78］陈学飞：《美国、德国、法国、日本当代高等教育思想研究》［M］，上海教育出版社，1998。

［79］杨汉清、韩骅：《比较高等教育概论》［M］，北京，人民教育出版社，1997。

［80］施晓光：《美国大学思想论纲》［M］，北京，北京师范大学出版社，2001。

［81］北京大学高教所：《21世纪的大学》［M］，北京，北京大学出版社，1999。

[82] 教育部中外大学校长论坛领导小组：《中外大学校长论坛文集》[M]，北京，高等教育出版社，2002。

[83] 别敦荣：《中美大学学术管理》[M]，武汉，华中理工大学出版社，2000。

[84] 涂又光：《中国高等教育史论》[M]，武汉，湖北教育出版社，1997。

[85] 沈红：《美国研究型大学的形成与发展》[M]，武汉，华中理工大学出版社，1999。

[86] 段晓锋：《非正式制度对中国经济制度变迁方式的影响》[M]，北京，经济科学出版社，1998。

[87] 〔美〕道格拉斯·C. 诺斯：《经济史中的结构与变迁》[M]，陈郁、罗平华等译，上海，上海人民出版社，1994。

[88] 卢现祥：《西方新制度经济学》[M]，北京，中国发展出版社，1996。

[89] 〔德〕柯武刚、史漫飞：《制度经济学》[M]，韩朝华译，北京，商务印书馆，2001。

[90] 〔美〕R. 科斯、A. 阿尔钦、D. 诺斯等：《财产权利与制度变迁——产权学派与新制度学派译文集》[M]，陈昕主编，上海，上海三联书店、上海人民出版社，1994。

[91] 〔美〕道格拉斯·C. 诺斯、罗伯特·托马斯：《西方世界的兴起》[M]，厉以平、蔡磊译，北京，学苑出版社，1988。

[92] 姚洋：《制度与效率：与诺斯对话》[M]，成都，四川人民出版社，2002。

[93] 郭玉锦：《中国身份制度及其潜功能——一个国企的实证分析》[M]，哈尔滨，黑龙江人民出版社，2002。

[94] 郑林：《国有企业治理结构研究》[M]，郑州，河南人民

出版社，2002。

[95] 崔玉平：《高等教育制度创新的经济学分析》［M］，北京，北京师范大学出版社，2002。

[96] 陈列：《市场经济与高等教育——一个世界性的课题》［M］，北京，人民教育出版社，1996。

[97] 康永久：《教育制度的生成与变革——新制度教育学论纲》［M］，北京，教育科学出版社，2003。

[98] 〔德〕马克斯·韦伯：《学术与政治》［M］，冯克利译，北京，三联书店，1998。

[99] 〔美〕华勒斯坦等：《学科·知识·权力》［M］，刘健芝等编译，北京，三联书店，1999。

[100] 〔英〕J. D. 贝尔纳：《科学的社会功能》［M］，陈体芳译，北京，商务印书馆，1982。

[101] 〔美〕约瑟夫·本－戴维：《科学家在社会中的角色》［M］，赵佳苓译，成都，四川人民出版社，1985。

[102] 胡建华：《现代中国大学制度的原点：50 年代初期的大学改革》［M］，南京，南京师范大学出版社，2001。

[103] 张德祥：《高等学校的学术权力与行政权力》［M］，南京，南京师范大学出版社，2002。

[104] 范国睿：《多元融合：多维视野中的学校发展》［M］，北京，教育科学出版社，2002。

[105] 郑燕祥：《学校效能与校本管理：一种发展的机制》［M］，陈国萍译，上海，上海教育出版社，2002。

[106] 张博树：《现代性与制度现代化》［M］，上海，学林出版社，1998。

[107] 眭依凡：《大学校长的教育理念与治校》［M］，北京，人

民教育出版社，2001。

[108] 陈文申：《公共组织的人事决策——转型期中国大学人事改革的政策选择》［M］，郑州，河南人民出版社，2002。

[109] 邬志辉：《中国教育现代化新视野》［M］，长春，东北师范大学出版社，2000。

[110] 曲士培：《中国大学教育发展史》［M］，太原，山西教育出版社，1993。

[111] 金以林：《近代中国大学研究》［M］，北京，中央文献出版社，2000。

[112] 王英杰：《美国高等教育的改革与发展》［M］，北京，人民教育出版社，2002。

[113] 张泰金：《英国的高等教育——历史·现状》［M］，上海，上海外语教育出版社，1995。

[114] 卢晓中：《当代世界高等教育理念对中国的影响》［M］，上海，上海教育出版社，2001。

[115] 朱国仁：《高等学校职能论》［M］，哈尔滨，黑龙江教育出版社，1999。

[116] 杨晓民、周翼龙：《中国单位制度》［M］，北京，中国经济出版社，1999。

[117] 〔美〕彼得·布劳、马歇尔·梅耶：《现代社会的科层制》［M］，马戎等译，上海，学林出版社，2001。

[118] 〔法〕克罗泽：《科层现象》［M］，刘汉全译，北京，社会科学文献出版社，2002。

[119] 〔美〕麦克尔·巴泽雷：《突破官僚制：政府管理的新愿景》［M］，北京，中国人民大学出版社，2002。

[120] 〔美〕B.盖伊·彼得斯：《政府未来的治理模式》［M］，

吴爱明、夏宏图译，北京，中国人民大学出版社，2001。

[121] 陈富良：《放松规制与强化规制》[M]，上海，上海三联书店，2001。

[122] 田正平、李江源：《教育制度变迁与中国教育现代化进程》[J]，《华东师范大学学报》（教育科学版）2002 年第 3 期。

[123] 张应强：《制度创新与我国建设世界一流大学》[J]，《科技导报》2001 年第 11 期。

[124] 邬大光：《现代大学制度的根基》[J]，《现代大学教育》2001 年第 1 期。

[125] 赵婷婷：《自治、控制与合作——政府与大学关系的演进历程》[J]，《现代大学教育》2001 年第 2 期。

[126] 吴开超等：《制度性边界与中国经济的制度性扩张》[J]，《财贸经济》2001 年第 6 期。

[127] 〔美〕伯顿·克拉克：《自主创新型大学：共治、自治和成功的基础》[J]，王晓阳、孙海涛译《清华大学教育研究》2000 年第 4 期。

[128] 苏君阳：《论学术在大学发展中的地位和作用》[J]，《北京师范大学学报》（人文社会科学版）2001 年第 2 期。

[129] 黄书光：《论中国早期教育现代化的艰难探索》[J]，《社会科学战线》2001 年第 6 期。

[130] 邓周平等：《21 世纪中国高等教育制度的价值取向与操作设计》[J]，《清华大学教育研究》2001 年第 2 期。

[131] 林杰：《知识·权力和学术自由》[J]，《现代大学教育》2002 年第 1 期。

[132] 郭冬乐、李越：《制度秩序论》[J]，《中山大学学报》（社科版）2001 年第 3 期。

[133] 徐小洲：《博克论大学的社会责任》[J]，《比较教育研究》2002 年第 8 期。

[134] 李江源：《略论计划体制下我国大学制度的特性》[J]，《高教探索》2001 年第 2 期。

[135] 刘学、靳云汇：《动态、异质性环境中的组织设计与管理》[J]，《南开管理评论》2000 年第 3 期。

[136] 贾英健：《从社会哲学的视野看制度的本质、现代转型及功能》[J]，《理论学刊》2002 年第 2 期。

[137] 李京文：《制度创新与管理创新：意义、趋势与任务》[J]，《中国社会科学研究生院学报》2001 年第 6 期。

[138] 胡劲松、周丽华：《传统大学的现代改造》[J]，《比较教育研究》2001 年第 4 期。

[139] 张晓鹏：《学院建制与管理分权：从国外名牌大学得到的启示》[J]，《全球教育展望》2001 年第 2 期。

[140] 张宝泉：《美国大学的管理机构及管理机能》[J]，《外国教育研究》1998 年第 2 期。

[141] 胡劲松：《试析德国高等学校的自我管理权》[J]，《高等教育研究》2000 年第 5 期。

[142] 程德俊、陶向南：《知识的分布与组织结构的变革》[J]，《南开管理评论》2001 年第 3 期。

[143] 张炜、邹晓东：《现代大学跨学科学术组织新型模式研究》[J]，《比较教育研究》2003 年第 6 期。

[144] 〔美〕C. D. 牟德：《全球化时代如何创建世界一流的研究型大学》[J]，《中国大学教学》2004 年第 8 期。

[145] 赵文华、黄缨、刘念才：《美国在研究型大学中建立国家实验室的启示》[J]，《清华大学教育研究》2004 年第 2 期。

[146] 李明华：《挑战和机遇：研究型大学与未来的世界一流教学型跨国大学（公司）一体化模式》[J]，《清华大学教育研究》2004 年第 5 期。

[147] 许克毅、吕思为：《论我国研究型大学形成的政策基础》[J]，《学位与研究生教育》2005 年第 3 期。

[148] 叶绍梁：《学科建设机制创新与研究型大学学术制度建设》[J]，《复旦教育论坛》2005 年第 1 期。

[149] 毛亚庆：《论市场竞争下的大学发展战略》[J]，《北京师范大学学报》（社会科学版）2004 年第 2 期。

[150] 吴剑平、李功强、张德：《试论大学管理模式与世界一流大学建设》[J]，《清华大学教育研究》2004 年第 2 期。

[151] 张益群：《世界一流大学的共性特征》[J]，《中国高等教育》2004 年第 2 期。

[152] 王义遒：《试论世界一流大学的建设方略》[J]，《高等教育研究》2004 年第 2 期。

[153] 〔美〕菲利普·G. 阿特巴赫：《世界一流大学的成本与收益》[J]，覃文珍译，《北京大学教育评论》2004 年第 1 期。

[154] 叶赋桂：《学术自立与民族复兴——亚洲国家建设世界一流大学的案例研究》[J]，《清华大学教育研究》2003 年第 3 期。

[155] 清华大学公共管理学院专题研究组：《创建世界一流大学：AAU 提供的参照与借鉴》[J]，《清华大学教育研

究》2003 年第 3 期。

[156] 〔美〕劳伦斯·萨默斯：《什么是世界一流的大学》［J］，《新闻周刊》2002 年第 13 期。

[157] 马万华：《美国研究型大学成功的内在要素及办学条件与联邦政府的作用》［J］，《清华大学教育研究》2004 年第 1 期。

[158] 焦笑南：《美国、英国、澳大利亚的大学治理及对我们的启示》［J］，《中国高教研究》2005 年第 1 期。

[159] 张斌贤：《现代大学制度的建立与完善》［J］，《国家教育行政学院学报》2005 年第 11 期。

[160] 吴索文：《权力的性质与组织结构的演变》［J］，《软科学》2002 年第 3 期。

[161] 杜育红：《教育组织及其变革低效的制度根源》［J］，《北京师范大学学报》（人文社会科学版）2002 年第 1 期。

[162] 周川：《高等学校建制的组织学诠释》［J］，《教育研究》2002 年第 6 期。

二 英文部分

[1] Walter P. Metzger. *Academic Freedom in the Age of the University* ［M］. Columbia University Press, 1964.

[2] Derek Bok. *Universities and the Future of America* ［M］. Duke University Press, 1990.

[3] Paul Shore. *The Myth of the University*：*Ideal and Reality in Higher Education* ［M］. University Press of America, Inc, 1992.

[4] Edited by David D. Dill and Barbara Sporn. *Emerging Pattern of Social Demand and University Reform*: *Through a Glass Darkly* [M]. IAU Press, 1995.

[5] Peter M. Blau. *The Organization of Academic Work* [M]. Transaction Publishers, New Brunswick, New Jersey, 1994.

[6] Richard s. Ruch. Higher Ed, inc.: *The Rise of the for-profit University* [M]. Baltinore: Johns Hopkins University Press, 2001.

[7] Joseph Ben-Davu. *American Higher Education*: *Direction Old and New* [M]. Mcgraw-Hill Book Company, 1972.

[8] Angiello, R. Schmidt. *Organization Theories and Governance in Higher Education* [M]. Seton Hall University, 1997.

[9] Baldridge, J. V. *Power and Conflict in the University* [M]. John Wiley & Sons, Inc. , 1971.

[10] Cohen, M. D. , J. G. March. *Leadership and Ambiguity*, *The American College President* [M]. McGraw-Hill, 1974.

[11] Husen, Torsten, Postlethwaite, T. Neville. *The International Encyclopedia of Education* [M]. Pergamon Press. 1995.

[12] Perkins, James A. *The University as an Organization* [M]. Mcgraw Hill Book Company, 1973.

[13] Peterson, Marvin W. & Lisa, A. Mets. *Key Resources on Higher Education Governance*, *Management*, *and Leadership*: *A Guild to the Literature* [M]. Jossey-Bass Publishers, 1987.

[14] Smart, John C. and William G. Tierney (eds.). *Higher Education*: *Handbook of Theory and Research* [M]. New York: Agatom Press, 2000.

[15] Montagna, Paul D. Professionalization and Bureaucratization in Large Professional Organization [J]. *American Journal of Sociology*, 1968, 74 (2): 138 – 145.

[16] Petersen, Olaf. *The First University* [M]. Cambridge University Press, 1992.

[17] Philip Altbach. *American Higher Education in the Twenty-First Century* [M]. John Hopkins Press, 1998.

[18] Rothblatt, Sheldom and Bjorn Wittrock (eds.). *The European and American University since 1800* [M]. Cambridge University Press, 1993.

[19] Baragh, Catherine etal. *University Leadership: The Role of the Chief Executive* [M]. SRHE and Open University Press, 2000.

[20] Borrero, Cabal A. *The University as an Institution Today: Topic for Reflection* [M]. UNESCO Publishing, 1993.

[21] Graham, Huge Davis and Nancy Diamond. *The Rise of American Research University: Elites and Challengers in the Postwar Era* [M]. John Hopkins University Press, 1997.

[22] Birnbaum, Robert (ed.). *ASHE Reader on Organization and Governance in Higher Education* [M]. Ginn Custom Pub., 1984.

[23] Blau, P. M. *The Organization of Academic Work* [M]. John & Sons, 1973.

[24] Eric Ashby. *The Universtiy on Trial* [M]. Canterbury, England: University of Canterbury, 1973.

[25] Joseph Ben-David. *Centers of Learning: Britain, France,*

Germany, United States [M]. Mcgraw-Hill Book Company, 1997.

[26] Michael Shattock. Re-Balancing Modern Concepts of University Governance [J]. *Higher Education Quarterly*, 2002 (3).

[27] Willis Rudy. *The Universities of Europe* [M]. Associated University Press, Inc. , 1984.

[28] Peter Scott. *The Crisis of the University* [M]. Kent: Croom Helm Ltd, 2001.

[29] Hohn, Brubacher and Willis Rudy. *Higher Education in Transition: A History of American College and Universities, 1636 ~ 1976* [M]. Harper & Row, Publishers 1986.

[30] Wilson J. T. *Academic Science, Higher Education, and the Federal Government (1950 ~ 1983)* [M]. Chicago: The University of Chicago Press, 1983.

[31] Micheal Allen. *The Goals of University* [M]. SRHE and Open University Press, 1992.

[32] David R. Jones. Governing the Civic University [J]. *History of Education*, 1985 (3): 281- 302.

[33] Clark Kerr. *The Great Transformation in Higher Education* [M]. State University of New York Press, 1991.

[34] George Roche. *The Fall of the Ivory Tower* [M]. Regnery Publishing Inc. , 1994.

[35] John Wyatt. *Commitment to Higher Education* [M]. The Society for Research into Higher Education & Open University Press, 1990.

[36] Paul Westmeyer. *Principles of Governance and Administration in*

Higher Education [M]. Charles C Thomas Publisher, 1990.

[37] Peter Jarvis. *Universities and Corporate Universities* [M]. Stylus Publishing Inc. , 2001.

[38] Geoffrey Walford. *Restructuring Universities: Politics and Power in the Management of Change* [M]. Croom Helm Ltd. , 1987.

[39] Stuart Palmer. *The Universities Today-Scholarship, Self-Interest, and Politics* [M]. University Press America, Inc. , 1998.

[40] Arthur Levine and Weingart. *Reforming of Undergradute Education* [M]. Josey-Bass, 1973.

[41] Dressel PL. *The Autonomy of Public Colleges* [M]. Jassey-Bass, 1980.

[42] Milton, O. Alternative on the Traditional: *How Professors Teach and How Students Learn* [M]. Jossey-Bass, 1972.

[43] Eric Ashby. *University: British, India, Africa, A Study in the Ecology of Higher Education* [M]. Harvard University Press, 1966.

[44] Janes L. Bess. *College and University Organization: Insight from the Behavioral Science* [M]. New York University Press, 1984.

[45] Etzioni, Amitai. *Modern Organization* [M]. Prentice-Hall, Inc. , 1964.

[46] Ernest A. Lyuton and Sandra. *New Priorities for the University* [M]. Jossey-Bass Inc. , 1987.

[47] Porothy S. Zinberg. *The Changing University* [M]. University Chicago Press, 1990.

[48] Robert Pual Woff. *The Ideal of the University* [M]. Transaction Publishers, 1992.

[49] H. Hetherington. *University Autonomy: Its Meaning Today* [M]. International Association of University, 1965.

[50] Handson & Meierson. *International Challenges to America Colleges and Universities* [M]. Council on Education, 1995.

[51] Brian Salter & Ted Tapper. *The State and Higher Education* [M]. Essex: The Wobum Press, 1994.

[52] Sarab V. Barnes. England's Civic University and the Triumph of the Oxbridge Ideal [J]. *History of Education Quarterly*, 1996, (3): 271 – 305.

[53] Veyey, L. R. *The Emergency of the American University* [M]. The University of Chicago Press, 1965.

[54] Keller, George. Academic Strategy: *The Management Revolution in American Higher Education* [M]. The Johns Hipokings University Press, 1983.

[55] M. Tight (ed.). *Academic Freedom and Responsibilities* [M]. SRHE & Open University Press, 1988.

[56] Benett, J. B. *Contemporary Issues in Higher Education* [M]. New York Macmillan Publishing Company, 1985.

后　记

　　本书是在我博士论文《大学组织的变革与制度创新》的基础上修改而成的。2001 年秋，我从中原的一所师范学院来到华中科技大学攻读博士学位，告别了昔日烦琐的行政事务，置身于静谧而充满人文气息的喻园，尽情享受久违了的宁静与充实。当时，我国已经开始实施"985 工程"，建设世界一流大学正在成为国人的实际行动，这使得高校开始关注西方一流大学的办学经验和制度层面的问题。出于对我国高等教育以及大学发展深层矛盾和实际问题的关注，教育界从经济改革领域较为成功的"现代企业制度"得到启发，提出了现代大学制度的概念。但关于什么是现代大学制度、中国为什么要建设现代大学制度、怎样建设、怎样运行、我国要建设的现代大学制度与西方大学制度有哪些共性与区别等问题的探讨在学术界才刚刚开始，有许多理论与实践问题有待深入研究。适逢导师张应强教授主持的全国教育科学规划"十五"国家一般课题"高等教育办学理念与我国建设现代大学制度研究"通过立项申请，我作为课题组的成员在课题研究的启动阶段参与了多次讨论，并有意将这一主题作为我博士论文选题。作为课题研究的一部分，在导师和课题组成员的支持和帮助下，我对论文涉及的相关问题的研究充满了勇气和信心，同时也与这一主题的研究结下了不解之缘。关于现代大学制度的研究，本书主要涉及两个层面的问题：一是大学与政府和社会的关系，其核心是大学办学自主权改革；二是大学内部组织与管理、权力结构及其运行机制改革。当然，这也是今后中国高等教育改革与大学管理中应该持续研究的课题。

　　能够顺利完成博士论文和书稿的修改，首先要深深感谢我的导师张应强教授。入学后第一次面谈，导师的谆谆叮嘱至今使我记忆犹新。尔后，读着张老师的《高等教育现代化反思与建构》、《文化视野中的高等教育》，我开始走进高等教育的理论殿堂。我还清楚地记得无数次周末聚谈时的情景，导师总是那么循循善诱，平易近人，他对高等教育理论研究的热情和不懈的学术追求深深地感染了我；他深厚的学术功底、宽阔的研究视阈与独到的学术观点常常使我产生心灵深处的景仰。因此，自己也常常不敢懈怠，唯恐辜负导师的期待。坦率地讲，凭我当时的研究能力和研究视野，时常感到论文选题的复杂性而难以驾驭，单是一个研究视角和论题的探询，就颇费周折，而"新意"的确立，更令我颇费思量。张老师从选题立意、基本思路到研究方法、思维方式都给予了针对性的指导，在研究及论文写作过程中，张老师既督促我着紧用力，同时又给予宽容与鼓励，适时的点拨更使我产生"柳暗花明"般的欣喜。毕业后，张老师一直关注着我的工作与学术研究情况，时常催促我博士论文要尽快修改和出版，话语间时常让我感受到导师的殷切期待与鞭策。每每至此，都使我感到能与导师在同一座城市工作，毕业后还能经常得到导师的鼓励与帮助，真是一种莫大的幸福！师恩难忘，我会用不懈的学术追求回报导师的培养和期望！

　　非常感谢刘献君教授、涂又光教授、欧阳康教授、文辅相教授、别敦荣教授、王坤庆教授、邬大光教授、谢安邦教授、沈红教授、赵炬明教授、张晓明教授、陈敏教授、李太平教授、贾永堂教授、柯佑祥教授等诸位老师、学者在授课，以及论文开题、评阅、答辩过程中所给予的启迪和帮助，使我在学习、论文写作以及修改过程中都避免了不少弯路和谬误。

　　由衷感谢高桂娟博士和骆四铭博士不时的精神鼓励和无私帮助！感谢李朝晖博士、康全礼博士、田恩舜博士、王恩华博士、蔡琼博士、曹赛先博士、刘亚敏博士、李轶芳博士、沈曦博士、黄鹏博士、龙献忠博士等众多学友的支持与帮助，三年中相互之间的友谊与生活情趣给本来十分孤寂的学术旅程增添了不少鲜活的内容。

　　感谢周口师范学院石恒真教授、王金仲处长、李永春处长对我求学过程中所给予的帮助与鼓励。感谢武汉理工大学严新平副校长、张安富副校长、陈磊教授、赵恒平教授、王培根教授、聂规划教授、刘智运教授等领导和师长对我的鼓励与帮助；感谢高等教育研究所靳云全所长和同事们，感谢人事处石正兰老师和戴菲老师，他们对我各方面的关心和无私的帮助，常使我产生亲情般的温暖。

　　感谢远在家乡的父母和岳父母，在我读书期间，他们给了我无尽的帮助！感谢妻子刘凤勤医师对我漫长求学路程中始终如一的理解和支持。她在繁忙的工作之余，还要担当全部家务和养育儿子的重任，没有她无怨无悔的付出，我不会有今天的收获。感谢儿子马天梓，他的善解人意与平时养成的独立习惯，常使我感到由衷的欣慰。

马廷奇

2006 年 9 月

· 教育研究丛书 ·

大学转型：以制度建设为中心

著　　者／马廷奇

出　版　人／谢寿光
出　版　者／社会科学文献出版社
地　　　址／北京市东城区先晓胡同 10 号
邮政编码／100005
网　　　址／http：//www. ssap. com. cn
网站支持／（010）65269967
责任部门／编辑中心（010）65232637
电子信箱／bianjibu@ ssap. cn
项目经理／宋月华
责任编辑／魏小薇
责任校对／贾凤彩
责任印制／盖永东

总　经　销／社会科学文献出版社发行部
　　　　　　（010）65139961　65139963
经　　　销／各地书店
读者服务／市场部（010）65285539
排　　　版／北京中文天地文化艺术有限公司
印　　　刷／北京季蜂印刷有限公司

开　　　本／787×1092 毫米　1/16
印　　　张／18. 25
字　　　数／209 千字
版　　　次／2007 年 11 月第 1 版
印　　　次／2007 年 11 月第 1 次印刷

书　　　号／ISBN 978 - 7 - 80230 - 883 - 1/G · 016
定　　　价／39. 00 元